论中国古代的历史总结与国家盛衰

庞天佑 著

中国社会科学出版社

图书在版编目（CIP）数据

论中国古代的历史总结与国家盛衰/庞天佑著．—北京：中国社会科学出版社，2012.1
ISBN 978-7-5161-0013-4

Ⅰ.①论… Ⅱ.①庞… Ⅲ.①中国历史：古代史—研究
Ⅳ.①K220.7

中国版本图书馆CIP数据核字（2011）第1711012号

责任编辑　史慕鸿
责任校对　郭　娟
封面设计　毛国宣
技术编辑　李　建

出版发行　中国社会科学出版社
社　　址　北京鼓楼西大街甲158号　　邮　编　100720
电　　话　010—64073836（编辑）　64058741（宣传）　64070619（网站）
　　　　　010—64030272（批发）　64046282（团购）　84029450（零售）
网　　址　http://www.csspw.cn（中文域名：中国社科网）
经　　销　新华书店
印　　刷　北京君升印刷有限公司　　装　订　廊坊市广阳区广增装订厂
版　　次　2012年1月第1版　　印　次　2012年1月第1次印刷
开　　本　880×1230　1/32
印　　张　10.625　　插　页　2
字　　数　263千字
定　　价　32.00元

序

人类社会的历史，沿着从过去到现在再到未来的方向，永不停息地向前延伸。在不断延续与无限发展的过程中，沧海桑田，物转星移，盛衰祸福，瞬息即逝。前人的活动为后人的实践提供了基础与条件。这种基础与条件一方面成为后人从事新的历史创造的前提，一方面则又是其进行各种实践活动的起点。华夏先民虽然没有也不可能认识到历史的一维性与无限性，更不可能认识到历史不以人的意志为转移的客观必然性；但从历史的发展中朦胧地意识到，历史的延续并非总是笔直而平坦的，而是存在着形形色色的激流险滩，充满着各种各样的回流与曲折。吴怀祺先生言：如果历史的发展没有重复，那么历史的借鉴也"无从谈起"；如果历史的发展只有重复，那么历史的借鉴"只是一种刻板地照搬前人的作法"。历史的发展"既是不可重复的，又有重复的东西在起作用"。① 远古时代的华夏先民逐渐萌发出历史意识，进入文明时代以后形成了重视历史总结，借鉴前代成功的经验，吸取前人失败的教训，不断地开拓前进的道路的传统与精神。先王之道与前朝之事之所以可为后人提供借鉴，是因为历史借鉴常常

① 吴怀祺：《历史借鉴与当代社会的发展》，《北京师范大学学报》1996 年第 3 期。

能够纠正时下的错误。如果了解以往各种事件的来龙去脉，把握其前因后果之间的联系，那么在现实中处理类似问题的时候，借鉴成功的经验就能获得预期的效果，而抛弃错误的行为则可以避免失败的重演。

中华民族有着辉煌的历史，也曾经历尽沧桑，但绝不沉迷过去，更不是向后看，而是立足现实而清算历史，为了明天而反思昨天，面向未来而总结过去。殷商灭亡以后，周公总结商纣灭亡的教训，提出敬天保民的治国理念；西周统治者将其贯彻于治国实践，形成成康之治的盛世局面。秦朝灭亡以后，汉初思想家反思秦亡的原因，提出因顺自然、无为而治的治国主张；西汉统治者将其运用于施政实践，轻徭薄赋，与民休息，形成文景之治的盛世景象。隋朝灭亡以后，贞观君臣反思隋统治者穷奢极欲、横征暴敛的教训，凝聚为成熟而完备的君道理论，在施政中不忘以隋为鉴，以清静为务，创造了贞观之治的太平盛世。元朝被推翻以后，明初统治者吸取元末暴政导致天下乱亡的教训。朱元璋言："一代之史，务直述其事，毋溢美，毋隐恶，庶合公论，以垂鉴戒。"① 他采取许多措施，恢复经济，发展生产，减轻民的负担。明朝灭亡以后，清前期统治者注意以明为鉴。康熙宣称："凡明体达用之资，莫切于经史。其为治道之助，良非小补也。"② 其治国施政重视历史经验，减轻民的负担，形成长达百年的康乾盛世。魏源有言："欲识济时之要务，须通当代之典章；欲通当代之典章，必考屡朝之方策。"③ 这些事例说明，中国古代的历史总结与国家治理，密切联系在一起。我认为，以史为

---

① 《明太祖实录》卷三十九，台北"中研院"1962年版。

② 《清圣祖实录》卷一百一十九，中华书局1985年版。

③ 魏源：《皇朝经世文编五例》，《魏源集》上册，中华书局1976年版，第160页。

鉴、瞩目未来的传统与精神，是中华民族极为宝贵的精神财富，对于我们的社会主义现代化建设事业具有重要的意义。

研究中国古代政治家、思想家及史学家的历史总结，探讨其对于国家治理的影响及与国家盛衰的关系，不仅具有极为重要的学术价值，而且有着现实的借鉴意义。历史的延续要求后人认真反思前人的活动，不断总结前人的经验教训，深刻认识自己的时代环境，把握历史与现实的内在联系，在前人的基础上进行新的创造活动。在远古时代，华夏先民认识到恪守前人传统、铭记先祖训诫的必要性。在中国古代社会里，许多高瞻远瞩的统治者关注盛衰问题，吸取前人的经验教训；而思想家与史学家则通过总结历史，为统治者治国兴邦提供借鉴。华夏哲人既认识到盛世能够为后人提供成功的范例和宝贵的经验，因此极为注意从盛世中总结经验；更意识到灾难与失败可以激励意志，振奋精神，催人奋起，凝聚国魂，因而特别重视从灾难与失败中吸取教训，形成了重视历史、总结历史的传统。因为前人的经验与教训对后人的实践具有深刻的鉴戒与启示意义，所以中国古代的历史总结与国家治理有着极为密切的关系。从铭记历史、以史为鉴到以史明义、教化世人，从总结历史、以史资治到以史经世、探讨治道，历史总结为治国兴邦服务，史学的政治功能得到充分的发挥，史学的社会价值得到有效的实现。

我在长期从事中国古代史学理论及中国史学史的教学与研究的过程中，深入思考中国古代的历史总结与国家盛衰问题；在广泛涉猎儒家经典、周秦诸子、历代正史，以及其他历史典籍的基础上，大量搜集各类原始材料，认真探讨与分析这些材料，从中引出自己的结论，以期对历史盛衰问题的研究有所推进。在吴怀祺先生指导下，我完成了《中国史学思想通论·历史盛衰论卷》，发表了多篇探讨中国古代的历史总结与国家盛衰的学术论文。本书收入的十二篇文章，论述的中心紧紧围绕中国古代的历史总结与国家盛衰问题展开，虽然涉及从上古时期到明清之际乃至中国近代，有对中国古代一些重要历史时期盛衰总结的整体考察，也有对一些重要思想家、史学家历史盛衰思想的个案研究，但突出随着社会发展进步，各时期盛衰思想的特点，构成彼此联系的体系。我力求不落俗套，不囿陈见，大胆开拓，追求创新，不人云亦云，不空发议论，在继承前人的基础上，发前人之所未发，为中国史学的繁荣作出贡献。

目　录

论儒家经典的历史总结

儒家为诸子之祖，是周秦诸子中最早兴起的思想流派。西汉罢黜百家，独尊儒术，儒学从子学变为经学，逐渐成为中国文化的核心。在中国古代历史上，儒家经典所包括的典籍尽管有过某些变化，但《周易》《尚书》《诗经》《周礼》《仪礼》《礼记》《春秋》及《公羊传》《穀梁传》《左传》等，从汉代以来一直是人们研习儒家思想的主要经典。这些儒家经典的作者虽然多不可考，而具体内容又各不相同，但都以上古或者西周、春秋时期的社会作为关注点，从不同侧面反映天下的盛衰与社会的变化，寓含以史为鉴、治国兴邦的深刻理念。我认为，儒家经典以历史盛衰总结为主要内容，强调人们必须以史为鉴，满怀深沉的忧患意识，蕴涵对于宇宙自然与人类社会的深刻见解，不仅具有极高的史料价值，而且有着重要的思想价值。

一 儒家经典历史总结的渊源

儒家经典中的多数典籍，是华夏先民在上古时代漫长的历史过程中，逐渐形成的，"非一时代一作者之产物"。[①] 其作者

---

① 陈寅恪：《冯友兰〈中国哲学史〉上册审查报告》，《金明馆丛稿二编》，上海古籍出版社 1980 年版，第 248 页。

不同而内容广泛，涉及从上古至春秋时期的国家兴衰、社会生活、思想文化、政治制度等。《周易》虽然是一部以华夏先民占卜为主要内容的典籍，但却反映出上古时代对政治、经济、思想、文化、伦理及个人命运等方面的认识，表现出对宇宙自然与人类社会的深入思考，渗透着通变趋时、革故鼎新的人文精神，对后来人们认识历史的方法产生了深远的影响；《诗经》是一部广泛涉及从西周到春秋时期社会生活的诗歌总集，展现出这一历史时段的政治经济、思想文化、民情风俗、生活习惯等，反映出从上古到春秋时期的社会状况与历史盛衰；《尚书》作为上古史官保存下来的"政事之纪"，[①]包含对前代盛衰兴亡的深刻总结，从中可以考察先王兴教治化、日新其德的经世大略，贯穿着强烈的以史为鉴、治国兴邦的施政理念；《周礼》《仪礼》《礼记》合称《三礼》，汇集了先秦时期关于国家管理的各种典章制度，反映出这些典章制度的内容与沿革；《春秋》按照年代的顺序，记载上起公元前722年，下到公元前481年共达二百四十二年的史事；《公羊传》《穀梁传》《左传》被称为《春秋》三传，其内容或阐释《春秋》的微言大义，或补充上古及春秋时期许多史实。《庄子》称："《诗》以道志，《书》以道事，《礼》以道行，《乐》以道和，《春秋》以道名分。"[②]庄子虽然是强调儒家经典各自的作用，但也说明这些经典的内容反映了上古时代的历史。故司马迁编撰《史记》，"厥协六经异传，整齐百家杂语"，[③]不仅以儒家经典为史料，考察从上古以来到西汉的历史盛衰；而且以儒家思想为理论，评论历史人

---

① 王先谦：《荀子集解》卷一《劝学篇第一》，中华书局1954年版，第7页。

② 王先谦：《庄子集解》卷八《天下第三十三》，中华书局1954年版，第216页。

③ 司马迁：《史记》卷一百三十《太史公自序》，中华书局1973年版，第3319—3320页。

物与历史事件。

儒家经典总结历史盛衰，蕴涵强烈的以史为鉴的思想。这种思想源远流长，其渊源可以追溯到上古时代。班固宣称："儒家者流，盖出于司徒之官，助人君顺阴阳明教化者也。游文于六经之中，留意于仁义之际，祖述尧舜，宪章文武，宗师仲尼，以重其言，于道最为高。"① 班固之语包含四层含义：一是说明儒家学派的历史渊源，出自上古时代"司徒之官"；二是指出儒家思想"留意""仁义"，阐述纲纪伦常之道，目的是"助人君顺阴阳、明教化"；三是揭示儒家六经"祖述尧舜，宪章文武"，传承从尧舜之道到文王、武王的思想，有着以史为鉴的重要作用；四是认为儒家学派由孔子创立，在治国之道中"最为高"。在原始氏族社会中，华夏先民繁衍生息于因为血缘宗族关系而形成的封闭狭窄的环境中，从事采集渔猎到原始农业生产活动，日出而作，日入而息。这种简单的农业生产与单调的生活方式，不仅使先民的认识能力极为低下，而且决定了他们在思想上与行动上谨守传统，导致了对于父系先祖的尊敬与崇拜，形成了"万物本乎天，人本乎祖"的思想意识。② 在华夏先民从野蛮走向文明的过程中，原始氏族社会的历史遗存大量存在，氏族机构演变为国家机器，父系家长蜕变为国家统治者，血缘关系继续保存下来，宗法制度得以长期延续，形成了遵循历史传统，以先祖教诲为行为准则，尊奉崇敬先祖的人文精神。这种追溯往迹、追念先祖、尊奉长辈、恪守训诫的传统，是一种氏族社会的遗风。《尚书》称尧在位期间，"允恭克

---

① 班固：《汉书》卷三十《艺文志》，中华书局1962年版，第1728页。
② 郑玄注，孔颖达正义：《礼记正义》卷二十六《郊特牲第十一》，《十三经注疏》下册，中华书局1980年影印本，第1453页。

让，光被四表，格于上下。克明俊德，以亲九族。九族既睦，平章百姓，黎民于变时雍。"① 这就是说，尧具有信义、恭谦、克制、礼让等优秀品质，其光辉广泛地照耀于四海之内，甚至普及于天地之间。他明察秋毫而贤才兼备，以自己的行为亲近各族百姓。各族百姓既能和睦相处，又能明辨是非。百姓所视明白，平和天下各国，随着尧的德行而化，风俗大变。《尚书》的记载表明，在父系氏族社会晚期，尧这位德高望重的氏族领袖，作为氏族最高权威和统治者，深受人们尊奉与拥戴。这种敬奉先祖、恪守训诫而不得违背的现象，发展成为一种社会认同的价值观念，积淀成为一种审视历史与现实的思维惯性，内化成为一种人们遵循的行为准则，演化成为一种历代相传的思想传统。《诗经》说："祀事孔明，先祖是皇，报以介福，万寿无疆。"② 又说："念兹皇祖，陟降庭止。维予小子，夙夜敬止。"③ 华夏先民进入文明时代以后，强调铭记先公先王的治国经验，敬奉先祖的意识极为强烈。天与先祖的神灵合一，先祖因为以德配天，才得到了天命眷顾；天命根据君主之德决定，所以君主应该以史为鉴而保有天命。

儒家经典总结历史、强调史鉴。这种思想是在远古时代崇拜先祖、恪守训诫的传统的基础上，随着从野蛮时代向文明社会过渡，不断积淀、不断深化而逐渐形成的。从黄帝，经尧、

① 孔安国传，孔颖达正义：《尚书正义》卷二《尧典第一》，《十三经注疏》上册，第 119 页。

② 毛亨传，郑玄笺，孔颖达正义：《毛诗正义》卷十三《小雅·信南山》，毛传认为《信南山》为刺幽王而发，幽王"不能修成王之业，疆理天下，以奉禹功，故君子思古焉"。《十三经注疏》上册，第 470—471 页。《诗经》中以历史讽喻现实的诗篇，数量颇多，举不胜举。

③ 毛亨传，郑玄笺，孔颖达正义：《毛诗正义》卷十九《周颂·闵予小子》，《十三经注疏》上册，第 598 页。

舜，到夏、商之际，因为文字的创造与历法的制定，成文的历史记载取代了远古时代的结绳记事；从原始氏族社会沿袭而来的尊崇先祖、恪守古训的风气，演变成为总结盛衰兴亡的经验教训，以此作为治理国家借鉴的思想。黄帝时有仓颉、沮涌，虞舜时有伯夷，夏代有终古，这些史官承担着协助统治者治理国家的职责。殷商时期，敬宗法祖成为一种普遍的社会风气，殷墟卜辞中有关祭祀先祖者多达一万五千多条，其中关于上甲的一千一百多条，成汤的八百多条，祖乙的九百多条，武丁的六百多条，"敬奉先公先王，是商人的第一等要务"。① 这些说明对于以历史作为治国施政的鉴戒，殷商时期人们的认识大大提高了。范晔言："唐虞三代，《诗》《书》所及，世有史官，以司典籍。"② 所谓"世有史官"，反映出上古统治者对于历史总结高度重视。王充言："唐、虞、夏、殷、周者，土地之名。尧以唐侯嗣位，舜从虞地得达，禹由夏而起，汤因殷而兴，武王阶周而伐，皆本所兴昌之地，重本不忘始，故以为号。"他根据历史事实认定，上古朝代之名是从地名转化而来，而由地名发展到赞颂朝代的功德，反映出上古先民对先王业绩的肯定与追忆，对古代盛世的反思与总结。王充认为，《尚书》谓之有天下之代号，"唐、虞、夏、殷、周者，功德之名，盛隆之意也。故唐之为言荡荡也，虞者乐也，夏者大也，殷者中也，周者至也。尧则荡荡民无能名；舜则天下虞乐；禹承二帝之业，使道尚荡荡，民无能名；殷则道得中；周武则功德无不至"。③ 孔颖达言："伏牺、神农、黄帝之书，谓之三坟，言大

---

① 冯天瑜：《中华元典精神》，武汉大学出版社 2006 年版，第 217 页。

② 范晔：《后汉书》卷四十上《班彪列传上》，中华书局 1965 年版。

③ 王充：《论衡·正说篇》，中华书局 1954 年版，第 273 页。

道也；少昊、颛顼、高辛、唐、虞之书，谓之五典，言常道也。"① 孔颖达所说的大道，指的是盛衰兴亡的规律；而其所言的常道，则是指施政安民的法则。这说明华夏先民从远古时代就注意总结历史，把握盛衰之道，思考治国之法。

儒家经典总结历史盛衰，目的是以史为鉴，为治国兴邦提供经验教训，期待君主能够永远保有天命。《尚书》总结历史盛衰、主张以史为鉴的思想，非常突出，极为强烈。如《甘誓》是夏启前往讨伐有扈氏，在甘地出师时宣誓的誓词。在这篇誓词中，夏启强调：有扈氏"威侮五行，怠弃三正"，"天用剿绝其命"。这些誓言的大意是，有扈氏倚仗淫威，肆意凌辱五行，背弃天、地、人的正道，上天要我夏启断绝他的性命。如果说夏启的誓词主要是指责有扈氏背弃"三正"，那么商汤讨伐夏桀的誓词则不再是简单地指责其违背正道，而是包含着对于夏代历史的深沉反思与盛衰总结了。在《汤誓》中，商汤宣称："有夏多罪，天命殛之。""夏王率遏众力，率割夏邑；有众率怠，弗协，曰：'时日曷丧，予及汝皆亡。'夏德若此，今朕必往。"这些誓言强调的是，夏桀犯下了累累罪行，上天命令我前往诛灭他。夏桀盘剥天下的百姓，非常残暴；故天下的百姓群起怠工，互相之间不能和谐。他们说：这个夏桀何日灭亡，我们与他共同灭亡。夏桀的德行到了这样的程度，现在我必须前往讨伐他。从这篇誓词中可以看到，商汤不仅谴责了夏桀的罪行，而且总结了夏代的历史教训。商王盘庚将对历史的总结与他的施政举措联系起来。《盘庚》载其迁都于殷，而"民不适有居"。盘庚强调："先王有服，恪谨天命，兹犹不常宁，不常厥邑，于今五邦。今不承于古，罔知天之断命。矧

----

① 孔颖达：《尚书序》，《十三经注疏》上册，第113页。

曰：其克从先王之烈。若颠木之有由蘖，天其永我命于兹新邑，绍复先王之大业，厎绥四方。"盘庚认为先王管理国家大事，恭谨地遵从天命，兢兢业业而不敢放任，不以定居一地为安。自汤王建国以后，到现在已经迁移了五地。如果不遵循先王尊崇天命的传统，上天就将断送我殷商的国命。怎样才能继承先王的功业呢？在盘庚看来，如果国都从耿地迁移到殷，就能像已死之木得到复生，上天将使我继承的王命，在这新的都城里永远传下去，继承先王立国的伟大事业，从此稳定天下四方。盘庚不仅以商汤建国以后至其迁殷之前，总共五次迁都的历史经验为依据，说明他决定迁都的原因，强调迁都对于商的意义，说服其臣民接受迁都于殷的行为；而且反复指出治理国家，应该"古我先王"、"古我先后"、"古我前后"，即遵循先王的经验教训，作为治国施政的鉴戒。这类语言既说明了盘庚对于先祖的尊奉与崇敬，又反映出他以历史经验作为治国施政的借鉴。我们从《尚书》的《周书》可以看到，西周前期统治者从夏、殷两代的盛衰兴亡中，探讨恢宏至道，总结治国鉴戒，这种思想极为强烈。《泰誓》《牧誓》等篇章屡屡提到"古人有言曰"，要求以先祖古训为鉴戒。《康诰》《酒诰》《召诰》《多士》《多方》等篇章，记载周公总结夏、殷两代的经验教训，作为后人施政理民的鉴戒。他称："人无于水监，当于民监；今惟殷坠厥命，我其可不大监抚于时。"[1] 又言，"我不可不监于有夏，亦不可不监于有殷"，[2] 告诫成王等注意宽仁待民，体恤百姓疾苦，了解稼穑艰难，勤劳国家政事。《诗经》

---

① 孔安国传，孔颖达正义：《尚书正义》卷十四《酒诰第十二》，《十三经注疏》上册，第207页。

② 孔安国传，孔颖达正义：《尚书正义》卷十五《召诰第十四》，《十三经注疏》上册，第213页。

强调："殷鉴不远，在夏后之世。"① 其意思是殷商的鉴戒就在
不远之前的夏代，殷商子孙应该以夏后氏的灭亡作为自己的
鉴戒。

总之，儒家经典是上古时代漫长的历史进程中，随着社会
发展与时代进步而逐渐形成的。这些典籍的内容极为广泛，从
不同角度反映出华夏先民对宇宙自然与人类社会的认识，展现
出他们从野蛮走向文明的足迹。儒家经典对历史盛衰的总结，
目的是为治国兴邦提供鉴戒。

二 儒家经典历史总结的特点

儒家经典被称为上古时代的"官书"，其总结历史的具体
内容不一，形式多样。有的反映朝代更替之后，对盛衰兴替的
思考，对于治国经验的概括；有的批判昏君乱主的失道与荒
淫，称道古代圣王业绩与先王政典，讽刺与规谏统治者的行
为；有的根据王道失坠、礼坏乐崩的现实，通过赞美上古社
会，探讨理想的制度；有的思考从宇宙自然到社会变迁的规
律，判断与预测未来社会的发展趋势。在儒家经典中，不仅包
含对于古代史事的追溯，对于盛衰兴亡的考察；而且强调对于
思想传统的遵循，对于圣君明主的崇拜；甚至表现出对于未来
前景的向往，对于美好社会的期盼，反映出广泛的人文关怀，
寓含着以史入世的深刻理念。

儒家经典对历史的总结，与中国古代思想文化的起源密切
相关。在华夏先民从野蛮走向文明的过程中，人们对于社会的

---

① 毛亨传，郑玄笺，孔颖达正义：《毛诗正义》卷十八《大雅·荡》，《十三
经注疏》上册，第554页。

认识与对于历史的思考联系在一起。儒家经典作为现存的中国古代最早的思想文化典籍，既有多种类型的文献档案资料，也有不少连续性的历史材料，还有许多远古时代的社会生活记载，不仅包含对于历史盛衰的总结，而且蕴涵极为深刻的思想，堪称历史与思想的密切结合。班固在《汉书·艺文志》中，将史书著录于《六艺略》的《春秋》家之下，人们认为这是因为史书数量太少所致。我认为，班固这一做法固然是因为史书数量太少，但也反映出他对于经史同源的认识。司马迁言："《易》著天地、阴阳、四时、五行，故长于变；《礼》经纪人伦，故长于行；《书》记先王之事，故长于政；《诗》记山川、溪谷、禽兽、草木、牝牡、雌雄，故长于风；《乐》乐所以立，故长于和；《春秋》辨是非，故长于治人。"[1] 王阳明言："以事言谓之史，以道言谓之经。事即道，道即事。《春秋》亦经，《五经》亦史。《易》是庖牺氏之史，《书》是尧、舜以下史，《礼》《乐》是三代史。"[2] 在王阳明看来，如果从蕴涵的义理而言，五经为经；如果从记载的史事而言，五经则为史，经与史应该是一体二用。章学诚认为上古时代本无经史之别，六经皆掌之史官，不特《尚书》《春秋》为然，"三代学术，知有史而不知有经，切人事也"。[3] 又言："古人未尝离事而言理，六经皆先王之政典也。"[4] 中国古代学者的这类论述，揭示了儒家经典蕴涵着广泛的内容与深刻的思想，说明了其历史总结与

---

① 司马迁：《史记》卷一百三十《太史公自序》，第 3297 页。

② 王阳明：《传习录上》，《王阳明全集》卷一，上海古籍出版社 1992 年版，第 10 页。

③ 章学诚著，叶瑛校注：《文史通义校注》卷五《内篇五·浙东学术》，中华书局 1985 年版，第 523 页。

④ 章学诚著，叶瑛校注：《文史通义校注》卷一《内篇一·易教上》，第 1 页。

中国古代思想文化的起源存在着直接的关系。

儒家经典对历史的总结，融会天人，贯通古今，进行系统考察。首先是融会天人考察天下的兴亡，将宇宙自然与人类社会视为一体，将社会和人事的一切问题与天道联系起来，重视与天地为一、与万物并生的整体价值，进而反思历史的发展变化，探讨社会的盛衰兴亡，形成了将天、地、人会为一体，进行整体考察的思维模式。《周易》的根本主旨，就"在于推天道以明人事"，① 会通天人合而为一，影响到思想家与史学家的历史考察。《礼记》有言："辟如天地之无不持载，无不覆帱。辟如四时之错行，如日月之代明。万物并育而不相害，道并行而不相悖。小德川流，大德敦化，此天地之所以为大也。"② 又曰："天地之道，博也，厚也，高也，明也，悠也，久也。""博厚，所以载物也；高明，所以覆物也；悠久，所以成物也。""德厚配地，高明配天，悠久无疆。"这些论述将天地万物与人类社会结合起来，探讨"经纶天下之大经，立天下之大本，知天地之化育"的道理。③ 其次是把历史看成连续不断的发展过程，从纵向的角度跨越不同历史时期，审视朝代更替与社会变化。从庖牺到神农，再到黄帝、尧、舜、禹，再到夏、商、西周直到春秋，纵贯古今发展历程，反思历代盛衰兴亡。近代学者张尔田指出儒家经典经历了逐渐形成的过程，说明其对历史的反映有着纵贯古今的特点，"《周易》为伏牺至文王之史，《尚书》为尧、舜至秦穆之史，《诗》为汤、武至陈灵之史，《春秋》为东周至鲁哀之史，《礼》《乐》为统贯二帝三王

① 余敦康：《周易现代解读》，华文出版社 2006 年版，第 5 页。
② 郑玄注，孔颖达正义：《礼记正义》卷五十三《中庸第三十一》，《十三经注疏》下册，第 1634 页。
③ 同上书，第 1633—1635 页。

之史"，儒家六经跨越了上古时代漫长的历史过程，汇集了贯通而连续的历史材料，构建出连续不断的历史体系，故可称为"上古之通史"。^①如果说融会天人可视为"横向通"，司马迁称为"究天人之际"，实为追求突破空间范围的会通；那么贯通古今则表现为"纵向通"，司马迁称为"通古今之变"，实为超越古今时间界限的会通。儒家经典融会天人，贯通古今，考察社会，审视历史，将"横向通"与"纵向通"两个层面融为一体，形成追求会通的学术精神与治史范式。因为中国古代史学著作的内容广博，兼及各种自然现象与社会现象，所以中国传统史学被视为融会贯通各家之学。

　　儒家经典对历史的总结，包含深刻的辩证法思想。其一，指出历史是发展变化的，社会是不断进步的。《周易》对中国古代历史的记载，"有历史人物活动的原始传说，有社会经济活动的生动描绘，有民族交往与民族斗争的片断记叙，也有国家法权和文物制度的侧面反映"。^②《周易》贯穿着变易的思想，反映出历史变革时代深沉的忧患意识，强调因时制变的入世理念。《易传》宣称："包牺氏没，神农氏作，斫木为耜，揉木为耒"；"神农氏没，黄帝、尧、舜氏作，通其变，使民不倦，神而化之，使民宜之"；"古之葬者，厚衣之以薪"，"后世圣人，易之以棺椁"；"上古穴居而野处，后世圣人易之以宫室"；"上古结绳而治，后世圣人易之以书契。百官以治，万民以察，盖取诸夬。"^③从经济上说，由远古田猎

---

①　张尔田：《史微》卷一《内篇·史学》，上海书店出版社 2006 年版，第 5 页。

②　平心：《周易史事索隐》，黄寿祺、张善文编：《周易研究论文集》，北京师范大学出版社 1990 年版。

③　王弼、韩康伯注，孔颖达正义：《周易正义》卷八《系辞下》，《十三经注疏》上册，第 86—87 页。

到从事农耕；从制度上说，由野蛮愚昧到实行礼制；从文化上说，由结绳记事到创造书契，这些都是历史发展、社会进步的表现。其二，强调社会的变化，朝代的更替，具有必然性。《尚书》总结夏、商到西周的历史，反映出西周统治者对天命转移的担心。《左传》载史墨回答赵简子之言，指出："社稷无常奉，君臣无常位，自古以然"；又引述《小雅·十月之交》的诗句："高岸为谷，深谷为陵"，强调："三后之姓，于今为庶。"① 在《左传》作者看来，天下的盛衰，国家的治乱，政权的安危，总是相互转化的。《诗经》认为，"天命靡常"，② 掌握国家权力的人不是不变的，君与臣的地位也不是固定的，君主应该防微杜渐。其三，揭示历史的演变，必然经过渐进的过程。人的本质的变化，历史事件的发生，天下的盛衰兴亡，都要经过从量的积累到质的飞跃，"善不积不足以成名，恶不积不足以灭身"。③ 故"臣弑其君，子弑其父，非一朝一夕之故，其所由来者渐矣"。④ 人们认识历史，总结历史，必须知微察著，注意贯通古今，看到诸多量的因素总是不断积累的，重视历史演变过程的渐进性，考察各种现象之间的内在联系，把握未来社会的演变趋势。其四，主张社会陷入困境，应该与时迁移，注意应物变化。《盘庚》记其述说迁都的原因，反映出因时而变的思想。周公制礼作乐，

---

① 杜预注，孔颖达正义：《春秋左传正义》卷五十三，昭公三十二年，《十三经注疏》下册，第2128页。

② 毛亨传，郑玄笺，孔颖达正义：《毛诗正义》卷十六《大雅·文王》，《十三经注疏》上册，第505页。

③ 王弼、韩康伯注，孔颖达正义：《周易正义》卷八《系辞下》，《十三经注疏》上册，第88页。

④ 王弼、韩康伯注，孔颖达正义：《周易正义》卷一《坤·文言》，《十三经注疏》上册，第19页。

进行制度创新，反映其治国实践中，对于殷商弊政的适时通变。《周礼》《仪礼》《礼记》记载周代的各种制度，旨在说明其随着时代发展而因革损益。《易传》指出："穷则变，变则通，通则久。"① 又说："危者，安其位者也；亡者，保其存者也；乱者，有其治者也。是故君子安而不忘危，存而不忘亡，治而不忘乱。是以身安而国家可保也。"② 因为宇宙万物时时在变，变易是一切事物的根本属性；所以因时而变才能长久，拘泥不变则必然灭亡。君主治理国家，不能墨守成规，不可呆滞僵化，必须与时俯仰，应该居安思危，做到顺时而变，才能长治久安。

儒家经典对历史的总结，立足于现实，致力于入世。这种历史总结通常针对礼坏乐崩、小人当道的乱世，为着实现拨乱反正、谋求国泰民安，阐明为君为臣为人之道而发；强调宗法伦理的道义原则，表现出对于良好的纲纪伦常的深切追求，充满着关注现实社会的务实精神，服务于树立尊卑等级秩序的需要。其内容反映出在农业社会的人治环境下，重视伦理义务，关注道德原则，说明人的道德行为，尤其是君主的道德行为对于天下治乱兴亡的影响，力图实现"父慈，子孝；兄良，弟弟；夫义，妇听；长惠，幼顺；君仁，臣忠"。③《尚书》对于历史盛衰的总结表明，西周统治者把殷商的历史作为考察重点，既称道殷先王"治民祗惧，不敢荒宁"，"爰知小人之依，能保惠于庶民，不敢侮鳏寡"，赞扬他们爱民恤民的德政；又批评殷后王"不知稼穑之艰难，不闻小人

---

① 王弼、韩康伯注，孔颖达正义：《周易正义》卷八《系辞下》，《十三经注疏》上册，第82—83页。

② 同上书，第88页。

③ 郑玄注，孔颖达正义：《礼记正义》卷二十二《礼运第九》，《十三经注疏》下册，第1422页。

之劳，惟耽乐之从"，① 指责他们残民虐民的暴政。周公尤其重视商纣王自恃天命在身，刚愎自用，拒谏饰非，对内重刑厚敛，大施淫威；对外穷兵黩武，滥启战端，最后招致亡国灭身的惨痛教训，告诫成王应该懂得稼穑艰难，时刻勤劳政事，体恤百姓疾苦，注意宽仁待民。《诗经》对于西周盛衰兴亡的总结，将前期的文王、武王与后期的厉王、幽王作为重点，既有大量称颂文王、武王等明君圣主艰难创业，赞扬西周王业盛世的诗篇；也有不少揭露厉王、幽王等淫君乱主的丑行劣迹，反映西周走向衰落的诗篇。孔子修撰《春秋》，通过历史的记载，渗透"别善恶，寓褒贬"，"使乱臣贼子惧"的入世理念。司马迁称：《春秋》"上明三王之道，下辨人事之纪，别嫌疑，明是非，定犹豫，善善恶恶，贤贤贱不肖，存亡国，继绝世，补敝起废，王道之大者也"。② 儒家经典对于历史盛衰的总结，不仅赞扬圣王明主以民为本、爱民恤民的德政，总结他们治国兴邦的经验；而且关注淫君乱主与民为敌、残民虐民的暴政，总结他们丧国灭身的教训。关注社会，重视伦理，主张仁义，推崇王道，赞扬德政，批判暴政，强调尊卑等级，这是贯穿于儒家经典历史盛衰总结之中的核心与灵魂。

总之，儒家经典对历史的总结，内容广泛，思想深刻，与中国古代思想文化起源直接相关。这种总结既融会天人，又贯通古今，表现出整体考察的思维方式，寓含着深刻的辩证法思想，充满了追求实用理性，关注现实社会，重视伦理道德，服务治国安民的务实精神，有着鲜明的人文主义的特点。

---

① 孔安国传，孔颖达正义：《尚书正义》卷十六《无逸第十七》，《十三经注疏》上册，第 221、222 页。

② 司马迁：《史记》卷一百三十《太史公自序》，第 3297 页。

三 儒家经典历史总结的影响

儒家经典对历史的总结，与治国兴邦结合在一起，与政治需要密切相关。其影响一方面使历代统治者尊重历史传统，重视历史经验，注意总结历史经验；使华夏民族强调以史明道，注意以史教化，形成以史为鉴、面向未来的精神。另一方面则使史学因其政治作用成为中国古代最发达的学问，使历史意识深深渗透到中国文化各个领域之中，史学承担为统治者总结长治久安之道的政治功能，逐渐形成了以史资治的传统。儒家经典强调君臣父子的尊卑等级，追求人伦关系的调节与和谐，包含着深刻的伦理道德思想。这种关注人与人的关系，以及人与社会关系的伦理哲学，成为中国古代思想家、史学家思考历史的指导思想。儒家经典作为中国古代流传下来最早的典籍，被人们称为中华文化的元典，其历史总结对于中国社会与中国文化发展的影响是多方面的，主要体现有以下几个方面：

儒家经典对历史的总结，穷探治乱之迹，明辨盛衰之因，提供理政之鉴。其影响使华夏民族在数千年的发展过程中，牢记历史，以史为鉴，自强不息，生生不已，勇于从困难与挫折中总结经验教训，不断战胜各种险阻艰难而重新奋起。《左传》载魏庄子劝晋侯不要攻打戎狄，强调虞《箴》对于历史的记载，为后人行事提供了借鉴。在魏庄子看来，"昔周辛甲之为大史也，命百官，官箴王阙，于虞人之《箴》，曰：'芒芒禹迹，画为九州，经启九道，民有寝庙，兽有茂草，各有攸处，德用不扰。在帝夷羿，冒于原兽，忘其国恤，而思其麀牡，武不可重，用不恢于夏家。兽臣司原，敢告仆夫。'虞《箴》如

是，可不惩乎?"①《论语》《左传》《孟子》《荀子》《礼记》引
《尚书》之语，总计达到二百次以上。② 这些引述与总结盛衰，
以史为鉴，有着直接的关系。在中国古代每一次改朝换代之
后，新的有作为的统治者总要反思前代历史，在施政中深刻吸
取其经验教训，实现治国兴邦的统治思想与施政理念的更新。
殷商被推翻以后，周公总结其灭亡的深刻教训，提出了敬天保
民的治国理念，并将此贯彻于西周前期的治国实践中，出现了
成康之治的盛世局面。秦朝灭亡以后，汉初思想家反思秦二世
而亡的原因与教训，提出了因顺自然、无为而治的治国理念；
西汉统治者将其运用于施政实践中，实行轻徭薄赋、与民休息
的政策，出现了文景之治的盛世局面。隋朝灭亡以后，贞观君
臣总结隋炀帝穷奢极欲、横征暴敛，导致社稷覆亡的历史教
训，形成了成熟而完备的君道理论；在施政实践中不忘以隋为
鉴，实行清静为务的方针，出现了贞观之治的盛世局面。元朝
灭亡以后，朱元璋从元末暴政中吸取深刻的教训，采取措施恢
复经济，发展生产，减轻民的负担。明朝被推翻以后，清前期
统治者注意以明为鉴。康熙帝认为，"凡明体达用之资，莫切
于经史。其为治道之助，良非小补也"。③ 他几乎每天都要经筵
日讲，讲述历史，讲授《资治通鉴》。其治国施政重视历史经
验，注意减轻民的负担。儒家经典的历史总结，使华夏民族熔铸
了居安思危，勇敢坚毅，百折不挠，不断进取的民族性格；形成
了重视历史，注意史鉴，凝聚国魂，开拓未来的民族精神。然而
过于强调借鉴前人的经验，既禁锢人的思想与认识，阻碍对新事

---

① 杜预注，孔颖达正义：《春秋左传正义》卷二十九，襄公四年，《十三经注疏》下册，第1933页。

② 王锦民：《古学经子》，华夏出版社2008年版，第62页。

③ 《清圣祖实录》卷一百一十九，中华书局1985年版。

物的思考与探讨；又引导人的思想停留在过去，从先王业绩中寻找治国良方，因而形成"时称《诗》《书》，道法往古"①的历史传统，演变为向后看的历史积习，给社会发展带来严重的消极影响。

儒家经典对历史的总结，重视历史的惩劝功能，赞颂仁君德政，指责昏君暴政，主张以史教化，追求以史明道。其影响不仅使华夏民族积淀了厚重的历史感，形成以德治国的传统；而且强调历史可以提高人的素质，通过总结历史可以预测未来。《易传》言："君子以多识前言往行，以畜其德。"②又说："神以知来，知以藏往。"③其所谓"前言往行"，指的是历史著作对于前人言行的记载；其所言"以畜其德"，不能狭隘地理解为提高人的道德品质，而是指通过学习历史知识，提升人的性格气质、知识素养、文化品位、思想品德等。在《易传》的作者看来，历史不仅可使人增长知识，开阔胸襟，提高素质，完善自我；而且有助于认识社会现实，分析未来走向，预测社会趋势，顺应时代要求。孔子以《周易》《尚书》《诗经》等为例，说明历史总结的价值与作用，从历史中认识过去，进而洞察未来，顺应社会需要。《易传》记孔子之语："夫《易》，彰往而察来。"④《礼记》载孔子之言："其为人也，温柔敦厚，《诗》教也；疏通知远，《书》教也；广博易良，《乐》教也；絜静精微，《易》教也；恭俭庄敬，《礼》教也；属辞比事，

①　王先慎：《韩非子集解》卷一《难言第一》，中华书局1954年版，第14页。
②　王弼、韩康伯注，孔颖达正义：《周易正义》卷三《大畜·象传》，《十三经注疏》上册，第40页。
③　王弼、韩康伯注，孔颖达正义：《周易正义》卷七《系辞上》，《十三经注疏》上册，第82页。
④　王弼、韩康伯注，孔颖达正义：《周易正义》卷八《系辞下》，《十三经注疏》上册，第89页。

《春秋》教也。"①《汉书·艺文志》："古之王者，世有史官。君举必书，所以慎言行，昭法式也。左史记言，右史记事。事为《春秋》，言为《尚书》，帝王靡不同之。"儒家经典构建出华夏先王的历史体系，强调尊重历史传统，主张遵循圣人教诲，要求恪守古贤训诫，世世代代沿袭相传，使华夏民族深深懂得读史使人明智，对于历史的鉴戒、惩劝功能与明道、教化作用的认识不断强化，不断累积而形成深沉的历史意识，而"历史意识的发达是中国实用理性的重要内容和特征"。②

儒家经典对历史的总结，服务于现实社会，着眼于经国济世。其影响使中国历代思想家、史学家不断总结历史经验，以积极入世的、乐观开放的心态，满怀热忱地展望与期待美好的明天，形成了历史意识与社会现实相结合、以史经世的传统。孔子修撰《春秋》，寄托以史入世的深刻理念。董仲舒称道孔子的《春秋》，"上揆之天道，下质诸人情，参之于古，考之于今"。③ 这一论断揭示出《春秋》总结历史，贯通天人古今的深刻意蕴。司马迁认识到，如果"观之上古，验之当世，参以人事，察盛衰之理，审权势之宜，去就有序，变化有时"，就可以"旷日长久而社稷安矣"。④ 他将自己编撰《史记》的工作，与孔子的《春秋》联系起来。班固旁征博引，"探纂前记，缀辑所闻"，"综其行事，旁贯五经"，"纬六经，缀道纲"，⑤ 编撰《汉书》，期盼东汉统治者重视史鉴，按照儒家的政治思想治理

① 郑玄注，孔颖达正义：《礼记正义》卷五十《经解第二十六》，《十三经注疏》下册，第 1610 页。
② 李泽厚：《中国古代思想史论》，人民出版社 1985 年版，第 305 页。
③ 班固：《汉书》卷五十六《董仲舒传》，中华书局 1962 年版，第 2515 页。
④ 司马迁：《史记》卷六《秦始皇本纪》，第 278 页。
⑤ 班固：《汉书》卷一百下《叙传下》，第 4235、4271 页。

国家。杜佑编撰《通典》，通过"征诸人事"，期待"将施有政"，①对前代的历史总结与后代的治国施政结合起来。宋代社会内忧外患的复杂环境，使学者文人充满忧患意识。马端临考察历代典制，编撰《文献通考》，表达对未来君子"经邦稽古"的深切期盼，称其"倘能芟削繁芜，增广阙略，矜其仰屋之勤，而俾免于覆车之愧，庶有志于经邦稽古者，或可考焉"。②明清之际，顾炎武、黄宗羲、王夫之等思想家的历史总结，不仅追求综观古今基础上的"通识"，而且极为赞赏对于盛衰成败的独断之见。他们立言不为一时，为天下、为后世、为异世服务，充满对于国家未来的向往与期待。儒家经典的历史总结实为经世史学之滥觞，导致中国古代史学走向现实主义与实用主义：一方面因为与治国兴邦联系在一起，反思政治成败与兴衰原因，寻求治世之方与为政之道，史学的政治功能与社会价值得到发挥；另一方面又因为强调史学的政治功能，对其发展产生实用性、功利性的诱导，使之呈现政治化、实用化的趋向，史学沦为政治的附庸，阻碍其学术品位的提高。

儒家经典对历史的总结，贯通天人古今，关注天下国家。其影响不仅使史学成为中国古代文化的主要内容，而且使历史意识渗透到中国古代文化各个领域之中。梁启超曾言："中国古代，史外无学；举凡人类智识之记录，无不丛纳之于史。"③梁启超将中国古代一切文字记录归结为史学，这固然是从广义的角度审视中国古代史学，揭示了中国传统文化的历史特质，说明了其所蕴涵的深厚的史学精神，指出了中国古代的文字材料都具有重要

① 杜佑：《通典》卷一《自序》，中华书局1984年版。
② 马端临：《文献通考总序》，中华书局1986年版《文献通考》卷首。
③ 梁启超：《中国历史研究法》，华东师范大学出版社1995年版，第42页。

的史料价值。然梁启超的论述还包含另一层深意，即指出历史意识渗透到中国文化的各个领域，这种渗透折射出儒家经典对于中国文化的影响。如中国古代各种类型的文学作品，不仅内容与主题反映其所赖以产生的社会，而且蕴涵作者对各类人物与各种事件的认识。我们这里以唐诗为例，无论以诗歌咏叹历史，还是以诗歌反映现实，都在不同角度上渗透着历史意识，这种渗透可以从《诗经》中找到最早的渊源。从以历史为题材的诗歌来说，唐诗中咏史诗的数量众多，据统计在一千五百首以上。① 这类诗歌或借助对历史人物业绩的追慕与赞赏，倾注作者的政治理想；或通过对历史人物不幸遭遇的同情，抒发作者的身世感慨；或通过对历史人物功过的咏叹，表达作者的政治信念。诗人咏叹的虽然是过去的史实，反映的却是对于唐代社会现实的看法。从以现实为内容的诗歌来说，杜甫的诗歌之所以被称为"诗史"，不仅因为其语言质朴，充满唐代现实生活的气息；而且因为真实地反映出唐代的社会情况，描述了自己的亲身经历与感受，甚至还在诗歌中记载年月以增强写实气氛。其诗歌"有的针对唐王朝或唐玄宗，有的针对作战将领，有的针对苛捐杂税，有的针对叛军，有的针对时局，有的针对战事"。② 梁启超指出杜甫等人的诗歌，"专记述其所身历之事变，描写其所目睹之社会情状者，其为价值最高之史料，又无待言"。③ 这种以诗歌干预时事，指责国政，论评现实，记载史实的现象，从另一角度反映出历史意识的影响。

儒家经典对历史的总结，强调辨别世道人心，关注纲纪伦

---

① 刘洁：《唐诗审美十论》，民族出版社 2002 年版，第 92 页。
② 孙琴安：《唐诗与政治》，上海人民出版社 2003 年版，第 100 页。
③ 梁启超：《中国历史研究法》，第 69 页。

常，渗透着上古时代宗法社会的伦理观念。其影响不仅使对伦理道德的关注与对历史盛衰的认识联系在一起，儒家伦理成为中国古代思想家、史学家考察历史的指导思想；而且使整个社会关注伦理、重视道德，培育了华夏民族重视道德规范的文化传统，使中国成为文明礼义之邦。《国语》载申叔回答楚庄王论教导太子言："教之《春秋》，而为之耸善而抑恶焉，以戒劝其心；教之《世》，而为之昭明德而废幽昏焉，以休惧其动；教之《诗》，而为之导广显德，以耀明其志；教之《礼》，使知上下之则；教之《乐》，使疏其秽而镇其浮；教之《令》，使访物官；教之《语》，使明其德，而知先王之务用明德于民也；教之《故志》，使知废兴者而戒惧焉；教之《训典》，使知族类，行比义焉。"① 申叔所说的这些典籍，多为儒家经典，其思想核心是恪守古贤训诫，遵循圣人教诲，以儒家伦理教化人，提高人的道德水准。儒家经典突出人作为社会中心的地位，强调人事对盛衰兴亡的决定作用，重视道德仁义，判断是非善恶。司马迁将儒家经典《春秋》视为伦理教科书。他指出："为人君父而不通于《春秋》之义者，必蒙首恶之名；为人臣子而不通于《春秋》之义者，必陷篡弑之诛，死罪之名。其实皆以为善，为之不知其义，被之空言而不敢辞。夫不通礼义之旨，至于君不君，臣不臣，父不父，子不子。夫君不君则犯，臣不臣则诛，父不父则无道，子不子则不孝。此四行者，天下之大过也。""故《春秋》者，礼义之大宗也。"② 儒家经典历史总结的影响，一方面使中国古代各类史书通过记载人事，彰明伦理道德的社会价值。在纪传体正史与各种人物传记，以及编

---

① 左丘明：《国语》卷十七《楚语上》，上海古籍出版社 1978 年版。
② 司马迁：《史记》卷一百三十《太史公自序》，第 3298 页。

年体史、纪事本末体史，乃至各类野史、杂史中，注意记载统治集团的重要人物，彰显君臣父子纲纪伦常之道，突出以儒家伦理教化后人。另一方面则使中国古代史家以儒家伦理为理论，评价历史人物与历史事件，既热衷于为"孝子"、"忠臣"、"义士"、"烈女"之类的人物立传，赞赏"从古忠臣义士，为国捐生，节炳一时，名垂百世"；① 又对那些"叛臣逆子"、"僭伪奸佞"、"盗贼流寇"之类，大加挞伐，严厉谴责。朱熹认为司马光的《资治通鉴》，没有很好地体现天理，故将其改编为《资治通鉴纲目》，以便更好地体现"尊君父而讨乱贼，崇正统而抑僭伪，褒名节而黜邪佞，贵中国而贱夷狄"。② 儒家纲常伦理是中国传统史学的思想核心，伦理道德说教充斥于各类历史著作之中，成为各种文献典籍乃至文学作品的灵魂。

总之，儒家经典作为中华文明的元典，其主要内容是总结历史盛衰，反映出上古时代华夏民族从野蛮走向文明的历史足迹，对于中国传统社会及其思想文化的影响是多方面的。美国学者桂思卓在论述儒家经典对于中国传统的学术与政治的影响时，深刻指出："儒家经典——尽管它有时会因道教与佛教经典的竞争而暗淡无光，尽管它较之西方的宗教经典更具可变动性——就在传统中国的学术及政治生活中占据了显赫地位。"③ 余英时先生指出，儒家思想对中国传统社会的影响，涉及非常广泛的领域。他强调说："儒家思想在传统中国社会的影响是无所不在的，从个人道德、家族伦理、人际关系到国家的典章制度以及国际间的交

① 张廷玉：《明史》卷二百八十九《忠义传序》，中华书局1974年版，第7407页。

② 尹起莘：《资治通鉴纲目序》，四库全书本《资治通鉴纲目》卷首。

③ ［美］桂思卓：《从编年史到经典》，朱腾译，中国政法大学出版社2010年版，第7页。

往，都在不同的程度上受到儒家思想的支配。从长期的历史观点看，儒家的最大贡献在为传统的政治、社会秩序提供了一个稳定的精神基础。"① 这些论述揭示了儒家经典与儒家思想对中国传统社会的广泛影响，对于维护社会稳定与巩固专制统治有着极为重要的作用。我认为，儒家经典总结上古时代的历史盛衰，其思想对于中国传统社会的影响，涉及国家制度、政治思想、学术文化、社会心理、伦理道德、民情风俗等众多领域。它与中国传统文化及传统史学联系在一起，既使华夏民族重视历史，以史为鉴，明道教化，治国兴邦，以历史知识提高人的素质，从历史总结中预测未来；又使中国古代的史学与政治紧密结合，形成以史经世的传统。儒家经典总结历史，关注纲常伦理，使中国古代史家将伦理道德作为考察历史、评价人物的标准，把对纲纪伦常的重视与对历史盛衰的认识联系在一起。史学成为中国文化的主要内容，历史意识渗透到中国文化各个领域之中。

---

① ［美］余英时：《中国思想传统及其现代变迁》，《余英时文集》第二卷，广西师范大学出版社 2004 年版，第 130 页。

论周秦诸子的历史认识

诸子之学兴起于春秋、战国之际，老子、孔子和邓析子被称为周秦诸子之"宗源"。战国时期，诸子之学广泛流行，思想领域形成百家争鸣的现象，"或为此三子之传承流变，或者另有所出，而立学立说必取资于三子"。① 诸子之学的兴起与流行，反映出春秋、战国时期中国社会的深刻变化，彰显出动荡环境中士人阶层的兴起，折射出思想自由与学术下移的风气。班固认为周秦诸子皆出自王官，"起于王道既微，诸侯力政，时君世主，好恶殊方，是以九家之术蜂出并作，各引一端，崇其所善，以此驰说，取合诸侯。其言虽殊，辟犹水火，相灭亦相生也。仁之与义，敬之与和，相反而皆相成也"。"今异家者各推所长，穷知究虑，以明其指，虽有蔽短，合其要归，亦六经之支与流裔。"② 这些论述揭示了诸子之学兴起的社会环境，概括了诸子思想的学术渊源与治学旨趣。周秦诸子之书虽然内容相殊，但在思想上却相反相成，都是从儒家六经的思想发展而来，都是以历史作为论述其思想理论的依据。如果说《周易》《尚书》《诗经》等儒家经典，深刻影响了数千年来中国文

---

① 王锦民：《古学经子》，第248页。
② 班固：《汉书》卷三十《艺文志》，中华书局1962年版，第1746页。

化的发展，因而被称为中华元典；那么记载孔子言行的《论语》，则直接启导自由论辩的风气，因而被称为"诸子之冠冕"，"子书之先河"。① 周秦诸子的言论与著述，包含对于历史的广泛而深刻的认识，继承与超越了儒家经典对历史总结的思想成果，在中国史学史上有着重要的地位。

一　周秦诸子历史认识的基本特点

春秋、战国时期，中国社会经历了急剧而深刻的变化。春秋后期，公室衰微，政权下移，礼坏乐崩，大国争霸，诸子之学逐渐兴起；战国时期，邦无定交，士无定主，合纵连横，道古论今，诸子之学广泛流行。人们生活于纷然淆乱而又剧烈变化的动荡环境之中，从"君子之泽，五世而斩"的现象中，② 意识到人的地位是变化的。个人的荣辱祸福，政权的盛衰存亡，国家的治乱安危，天下的兴废成败，都是可以转化的，君与臣的地位也不是固定的。因此统治者必须具有忧患意识，"居安思危，思则有备，有备无患"。③ 时代需要思想家站在历史的高处，总结过去的经验，把握现实的社会，预测发展的趋势，引领未来的潮流。周秦诸子适应时代需要，著书立说，以古鉴今，论述政治主张，表达社会理想，其言论与著作寓含深刻的历史认识。这些历史认识不仅继承与超越了儒家经典的思想成果，而且因为时代条件与社会环境的变化，具有以下一些

---

①　蒋伯潜：《诸子通考》，浙江古籍出版社 1984 年版，第 9 页。
②　赵岐注，孙奭疏：《孟子注疏》卷八上《离娄章句下》，《十三经注疏》下册，第 2728 页。
③　杜预注，孔颖达正义：《春秋左传正义》卷三十一，襄公十一年，《十三经注疏》下册，第 1951 页。

基本的特点：

儒家经典或叙说盛衰成败，或记载典章制度，大多为上古朝廷的官书。周秦诸子对于历史的认识，主要反映在其言论与著作之中。这些著作虽然多为后人所纂述，所追辑，甚至还有不少为后人所伪托，但大都属于学者文人的私著而非朝廷的官书，其内容通常将历史与现实、社会与思想紧密结合起来。我们考察周秦诸子之书，除孔子的《春秋》因为被列为儒家经典，故而不在此论述之外，其他著作如《论语》《墨子》《庄子》《孟子》《荀子》等，虽然广泛涉及对古代社会与历史问题的论述，但并非对过去历史的完整记载与系统思考，更非为论史而论史，其历史认识有着零碎性与片断性的特点。这主要体现在周秦诸子对于历史的探讨，仅仅局限于针对某些个别的具体的问题，进行零碎的阐发与片断的论述。孔子言："舜有天下，选于众，举皋陶，不仁者远矣！"① 又曰："泰伯其可谓至德也已矣，三以天下让"；又言："唯天为大，唯尧则之"；又说："三分天下有其二，以服事殷，周之德可谓至德也已矣。"② 《论语》记载孔子对历史的评论，虽然涉及尧、舜之道与文、武之礼，以及西周到春秋时期的其他历史人物；但只是以史实为例，强调仁义，颂扬德政，赞赏明君，称道贤能。老子从历史考察中认识到："民不畏死，奈何以死惧之？"③ 他指出："民之饥，以其上食税之多，是以饥；民之难治，以其上之有为，

---

① 何晏集解，邢昺疏：《论语注疏》卷十二《颜渊第十二》，《十三经注疏》下册，第 2504 页。

② 何晏集解，邢昺疏：《论语注疏》卷八《泰伯第八》，《十三经注疏》下册，第 2486、2487 页。

③ 王弼注：《老子》第七十四章，中华书局 1954 年版，第 44 页。

是以难治。"① 老子反对严刑暴政，主张顺民而治。孟子认为，得民心者得天下，失民心者失天下，"桀、纣之失天下也，失其民也。失其民者，失其心也。得天下有道：得其民，斯得天下矣；得其民有道：得其心，斯得民矣；得其心有道：所欲与之聚之，所恶勿施尔也"。在孟子看来，汤、武之所以王，是因为桀、纣为其"驱民"所致。② 他总结历史，揭示出"三代之得天下也，以仁；其失天下也，以不仁；国之所以废兴存亡者，亦然"。③ 这是以历史事例为据，说明民为天下之本，得民与失民关乎国家兴亡，治国兴邦必须实行仁政。周秦诸子的言论中，大量引述前代之人或前代之事，史实成为论评现实的依据，阐发思想的出发点，构建理论体系的基石。据统计，《墨子》四十二篇引述历史事例一百零五例，论及历史人物达一百零六人之多；在《孟子》全书中，引述历史事例达到一百六十五例。④ 周秦诸子论及的历史人物与历史事件，虽然涉及从传说中的远古时代到春秋、战国时期，跨越数千年的时间，但都是从主观的政治目的出发，针对现实社会的迫切需要，选择有关的个别的史实，论述与探讨有关治国兴邦的现实问题，并非对于历史的系统思考与全面总结。

儒家经典凝聚了华夏文明兴起的过程中，先民对于盛衰成败的观察与记载，从著作性质来说大多应称为"述"而不能称为"作"，其目的是从历史演变中总结经验教训，从治乱兴衰

---

① 王弼注：《老子》第七十五章，第44页。
② 赵岐注，孙奭疏：《孟子注疏》卷七下《离娄章句上》，《十三经注疏》下册，第2721页。
③ 赵岐注，孙奭疏：《孟子注疏》卷七上《离娄章句上》，《十三经注疏》下册，第2717、2718页。
④ 吴怀祺主编：《中国史学思想通史·总论先秦卷》第八章，黄山书社2005年版，第342、353页。

中体察兴亡之道，为统治者治国兴邦提供借鉴。周秦诸子之书多为政论与史论合而为一的议论散文，主要是围绕社会现实问题展开探讨与论述，从著作性质来说大多应称为"作"而不能称为"述"，其目的则是搜集史实，以史论政。综观周秦诸子之书的内容，或称道古圣，托古讽今；或骋说时君，论评时政；或阐发政见，挽救时艰。司马谈言："夫阴阳、儒、墨、名、法、道德，此务为治者也。"① 所谓"此务为治者"，指的是从现实出发，总结前代得失，提供治国方略，谋求服务社会，以图改制救世。因此周秦诸子对于历史的认识，有着政治性与实用性的特点。这主要表现在援引历史事例，探讨现实问题，寄托治国抱负，论述施政理念。如果说服务现实、托古改制是周秦诸子反思过去、总结历史的目的；那么旁征博引、援古证今则是其实现目的的手段；而治国兴邦、施政安民则是其历史考察的重点，阐述政治主张与评论历史现象融为一体。《论语》云："微子去之，箕子为之奴，比干谏而死。"孔子言："殷有三仁焉。"② 孔子以商纣王迫害微子、箕子、比干等仁人贤者，以致国家灭亡的历史事例为据，说明君主施政治国必须重用贤者。墨子针对战国前期，"大国之攻小国"，"大家之乱小家"，"强之暴寡，诈之谋愚，贵之傲贱"的社会现实，赞扬尧、舜、禹、汤、文、武为"三代圣王"，而指责桀、纣、幽、厉为"三代暴王"。在墨子看来，圣王治理天下，"处大国不攻小国，处大家不乱小家，强不劫弱，众不暴寡，诈不谋愚，贵不傲贱"。如果君主"爱人利人，顺天之意"，必然"得天之

---

① 司马迁：《史记》卷一百三十《太史公自序》，第 3288 页。
② 何晏集解，邢昺疏：《论语注疏》卷十八《微子第十八》，《十三经注疏》下册，第 2528 页。

赏"；如果"憎人贼人，反天之意"，则必将"得天之罚"。① 墨子又说："禹、汤、文、武兼爱天下之百姓"，"故天福之，使立为天子"；而"桀、纣、幽、厉兼恶天下之百姓"，"故天祸之，使遂失其国家"。② 墨子总结历史的经验，"祖述尧、舜、禹、汤之道"，认为"将不可以不尚贤。""夫尚贤者，政之本也。"③ 这些论述以历史为依据，说明君主治理国家，必须"爱民顺天"，注意尚贤重才。孟子言："舜生于诸冯，迁于负夏，卒于鸣条，东夷之人也。文王生于岐周，卒于毕郢，西夷之人也。地之相去也，千有余里；世之相后也，千有余岁。得志行乎中国，若合符节，先圣后圣，其揆一也。"④ 在孟子看来，舜与周文王这两位古代圣王，虽然生活于不同时代，出自不同地域，但都能"得志行乎中国"，原因在于施政治民，"其揆一也"。孟子又言："禹恶旨酒，而好善言。汤执中，立贤无方。文王视民如伤，望道而未之见。武王不泄迩，不忘远。周公思兼三王，以施四事；其有不合者，仰而思之，夜以继日；幸而得之，坐以待旦。"⑤ 孟子针对当时战争频繁、民不聊生的社会现实，颂扬古代圣王治国业绩，总结兴衰存亡的原因，阐述实行仁政的思想，寄托施政安民的理念，善于从中概括治国安民的经验教训。荀子指出："成汤监于夏桀，故主其心而慎治之，是以能长用伊尹而身不失道，此其所以代夏王而受九有也；文王监于殷纣，故主其心而慎治之，是以能长用吕望而身不失

---

① 张纯一：《墨子集解》卷七《天志中第二十七》，成都古籍书店 1988 年版，第 182—185 页。

② 张纯一：《墨子集解》卷一《法仪第四》，第 25—26 页。

③ 张纯一：《墨子集解》卷二《尚贤上第八》，第 49—50 页。

④ 赵岐注，孙奭疏：《孟子注疏》卷八上《离娄章句下》，《十三经注疏》下册，第 2725 页。

⑤ 同上书，第 2727 页。

道，此其所以代殷王而受九牧也。"① 在荀子看来，成汤以夏桀为鉴，重用贤者伊尹为相，故能代夏而有天下；文王以殷纣为鉴，重用贤者吕望为相，故能代殷而有天下。君主治国施政，应该慎其终始，以前朝灭亡为鉴，做到举贤任能。这类论述既表达了诸子治国兴邦的主张，也是其从历史总结中得出的重要结论。周秦诸子以天下兴亡为己任，满怀为国为民建功立业的志向与理想，密切关注政治得失与盛衰成败的关系，尤其热心考察那些与现实关系密切的政治问题。他们认识历史不是发思古之幽情，而是援古论今以探讨兴衰成败，根据历史经验以观照当今的国家治理。历史总结与现实政治紧密结合起来，反映出时代的气息与现实主义的精神。

儒家经典虽然关注上古朝代的盛衰兴替，保存了先民对历代兴亡成败的大量原始记载，包含了先民对历史运演的许多认识，对中国社会与中国文化产生了深远的影响；但其对历史的总结简单粗略，对历史现象的认识处于感性层次。周秦诸子多为思想家而非历史家，他们生活于礼坏乐崩的乱世时代，其著书立说以阐述社会主张与政治理念、宣传改制救世思想为目的，虽然不落俗套而发前人之所未发，甚至敢于冲破传统思想束缚，提出许多惊世骇俗之论；但不可能系统考察历史的进程，也不关注历史事实的记载，更不注意审视有关史实的真伪，其历史认识表现出主观性与随意性的特点。这首先表现在引述史事的目的是作为论据宣扬己说，对历史问题的论述采取实用主义的态度与主观臆断的做法。一方面对历史事件的来龙去脉，包括其发生的时空环境与前后顺序，

---

① 王先谦：《荀子集解》卷十五《解蔽篇第二十一》，中华书局1954年版，第260页。

并不关心与在意，甚至根据个人的政治思想与主观意志，或随心所欲地解读历史，或任意割裂历史的因果联系，以求为我所用；一方面为了迎合世俗之人贵古贱今的心理，对所述史实高远其所从来，或者托言古人捕风捉影以为己用，或者任意渲染传闻作为依据，或者根据道听途说以讹传讹，或者随意夸大史实以增强说服力，或者虚构乃至捏造史实以圆己说。虚无缥缈的远古历史传说被层层加码，由周的先世推及夏、商的先世，又由夏、商的先世进一步推及尧、舜，乃至有巢氏、伏羲氏、燧人氏、神农氏等，导致"层累地造成的中国古史"逐渐形成。韩非曾质疑儒、墨后学的理论渊源及其文章中引述的史实的可靠性，指出：儒、墨后学"皆自谓真孔、墨，孔、墨不可复生，将谁使定后世之学乎？孔子、墨子俱道尧、舜，而取舍不同，皆自谓真尧、舜，尧、舜不复生，将谁使定儒、墨之诚乎？"[1]周秦诸子历史认识的主观性与随意性，其次表现在对史料缺乏严谨的态度，叙说史实通常言过其实而难以征信：一方面是任意歪曲史料，虽然在相互争鸣中旁征博引，语言犀利，但对论战对象却通常呵骂备至，歪曲对方原意，甚至攻其一点而不及其余；另一方面则是随意对待史料，引述史料既无一定规范，又不搜集原始材料，不明确说明材料的来源，即使借用古代圣贤之言，引述历代名人之语，也不说明其具体的出处，使得许多史实难以稽考。这种主观性与随意性的特点，影响到学术价值，降低了思想品位。

概括起来，周秦诸子继承儒家经典历史总结的思想成果，

---

[1]　王先慎：《韩非子集解》卷十九《显学第五十》，中华书局1954年版，第351页。

立足春秋、战国的时代环境，结合社会现实而考察历史盛衰，将论政与论史融为一体。其历史认识既有着零碎性与片断性，又有着政治性与实用性，还表现出主观性与随意性。这些特点对历代的思想家与史学家的认识历史，产生了深刻的影响。

二 周秦诸子历史认识的理论价值

周秦诸子立论高远，言辞宏阔，思想深邃，逻辑严密。他们重视历史知识，广泛搜集史料，论述政治问题，阐发思想主张。其论史与论政直接相关，既中古人之心曲，又明行事之利益，历史事实与现实政治紧密结合，历史认识与治国理念合而为一。从中国古代史学思想发展过程考察，无论是彰往察来、改制救世的历史总结目的；还是把握整体、探讨沿革的历史思维方式；抑或融会古今、分期认识的历史考察方法；或者辩证分析、总结规律的历史理论思辨，周秦诸子都继承并超越了儒家经典，达到了新的思想高度，显示出很高的理论水平与思维水平。其历史认识中蕴涵大量真理性的思想成分，对人们的社会实践发挥着重要的指导作用，对中国古代史学思想的发展产生了深远的影响。在我看来，周秦诸子历史认识的理论价值，主要体现在以下六个方面：

1. 儒家经典的历史总结，目的是以史为鉴治国兴邦。《周易》反映出先民关注历代盛衰，有着深沉的忧患意识。《尚书》总结虞、夏、商、周的兴亡成败，寓含以史为鉴的深刻理念。《诗经》许多篇章以史入诗，吟唱歌咏，讽谏统治者牢记历史教训。儒家经典把历史总结与天下治理结合起来，强调治国施政必须以史为鉴，侧重于反思君主倒行逆施而导致社稷败亡的惨痛教训。周秦诸子总结历史，借古论今，预测未来趋势，谋求改制救世。孔子言："疏通知远，《书》教也。"① 又曰："夫《易》，彰往而察来。"② "疏通知远"指贯通古今考察历史更替，可以预测未来趋势；"彰往察来"强调总结过去，可以明察未来。孔子以《尚书》《周易》两书为例，说明"彰往"与"察来"的关系，要求从历史总结中认识过去，进而洞察未来的发展。在孔子看来，从前代历史的总结中，不仅能够了解过去，获得历史知识，进而通达事理；而且可以使人开阔胸襟，顺应时势，认识现在，把握未来。历史盛衰总结一方面是为了寻求借鉴，即为统治者治国兴邦提供经验教训；另一方面则是从历史总结中增长知识，进行道德教育，考察社会现实，预测未来趋势。从儒家经典强调以史为鉴，到孔子指出历史具有疏通知远的功能，一方面将总结过去视为了解今天、认识现实的渊源；另一方面又将其看成预测发展、把握未来的基础，进行道德伦理教化的手段，思想精髓在于把握历史与未来之间的关系。故刘知幾言："夫《尚书》之教也，以疏通知远为主；《春秋》之义也，以惩恶劝善为先。"③ 墨子在孔子基础上，明确指出："古者有语，谋而不得，则以往知来，以智见隐。"④ 这一论断更加明确地说明，历史对于预测未来的作用，早已受到古人的重视。孟子考察《诗经》《春秋》的历史总结与孔子的历史认识的关系，指出这是一脉相承的发展过程："王者之迹熄而《诗》亡，《诗》亡然后《春秋》作。晋之《乘》，楚之《梼杌》，鲁之《春秋》，一也；其事则齐桓、晋文，其文则

---

① 郑玄注，孔颖达正义：《礼记正义》卷五十《经解第二十六》，《十三经注疏》下册，第1610页。

② 王弼、韩康伯注，孔颖达正义：《周易正义》卷八《系辞下》，《十三经注疏》上册，第89页。

③ 刘知幾著，张振珮笺注：《史通笺注》卷二十外篇《忤时第十三》，贵州人民出版社1985年版，第712页。

④ 张纯一：《墨子集解》卷五《非攻中第十八》，第125页。

史。孔子曰：'其义则丘窃取之矣。'"① 孟子又说："世衰道微，邪说暴行有作，臣弑其君者有之，子弑其父者有之。孔子惧，作《春秋》。《春秋》，天子之事也。是故孔子曰：'知我者其惟《春秋》乎！罪我者其惟《春秋》乎！'""孔子成《春秋》而乱臣贼子惧。"② 在孟子看来，孔子编撰《春秋》不仅贯穿着历史相因之理，而且包含着以史明道与伦理教化的深意。孔子的历史盛衰总结强调君臣大义，寄托政治理想，重视伦理道德，主张以史教化，达到惩恶劝善，实现拨乱反正，垂之万世之后，对于历史功能的把握具有某种自觉性。荀子称："观往事，以自戒，治乱是非亦可识。"③ 荀子在继承孔子及墨子思想的基础上，不仅强调历史可以自我鉴戒，而且还能够从中明辨是非，确实非常深刻。司马迁将其编撰《史记》的工作，看成继承孔子编撰《春秋》的事业。《史记》阐发孔子关于以史入世、垂法明道之旨说："孔子之时，上无明君，下不得任用，故作《春秋》。垂空文以断礼义，当一王之法。"在"是非二百四十二年之中，以为天下仪表，贬天子，退诸侯，讨大夫，以达王事而已矣"。《春秋》"上明三王之道，下辨人事之纪，别嫌疑，明是非，定犹豫，善善恶恶，贤贤贱不肖，存亡国，继绝世，补敝起废，王道之大者也"。司马迁认为，"拨乱世，反之正，莫近于《春秋》"。④ 司马迁的这些论述，不仅揭示出孔子明道教化、垂法资鉴的治史理念，而且指出了其历史总结对于后代的深远影响。周秦诸子着眼今天而思考

① 赵岐注，孙奭疏：《孟子注疏》卷八上《离娄章句下》，《十三经注疏》下册，第 2727—2728 页。

② 赵岐注，孙奭疏：《孟子注疏》卷六下《滕文公章句下》，《十三经注疏》下册，第 2714、2715 页。

③ 王先谦：《荀子集解》卷十八《成相篇第二十五》，第 311 页。

④ 司马迁：《史记》卷一百三十《太史公自序》，第 3299、3297 页。

昨天，立足现实而总结过去，追求社会理想的实现，对历史的认识散见于其言论与著述之中。他们一方面主张垂法资鉴，要求以史明道；另一方面又将历史的鉴戒、惩劝的作用与明道、教化的功能结合起来，不仅关注淫君乱主丧失天命的教训，而且重视明君圣主治国兴邦的经验，还注意从过去与现实的联系中预测与把握未来。周秦诸子既继承儒家经典关于以史为鉴的思想，指出历史可以作为君主治国施政的鉴戒；又强调历史能够提升人们的知识水平与道德水准，具有明道与教化的作用。其对治史目的与史学功能的认识，达到了前所未有的思想高度。

2. 儒家经典的历史总结，蕴涵深刻的通变思维。《周易》的思想核心是通变，反映出华夏先民察万物之原，顺天地之势，要求因时制变，主张革故鼎新的思维方式。《尚书》总结从上古时代到夏、商、西周的盛衰，以通变的眼光考察社会的发展，审视朝代的更替。《诗经》云："有命自天"，[①] 又说："天命不又"。[②] 君主的天下受命于天，政权的兴亡说明天命可以转移。欧阳修称，儒者学乎圣人之道，"以通天下之理，以究阴阳、天地、人鬼、事物之变化"。[③] 周秦诸子关于改制救世的理想，建立在因时通变思想的基础之上。他们的政治理念与社会主张虽然各不相同，但都继承与发展了儒家经典的通变思维，都是以通变的眼光审视宇宙自然与人类社会的一切。在孔子看来，天下万物的变化如同流水一样，永不停息地延续着与

① 毛亨传，郑玄笺，孔颖达正义：《毛诗正义》卷十六《大雅·大明》，《十三经注疏》上册，第 508 页。

② 毛亨传，郑玄笺，孔颖达正义：《毛诗正义》卷十二《小雅·小宛》，《十三经注疏》上册，第 451 页。

③ 欧阳修：《韵总序》，《居士集》卷四十二，《欧阳修全集》上，中国书店 1986 年版，第 289—290 页。

发展着。他感叹："逝者如斯夫！不舍昼夜。"[①] 老子认识到，在人类社会运演的过程中，有无、大小、难易、得失，乃至强弱、安危、盛衰、荣辱，甚至祸福、生死、成败、治乱等，一切事物不仅是相反相成，发展变化的；而且必然向其相反的方向转化，一成不变的事物是不存在的。他宣称："祸兮福所倚，福兮祸所伏"，[②] 揭示出祸福相互转化的道理。庄子认为："万物化作，萌区有状；盛衰之杀，变化之流也。"[③] 在庄子看来，天下万物的盛衰转化，永不停息。韩非认为，"国无常强，无常弱"。[④] 国家盛衰强弱之间的转化，不以任何个人的意志为转移。在周秦诸子看来，事物的转化不是突然出现的，而是从衰到盛又从盛到衰，从量变逐渐走向质变。荀子称："尽小者大，积微者著。"[⑤] 韩非言："千丈之堤，以蝼蚁之穴溃；百尺之室，以突隙之烟焚。"人们应该注意防微杜渐，"慎易以避难，敬细以远大"。[⑥] 因为变动不居、生生不已为天下万物的本质属性，而国家的治乱兴亡与朝代的更替，则是盛衰强弱相互转化的结果；所以君主治国施政，不应该墨守成规，而必须顺应时势，因时而变，根据实际情况，决定进退取舍。庄子认为："三皇五帝之礼义法度，不矜于同，而矜于治"，"故礼义法度者，应时而变者也"。[⑦] 商鞅总结历史经验，说明施政通变的道理。他

---

① 何晏集解，邢昺疏：《论语注疏》卷九《子罕第九》，《十三经注疏》下册，第 2491 页。

② 王弼注：《老子》第五十八章，第 35 页。

③ 王先谦：《庄子集解》卷四《天道第十三》，中华书局 1954 年版，第 83 页。

④ 王先慎：《韩非子集解》卷二《有度第六》，第 21 页。

⑤ 王先谦：《荀子集解》卷十九《大略篇第二十七》，第 333 页。

⑥ 王先慎：《韩非子集解》卷七《喻老第二十一》，第 118 页。

⑦ 王先谦：《庄子集解》卷四《天运第十四》，第 91 页。

指出："伏羲、神农，教而不诛；黄帝、尧、舜，诛而不怒；及至文、武，各当时而立法，因事而制礼。""汤、武之王也，不修古而兴；殷、夏之灭也，不易礼而亡。"① "当时而立法，因事而制礼"，这是深刻的历史通变思维。荀子主张治理国家，应该注意"与时迁徙，与世偃仰"，② 一切以时间、地点、条件为转移。韩非强调：圣人"不期修古，不法常可"，不能"以先王之政，治当世之民"。③《吕氏春秋》提出，君主应该"因时而化"，认为"先王之法，经乎上世而来者也。人或益之，人或损之"。为什么"古今之法，言异而典殊"，"今之法多不合乎古之法者？"这是因为社会不断地发展变化，所以典制法度也必须因时而化，"治国无法则乱，守法而弗变则悖，悖乱不可以持国，世易时移，变法宜矣"。④ 这些论述总结历史经验，说明因时通变的必要性，强调国家的各种制度，应该随着时间推移而变化。我们认为，通变思维发端于华夏文明兴起之际，蕴涵于儒家经典的历史总结之中。周秦诸子托古论今，把天下的一切看成是变化的，因而使通变思维进一步内化了。这不仅对于探讨宇宙自然与考察社会历史，具有普遍的指导意义；而且对于从事政治活动及各种社会实践活动，有着广泛而深远的影响。

3. 儒家经典的历史总结，贯通古今之间的联系，反映社会的发展变化，这种贯通与反映体现在其所记载的历史内容之中。周秦诸子已经意识到，历史运演是一个连续不断的过程，

---

① 严万里校：《商君书》卷一《更法第一》，中华书局1954年版，第2页。

② 王先谦：《荀子集解》卷三《非相篇第五》，第54页。

③ 王先慎：《韩非子集解》卷十九《五蠹第四十九》，第339页。

④ 高诱注：《吕氏春秋》卷十五《慎大览第三·察今》，中华书局1954年版，第177页。

任何社会既是前代发展与演变的果，又是后代传承与延续的因；历史考察则是对现实社会的一种特殊审视，从过去与现在的因果联系中，人们可以观察现实而预测未来。周秦诸子虽然没有也不可能全面总结自古以来的历史，但继承了儒家经典贯通古今以考察历史的方法。其以史论政的思想基础，就是将从古到今的历史视为一体，作为连续不断的过程把握，考察古今之间的历史变迁，探讨古今之间的内在联系，总结与论述有关施政的普遍问题，概括与凝聚治国之道。孔子宣称："古犹今也"，历史是"无古无今，无始无终"。① 在孔子看来，古今延续，永不停息。孔子又曰："殷因于夏礼，所损益可知也；周因于殷礼，所损益可知也。其或继周者，虽百世可知也。"② 殷代因袭夏代礼制，所损益是可以了解的；周代因袭殷代礼制，所损益是可以了解的；那些继承周代者对前代礼制的因袭与损益，即使在百代以下也是可以了解的，社会就是在沿袭与损益过程中永无止境地延续着。这说明孔子既认识到历史延续的无限性，又意识到古今之间的相对性，看到了古今的内在联系。因此他一方面所到之处，"必闻其政"；③ 另一方面则在教学过程中，谈古论今，借古喻今，言必称文武，语不离三代，总结历史的经验，服务现实的需要。《管子》言："疑今者察之古，不知来者视之往。万事之生也，异趣而同归，古今一也。"④ 在《管子》的作者看来，对现实问题疑惑不解，可以从古代历史

---

① 王先谦：《庄子集解》卷六《知北游第二十二》引，第144页。

② 何晏集解，邢昺疏：《论语注疏》卷二《为政第二》，《十三经注疏》下册，第2483页。

③ 何晏集解，邢昺疏：《论语注疏》卷一《学而第一》，《十三经注疏》下册，第2458页。

④ 戴望：《管子校正》卷一《形势第二》，中华书局1954年版，第5页。

中寻找答案；对未来社会发展不能把握，则可以通过观察过去作出判断。荀子言："有擅国，无擅天下，古今一也。"① 荀子又称："尊圣者王，贵贤者霸，敬贤者存，慢贤者亡，古今一也。"② 荀子意识到，古今治国施政存在继承性与连续性，探讨现实问题必须把握古今历史的联系。他还指出："欲知上世，则审周道"，"以道观今，古今一度也。类不悖，虽久同理"。③ 他强调说："以德兼人者王，以力兼人者弱，以富兼人者贫，古今一也。"④《吕氏春秋》则揭示出古与今、前与后的相对性及辩证统一关系，认为"察今则可以知古，古今一也"。⑤ 又说："今之于古也，犹古之于后世也；今之于后世，亦犹今之于古也。故审知今则可知古，知古则可知后，古今前后一也。故圣人上知千岁，下知千岁也。"⑥ 周秦诸子反复论述"古今一也"的观点，一方面旨在强调古往今来为自然延续的过程，要求从系统的整体的高度认识这一过程，指出历史运演的一维性与连续性，并非认为从古到今社会相同而没有变化，而是说明古今治国原则与施政理念的同一性与继承性；一方面则在突出万事万物的产生与发展，无论古今都遵循共同的道理，从而将许多治国原则与施政理念，看成古今相沿而一以贯之，不应该也不能够随意改变，说明君主为政必因先王之道。在儒家经典贯通古今总结历史的基础上，周秦诸子更加关注过去、现在与将来三者的内在联系，认识到未来是历史与现实的延伸，对未

---

① 王先谦：《荀子集解》卷十二《正论篇第十八》，第224页。
② 王先谦：《荀子集解》卷十七《君子篇第二十四》，第302页。
③ 王先谦：《荀子集解》卷三《非相篇第五》，第51、52页。
④ 王先谦：《荀子集解》卷十《议兵篇第十五》，第192页。
⑤ 高诱注：《吕氏春秋》卷十五《慎大览第三·察今》，第177页。
⑥ 高诱注：《吕氏春秋》卷十一《仲冬纪第十一·长见》，第111页。

来社会的科学预测，必须建立在对历史的深刻认识、对现实的正确分析的基础上。既然过去是今天的昨天与前天，而今天是由过去发展而来，又必将由此而发展到明天；那么现实之果既源自历史之因，又必然成为明天之因。因此对现实的观察、对未来的思考，最可靠的而且最重要的，是把握历史与现实的联系，既从现实出发，又从历史出发。这不仅促使思想家与史学家总结历史，重视会通，关注古今联系；而且对人们考察过去、认识现实、瞻望未来，具有重要的方法论的意义。

4. 儒家经典的历史总结，虽然包含将自古以来的历史，分为不同阶段考察的深意；但对于历史分期的意识仍然是隐约模糊的，处于朦胧不清的状态。周秦诸子一方面把历史视为连续不断的过程，根据"古今一也"的原则，谈古论今以抒发政见，阐述思想与主张；另一方面又将这一无限延续的过程，分为不同阶段进行认识。在儒家经典关于历史分期意识的基础上，把自古以来的历史分为不同时期考察，对历史进程的宏观把握与综合概括上升到新的高度。孔子既将历史视为永不停息的发展过程，又把历史概括为"天下有道"与"天下无道"两个阶段，[①] 归纳出这两个阶段各自特点。墨子分别考察"古之民未知为宫室时"，"古之民未知为衣服时"，"古之民未知为饮食时"，"古之民未知为舟车时"，[②] 探讨各个时期的社会状况。他引述史事，上起尧、舜、禹，中历文、武、幽、厉之世，下到"当今之主"，总结各阶段的历史发展。庄子考察有巢氏、神农氏等生活的远古时代，认定远古时代是至德之世，而后来

---

① 何晏集解，邢昺疏：《论语注疏》卷十六《季氏第十六》，《十三经注疏》下册，第 2521 页。

② 张纯一：《墨子集解》卷一《辞过第六》，第 33—40 页。

社会则进入到乱世。庄子指出：在至德之世，人们"同与禽兽居，族与万物并，恶知乎知君子小人哉！"① 在三皇五帝治理天下的时代，名曰治之，实为乱世，"子有杀父，臣有杀君"。② 孟子叙述远古时代以来的历史，从洪水滔天、五谷不登的洪荒年代，直到五谷熟而民人育的过程。《商君书》既把自古以来的历史过程，归纳为"上世"、"中世"、"下世"三个阶段；又将其概括为"昊英之世"、"黄帝之世"、"神农之世"三个时期，进而说明这些时期社会各自的特点。商鞅认为："上世亲亲而爱私，中世上贤而说仁，下世贵贤而尊官。"③ 又说："昔者昊英之世，以伐木杀兽，人民少而木兽多。黄帝之世，不麛不卵，官无供备之民，死不得用椁，事不同，皆王者，时异也。神农之世，男耕而食，妇织而衣，刑政不用而治，甲兵不起而王，神农既没，以强胜弱，以众暴寡，故黄帝作为君臣上下之义，父子兄弟之礼，夫妇妃匹之合，内行刀锯，外用甲兵。故时变也。"④ 韩非既把远古以来的社会，概括为"上古"、"中世"、"当今"三个时期；又将历史运演进程，总结为"上古之世"、"中古之世"、"近古之世"、"当今之世"四个阶段。他指出："上古之世，人民少而禽兽众，人民不胜禽兽虫蛇。有圣人作，构木为巢，以避群害，而民悦之，使王天下，号之曰有巢氏。民食果蓏蚌蛤，腥臊恶臭，而伤害腹胃，民多疾病。有圣人作，钻燧取火，以化腥臊，而民悦之，使王天下，号之曰燧人氏。"⑤ 周秦诸子对于历史阶段的划分，虽然使用的

---

① 王先谦：《庄子集解》卷三《马蹄第九》，第 57 页。
② 王先谦：《庄子集解》卷六《庚桑楚第二十三》，第 146 页。
③ 严万里校：《商君书》卷二《开塞第七》，第 16 页。
④ 严万里校：《商君书》卷四《画策第十八》，第 30—31 页。
⑤ 王先慎：《韩非子集解》卷十九《五蠹第四十九》，第 339 页。

名称与涉及的内涵各不相同，但都是将各阶段作为构成自古以来的历史的组成部分。一方面把古今历史作为接连不断的过程，强调应该从整体上认识与把握历史；另一方面又将整体的历史分成不同的阶段，分别考察这些阶段以认识其运演过程。在俯瞰历史长河、审视社会变迁时，既必须注意把握与概括整体，又应该重视与考察个体；因而实现了宏观认识与阶段考察、整体认识与具体分析的辩证统一，对后人有着重要的思想启迪作用。

5. 儒家经典的历史总结，称道明君德政，指责昏君暴政，关注纲纪伦常，重视道德评判。《尚书》《诗经》称道尧、舜、禹、文、武、周公，指责桀、纣、幽、厉，即是如此。周秦诸子评价历史人物与历史事件，既继承儒家经典重视道德评判的传统，注意判断是非善恶；又能够辩证分析，从大量事例的比较与归纳中引出结论。孔子尽管以仁义作为评价人物的标准，但他考察管仲的历史地位，并不因管仲没有为公子纠死难，管仲的个人道德存在瑕疵，而指责管仲不仁，否定管仲的历史地位；而是根据管仲辅助齐桓公作出的贡献，根据历史发展的大势评价管仲，对于管仲的历史地位给以充分肯定。孔子称："桓公九合诸侯，不以兵车，管仲之力也。""管仲相桓公，霸诸侯，一匡天下，民到于今受其赐。微管仲，吾其被发左衽矣。"① 我们从这些论述可以看到，孔子审视历史有着宽广的视野与博大的胸襟。他总结历史上的"逸民"，归纳出三种类型，概括出其特点：一类是伯夷、叔齐，特点是"不降其志，不辱其身"；二类是柳下惠、少连，特点是"降志辱身"，"言中伦，

---

① 何晏集解，邢昺疏：《论语注疏》卷十四《宪问第十四》，《十三经注疏》下册，第 2511—2512 页。

行中虑"；三类是虞仲、夷逸，特点是"隐居放言，身中清，
废中权"。① 这说明了孔子对于人物的评价，不是简单地作出道
德判断，而是通过归纳与比较，总结其共性与个性。墨子评价
古代的君主，注意比较他们的行为，通过历史事例的概括与归
纳，从中引出结论。他列举贤臣辅助而"王天下"的圣明天
子，以及奸佞迷惑而"国残身死"的暴虐之君，将这正反两类
事例归纳与比较，指出："舜染于许由、伯阳，禹染于皋陶、
伯益，汤染于伊尹、仲虺，武王染于太公、周公。此四王者，
所染当，故王天下，立为天子，功名蔽天地。举天下之仁义显
人，必称此四王者。夏桀染于干辛、推哆，殷纣染于崇侯、恶
来，厉王染于厉公长父、荣夷终，幽王染于傅公夷、蔡公榖，
此四王者，所染不当，故国残身死，为天下僇。举天下之不义
辱人，必称此四王者。"② 我们从《墨子》一书可以看到，墨子
评论古代君主，虽然不乏"圣王"、"暴王"之类标签，但运用
比较与归纳之处颇多，并非简单地作出道德判断。孟子考察历
史人物，善于全面分析。如："逢蒙学射于羿，尽羿之道，思
天下惟羿为愈己，于是杀羿。"孟子认为，"是亦羿有罪焉"。③
这就是说逢蒙杀羿，也有羿的罪过。因为羿对逢蒙的本质缺乏
正确认识，所以导致事件的发生。这说明孟子能换位思考，从
不同角度考察这一事件。孟子擅长比较与归纳。他比较商汤伐
夏桀与齐国伐燕国，概括出两者的共同点与不同点；④ 又比较

① 何晏集解，邢昺疏：《论语注疏》卷十八《微子第十八》，《十三经注疏》
下册，第 2529—2530 页。
② 张纯一：《墨子集解》卷一《所染第三》，第 15—17 页。
③ 赵岐注，孙奭疏：《孟子注疏》卷八下《离娄章句下》，《十三经注疏》下
册，第 2729 页。
④ 赵岐注，孙奭疏：《孟子注疏》卷二下《梁惠王章句下》，《十三经注疏》
下册，第 2680—2681 页。

伯夷、伊尹、孔子三位圣人的行为，说明"乃所愿，则学孔子也"。[1] 孟子的历史认识，包含深刻的辩证分析。韩非搜集大量历史事例，说明那些"仁贤忠良"，"道术之士"，总是"不幸而遇悖乱暗惑之主而死"，"虽贤圣不能逃死亡避戮辱者"，这是因为"至言忤于耳而倒于心，非贤圣莫能听"。[2] 周秦诸子之书通过大量的归纳与比较，评论各类历史人物与历史事件，在历史认识方法科学化的道路上迈出了最初的步伐。

6. 儒家经典的历史总结，反映出先民对于历史规律的某些认识：如《周易》的卦辞与爻辞解释各种卦象，寓含着阴阳转化、历史循环的深刻意蕴。《尚书》《诗经》既把天视为人间的最高主宰，认定天决定朝代的盛衰兴亡；又强调民为国家根本所在，指出得民心者得天下。儒家经典的这些认识，为进一步探讨与揭示历史规律，奠定了坚实的思想基础。周秦诸子在儒家经典历史总结的基础上，对于历史规律的思考逐渐系统化与理论化，不仅反映理论思维水平的巨大进步，而且说明抽象思辨能力有了新的提高。首先是继承与发展儒家经典的天命思想，将天视为决定国家兴亡的最高主宰，以天命思想考察朝代的盛衰更替，实为周秦诸子对历史的共同认识。孔子有言："获罪于天，无所祷也。"[3] 墨子强调："昔者三苗大乱，天命殛之"，"禹亲把天之瑞令，以征有苗"。[4] 庄子认为，君主"以天为宗，以德为本"。[5]

---

① 赵岐注，孙奭疏：《孟子注疏》卷三上《公孙丑章句上》，《十三经注疏》下册，第 2686 页。

② 王先慎：《韩非子集解》卷一《难言第三》，第 16 页。

③ 何晏集解，邢昺疏：《论语注疏》卷三《八佾第三》，《十三经注疏》下册，第 2467 页。

④ 张纯一：《墨子集解》卷五《非攻下第十九》，第 137、138 页。

⑤ 王先谦：《庄子集解》卷八《天下第三十三》，第 215 页。

孟子宣称："天与贤则与贤，天与子则与子。"① 诸如此类的论述颇多，说明天决定与支配天下的一切，为周秦诸子所认同。其次是继承与发展儒家经典的民本思想，把民视为决定天下兴亡与国家盛衰的根本。荀子引述孔子之语强调："君者舟也，庶人者水也。水则载舟，水则覆舟。"② 孔子所说的"庶人"，应该是指普通的"民"。民既可"载舟"，亦可"覆舟"，这是孔子从历史反思中得出的结论。《管子》言："政之所兴，在顺民心；政之所废，在逆民心。"③ 在管子看来，国家政治的"兴"与"废"，决定于君主对民心是"顺"还是"逆"。老子认为君主治理天下，不能以严刑暴政统治人民。孟子认为，君主治理国家，应该施行仁政，将民视为立国之宝，民决定天下的盛衰成败，民心向背关系国家安危。他指出："顺天者存，逆天者亡。""桀纣之失天下也，失其民也；失其民者，失其心也。得天下有道，得其民，斯得天下也；得其民有道，得其心，斯得其民也。"④ 在孟子看来，"得乎丘民而为天子"，因此，"民为贵，社稷次之，君为轻"。⑤ 无论是儒家、道家，还是墨家、法家，或者是纵横家，周秦诸子都将民视为立国之本，都主张以民为本治国施政，都强调民心向背是政治成败的关键，都从不同角度表达以民为本治国兴邦的理念。再次是继承与发展儒家经典的通变思维，以变易思想审视古今社会运演，考察历代政权的兴衰更替，探求历史运演的过程与

---

① 赵岐注，孙奭疏：《孟子注疏》卷九下《万章章句上》，《十三经注疏》下册，第 2737 页。

② 王先谦：《荀子集解》卷二十《哀公第三十一》，第 357 页。

③ 戴望：《管子校正》卷一《牧民第一》，第 2 页。

④ 赵岐注，孙奭疏：《孟子注疏》卷七下《离娄章句上》，《十三经注疏》下册，第 2721 页。

⑤ 赵岐注，孙奭疏：《孟子注疏》卷十四上《尽心章句下》，《十三经注疏》下册，第 2774 页。

规律。有的思想家认定历史的延续，越到后来越衰败混乱。孔子称道尧、舜、禹、汤、文、武，老子赞美小国寡民的远古社会，墨子赞赏禹、汤、文、武等古代圣王为"顺天意而得赏"者，庄子则把上古时代描绘为"至德之世"，孟子主张君主治理国家要"法先王"。这类美化上古社会的言论，充斥于周秦诸子的著作之中，反映出春秋、战国时期托古改制思潮广泛流行，既表达了对于理想社会的向往与追求，又隐含着对于现实社会的否定与批判，反映出一种深刻的理性精神。有的思想家认识到，阴阳转化，万物循环，如孙子称："终而复始，日月是也；死而复生，四时是也。"① 人们从宇宙自然的循环推及人类社会的循环，如邹衍根据阴阳五行理论，解释朝代的更替与历史的变化，认为土德后"木德继之，金德次之，火德次之，水德次之"。② 在邹衍看来，五德终始，相生相克，天道转移，循环往复。庄子认为："万物循生，一盛一衰；文武伦经，一清一浊。"③ 孟子反思自古以来的历史运演过程，一方面提出"治"、"乱"循环理论，认为"天下之生久矣，一治一乱"；④ 另一方面又把五百年看成历史周期，强调五百年必有圣王出现，也将产生辅佐圣王明君的贤者，开创太平盛世，建树辉煌业绩。他指出："五百年必有王者兴，其间必有名世者。"⑤ 又说："由尧、舜至于汤，五百有余岁，若禹、皋陶则见而知之，若汤则闻而知之。由汤至于文王，五百有

① 《十一家注孙子》卷中《势篇第五》，上海古籍出版社1978年版。

② 萧统编，李善注：《文选》卷第六《魏都赋》注引刘歆《七略》，上海古籍出版社1986年版，第287页。

③ 王先谦：《庄子集解》卷四《天运第十四》，第89页。

④ 赵岐注，孙奭疏：《孟子注疏》卷六下《滕文公章句下》，《十三经注疏》下册，第2714页。

⑤ 赵岐注，孙奭疏：《孟子注疏》卷四下《公孙丑章句下》，《十三经注疏》下册，第2699页。

余岁，若伊尹、莱朱则见而知之，若文王则闻而知之。由文王至于孔子，五百有余岁，若太公望、散宜生则见而知之，若孔子则闻而知之。由孔子而来，至于今百有余岁，去圣人之世，若此其未远也，近圣人之居，若此其甚也，然而无有乎尔，则亦无有乎尔？"① 这类历史循环的言论在春秋、战国时期广为流行，虽然没有揭示出历史规律，但说明了社会发展的无限性与阶段性，反映出人们对现实社会的不满，给人以智慧的启迪。有的思想家认为社会不断进步，后代必然胜于前代。孔子考察典章制度因革损益，包含着历史进化的思想因素。商鞅主张："不法古，不修今。"他指出："三代不同礼而王，五霸不同法而霸。""治世不一道，便国不法古。故汤、武不循古而王，夏、殷不易礼而亡。""圣人苟可以强国，不法其政；苟可以利民，不循其礼。"② 荀子认为后代胜于前代，治理国家应"法后王"。韩非强调："治民无常，惟治为法。法与时转则治，治与世宜则有功。""故圣人之治民也，法与时移，而禁与治变。"③ 这类论述的思想核心，是强调社会不断发展与进步，君主治理国家，不能墨守成规，必须因时制变。我们认为，周秦诸子对历史规律的思辨，包含许多合理的思想成分，有着重要的理论价值。

概括起来，周秦诸子面对乱世而总结过去，着眼现实而反思历史，其历史认识反映了时代精神，达到了新的思想水平：在历史总结目的方面，从要求以史为鉴、彰往察来，到主张明道教化、改制救世；在历史思维方式方面，从强调因时制变、革故鼎新，到指出一切事物都是相反相成、相互转化；在历史

① 赵岐注，孙奭疏：《孟子注疏》卷十四下《尽心章句下》，《十三经注疏》下册，第 2780 页。

② 严万里校：《商君书》卷一《更法第一》，第 2 页。

③ 王先慎：《韩非子集解》卷二十《心度第五十四》，第 366 页。

考察方法方面，从隐含贯通古今、划分时期进行考察，到指出"古今一也"、明确划分历史阶段进行探讨；在历史人物评价方面，从简单的道德判断，到列举事例进行比较与归纳得出结论；在历史理论思辨方面，从某些规律性的认识，到一般性规律的总结。这些不仅继承了儒家经典历史总结的思想成果，而且实现了对儒家经典的多方面超越，深刻影响到中国古代史学思想的发展，具有多方面的理论价值。

三　周秦诸子历史认识的主要局限

周秦诸子对历史的认识，是中国古代历史意识与史学思想发展的重要阶段。一方面继承与超越了儒家经典对历史总结的思想成果，有着重要的思想理论价值；另一方面又因为生产力水平与社会文明程度极端落后，理论水平与认识能力极端低下，而存在着诸多的局限。春秋、战国时期的文化环境与社会条件，限制了人们搜集史料的范围，决定了人们的理论水平与思想深度，影响到人们认识历史的方法。我们只有从当时的具体环境出发，对于周秦诸子的历史认识进行辩证考察，才能引出正确的结论。

搜集史料是认识历史的前提条件。因为史料是考察历史的依据，一切结论都必须来自对史料的深刻分析；所以没有大量的真实可靠的史料，历史认识必然是无源之水，无本之木。周秦诸子由于受时代环境制约，在史料搜集方面存在严重局限，影响到其历史认识的全面性与准确性。其一，周秦诸子怀着强烈的愤世嫉俗情绪，对纷争动乱的现实社会持批判态度，力图通过历史总结阐述政见而挽救时艰，根据历史为统治者建言献策；因为哲学观点、政治主张、伦理意识等方面的歧异，所以采取主观武断的态度看待史料，选择史料经常随心所欲，理解史料更是随意发挥。孟子言："尽信《书》，则不如无《书》。吾于《武成》，取二三策而已矣。仁人无敌于天下，以至仁伐至不仁，而何其血之流杵也？"①孟子这些言论以儒家经典为例，说明史料选择的重要性，一方面反映出他对待史料的审慎态度，指出经典的记载不可尽信，即使是《尚书》那样的先王政典，也存在诸多不实之词；另一方面则又表现出他对待史料的主观武断，根据儒家对周武王这位"至仁"圣君的评价，推断其讨伐商纣王这一"至不仁"的暴君，不至于出现"血之流杵"的现象。孟子以仁政思想作为判定史料的标准，凡不符合这一标准者便认为不可信，从某种政治理念出发选择史料，必然影响历史认识的正确性。其二，周秦诸子没有科学鉴别史料的标准，往往将客观真实的史实与虚妄离奇的神话混淆在一起，甚至以神话传说与寓言故事为史料，因而使根据确凿可靠的史料而引出的合理推断，与依据虚无缥缈的怪诞传说而得出的主观臆想含混不清。战国时期以讹传讹的现象盛行，如纵横家为了进说君主，夸大其词，随意渲染。孟子指出，所谓秦大夫百里奚把自己卖给养牲畜的人以替人养牛，从而得到谒见秦穆公以便施展才华的机会，这种说法是"好事者"编造出来的。②庄子或者借助河神、海神、云神、元气等发论，或者以鸱鸦狸狌、山灵水怪、"乌有先生"之语，论述与探讨有关的问题。《列子》认为："庖牺氏、女娲氏、神农氏、夏后氏，蛇

---

① 赵岐注，孙奭疏：《孟子注疏》卷十四上《尽心章句下》，《十三经注疏》下册，第2773页。

② 赵岐注，孙奭疏：《孟子注疏》卷九下《万章章句上》，《十三经注疏》下册，第2739页。

身人面，牛首虎鼻，此有非人之状。"①《列子》又将"愚公移山"、"杞人忧天"等寓言故事，作为立论的依据。《尸子》宣称，"禹长颈鸟啄，面貌亦恶矣"。②这些远古神话传说与寓言故事，虽然在某种意义上也反映出历史的真实，但毕竟不是确切可靠的历史记载。故班固言："战国从横，真伪分争，诸子之言，纷然淆乱。"③其三，春秋、战国时期，在彼此隔绝、动荡不安的社会环境下，随着学术下移与人才流动，虽然各地区的交往与沟通逐渐增多，有利于信息的传播与史料的搜集；但也因为封闭分裂、诸侯林立的割据状态，使得各地的语言与文字存在诸多差异，尤其是文化传播材料特别是书写工具的落后，使得许多重大历史事件语焉不详，缺乏真实准确的记载，甚至存在以讹传讹的现象，不利于史料的保存与流传，影响到人们对于历史形成正确的认识。《吕氏春秋》记载子夏之晋过卫，"有读史记者曰：'晋师三豕涉河。'子夏曰：'非也，是己亥也。夫己与三相近，豕与亥相似。'至于晋而问之，则曰：'晋师己亥涉河也。'"④子夏根据文字形体相似推察，判断出史料记载的讹误。这一事例虽然具有某种偶然性，但也从反面说明因为文字形体的相似，影响到史实的记载与史料的理解，为搜集史料进而认识历史增添了难度。

史学思想是贯穿于历史认识的灵魂。因为任何思想家、史学家对历史的认识，不是简单地把历史事件记载下来，而是以一定的史学思想为理论对历史进行总结；没有深刻的理论作为指导，不可能对史料作出正确分析，更不可能对历史进行深入

① 张湛注：《列子》卷二《黄帝第二》，中华书局1954年版，第27页。
② 《尸子》卷上《君治》，百子全书本，浙江人民出版社1984年版。
③ 班固：《汉书》卷三十《艺文志》，第1701页。
④ 高诱注：《吕氏春秋》卷二十二《慎行览第二·察传》，第294、295页。

探讨。所以历史认识与史学思想密切联系在一起，史学思想的深度决定着历史认识的水平。周秦诸子生活的春秋、战国时期，社会生产力水平与文明发展的程度，较之夏、商甚至西周，虽然已经有了巨大的提高与进步，但仍然处于极端低下、非常落后的状况。在这种礼坏乐崩而动荡不安的环境中，缺乏进行理论创新的社会基础与文化条件，思想的局限决定人们认识宇宙自然与历史盛衰，不可能有深刻的理论作为指导。周秦诸子考察历史的运演，虽然有循环史观的成分，也有进化思想的某些特征；但即使同一思想家论述不同的历史问题，也存在着某些矛盾与冲突。然而赞美圣君明主、宣扬托古改制，成为春秋、战国时期的普遍现象，反映出复古主义思潮的广泛流行。因为周秦诸子作为儒家的"支与流裔"，其政治理想及社会主张与儒家思想，有着直接的渊源关系，难以突破儒家思想的影响；所以儒家经典颂扬远古的圣君明主，指责淫君乱主，成为周秦诸子批判现实、论评时政的依据。他们一方面对于社会现实怀有强烈不满，一方面却又无法改变社会现实，因为不能对历史作出深刻的理论分析，只能以儒家经典对上古社会的描绘作为参照系，参验尚处于野蛮时代中原之外的周边民族的现实，通过美化上古时代的社会，以表达治国兴邦的政治理想。从社会物质生活来说，远古时代华夏先民以采集渔猎为生，虽然生活水平非常低下，但自由自在而没有贫富差别。墨子言："古之民，未知为宫室时，就陵阜而居，穴而处。"① 商鞅认为："神农之世，男耕而食，妇织而衣，刑政不用而治，甲兵不起而王。"② 孟子说："当尧之时，天下犹未平，洪水横

---

① 张纯一：《墨子集解》卷一《辞过第六》，第34页。
② 严万里校：《商君书》卷四《画策第十八》，第31页。

流，泛滥于天下。草木畅茂，禽兽繁殖，五谷不登，禽兽逼人，兽蹄鸟迹之道交于中国。尧独忧之，举舜而敷治焉。舜使益掌火，益烈山泽而焚之，禽兽逃匿。禹疏九河，瀹济漯而注诸海，决汝汉，排淮泗而注之江，然后中国可得而食也。"① 韩非指出："古者丈夫不耕，草木之实足食也；妇人不织，禽兽之皮足衣也。不事力而养足，人民少而财有余，故民不争。是以厚赏不行，重罚不用，而民自治。"② 周秦诸子对于远古先民恬淡自然生活的赞美，实质是对于贫富悬殊的现实状况的深刻批判。从社会伦理道德来说，远古时代无君臣之道，无上下之礼，无父子之义，无夫妇之别，无朋友之谊。《管子》言："古者未有君臣上下之别，未有夫妇匹配之合，兽处群居，以力相征。"③ 庄子认为远古时代，"民知其母，不知其父。与麋鹿共处，耕而食，织而衣，无有相害之心"④。《吕氏春秋》称："昔太古尝无君矣，其民聚生群处，知母不知父，无亲戚、兄弟、夫妻、男女之别，无上下、长幼之道，无进退、揖让之礼，无衣服、履带、宫室、蓄积之便，无器械、舟车、城郭、险阻之备。"⑤ 这类刻画与描述甚多，不仅反映进入文明时代以前，华夏先民经历过的野蛮时代的社会状况；而且说明周秦诸子对理想社会的追求，对战乱纷争、尔虞我诈的现实状况的否定。我认为，总结前人的经验教训，主张借鉴历史治国兴邦，无论是实践层面还是理论层面，都具有重要的积极意义。然而强调历

---

① 赵岐注，孙奭疏：《孟子注疏》卷五下《滕文公章句上》，《十三经注疏》下册，第 2705 页。
② 王先慎：《韩非子集解》卷十九《五蠹第四十九》，第 339 页。
③ 戴望：《管子校正》卷十一《君臣下第三十一》，第 174 页。
④ 王先谦：《庄子集解》卷八《盗跖第二十九》，第 197 页。
⑤ 高诱注：《吕氏春秋》卷二十《恃君览第八》，第 255 页。

史的延续是一代不如一代，甚至认为"周成王之治天下也，不若武王；武王之治天下也，不若成汤；成汤之治天下也，不若尧舜"。① 这种颂扬先王与美化古代的倒退的历史观，虽然存在着某种合理的思想成分，但又反映出历史理论的贫乏。从先王业绩中寻找治国良方，美化古代社会以挽救时艰，引导人们的思想停留在过去，这是不利于社会的发展与进步的。

　　史学方法对于认识历史具有重要意义。春秋、战国时期的中国，人们生活于原始质朴的环境之中，社会生产力处于原始落后的状态，科学水平与认识能力极为低下，社会的文明程度极其落后，对于历史的记载与认识简略粗疏。中国传统史学处于童年阶段，不可能形成严谨征实的史学方法。从春秋、战国时期的各类典籍中可以看到，史料考据的方法尽管已经萌发，比较方法与归纳方法已经开始运用，简单的道德评判模式已经有所突破；但总的来说人们认识历史，评价历史人物的功过，简单比拟仍多于具体分析，道德判断仍多于理性思考，习惯于传统的定性判断。史学方法的局限决定了周秦诸子的历史认识中，虽然提出了大量的真知灼见，但没有也不可能展开深入的论述，更不可能进行科学的探讨与分析。儒家经典重视伦理道德的影响，宗法社会关注人伦的道德传统，使赞赏圣君明主的业绩，指责淫君乱主的行为，成为人们普遍遵循的价值标准。周秦诸子总结历史盛衰，评价历史人物，道德评判被置于辩证分析之上，正是社会存在与时代思想的反映。我们稍作翻检即可看到，"君子"、"贤人"、"忠臣"、"小人"、"圣主"、"明君"、"暴君"之类的称呼，充斥于周秦诸子之书：如孔子以"君子"、"小人"之类的称呼，以"仁"、"至德"之类的语词，

---

　　① 张纯一：《墨子集解》卷一《三辩第七》，第44页。

评论历史人物；墨子以"圣王"、"暴王"、"圣人"、"君子"、"大人"、"小人"之类的称呼，衡量各种人物；荀子则以"圣王"、"明君"、"乱君"、"暗主"、"圣臣"、"功臣"、"篡臣"、"君子"、"贤人"等词汇，褒贬各类人物；韩非则以"明主"、"亡君"、"忠臣"、"良臣"、"奸臣"等名称，评价君臣功过。周秦诸子之书评价历史人物的这类称呼，虽然也存在着某些具体的差异，但突出道德的评判则是相同的。周秦诸子习惯于扮演道德法官的角色，他们从传统的伦理道德观念出发，评论历史人物的是非，探讨他们的功过，往往贴上道德标签，其历史认识有着鲜明的伦理评判的色彩，对于封建正统史学的形成与发展产生了深远的影响。

概括起来，周秦诸子阐述思想主张与政治见解，包含对于历史盛衰的深刻认识。春秋、战国时期的社会环境与文明程度，决定周秦诸子在史料搜集、史学思想、治史方法等方面存在许多局限，这些局限制约了他们对历史盛衰认识的深度与水平。然而我们判断历史人物的地位与贡献，不是看他们有没有提供只有现代人才能提供的东西，而是看他们有没有提供其前人所没有提供的东西。周秦诸子在继承儒家经典的历史盛衰总结的基础上，将对历史盛衰的认识推进到新的思想水平，因而在中国史学思想史上有着重要的地位。

论秦亡汉兴的历史总结

　　秦的统一与中央集权的专制王朝的建立，标志着中国封建社会已进入到一个新的发展阶段。秦王朝的确是强大的，其统治范围"东至海暨朝鲜，西至临洮、羌中，南至北向户，北据河为塞，并阴山至辽东"。^① 这是中国自古以来前所未有的封建大帝国。秦的统一结束了从春秋到战国延续数百年之久的分裂割据的局面，其统一以后又采取"分天下，以为三十六郡"，"一法度、衡石、丈尺"，"车同轨，书同文字"，修筑长城，开通南越等措施，巩固与加强专制统治，力图"二世三世至于万世，传之无穷"。^② 然而历史的发展并没有以秦朝统治者的主观意愿为转移，这个庞大的封建帝国仅仅存在了短短的十五年时间。陈涉振臂一呼，秦王朝很快就土崩瓦解了。此后经过四年的楚汉战争，弱小的刘邦战胜了强大的项羽，建立了西汉王朝。秦亡汉兴的历史更替过程，形势发展竟然如此之快，使汉初的思想家们不能不冷静地思考：偌大的秦王朝顷刻瓦解的原因究竟是什么？秦的灭亡包含着哪些深刻的历史教训？汉朝治理天下应该怎样以秦为鉴？汉初思想家从当时的社会背景与现

---

　　① 　司马迁：《史记》卷六《秦始皇本纪》，第 239 页。
　　② 　同上书，第 239、236 页。

实需要出发，对于自古以来的治乱兴衰尤其是秦亡汉兴的历史教训，进行了深入的思考与认真的总结。

一 秦亡汉兴历史总结的社会背景

秦亡汉兴是一场惊天动地的历史巨变。这一历史巨变不仅极大地震撼着当时人们的心灵，留下了许多深刻的教训；更重要的是影响到后来的历史进程，中国封建社会由此进入到一个稳定发展的新时期。我们考察秦汉之际的历史更替：从公元前221年秦灭六国实现天下统一，到公元前202年刘邦建立西汉，前后仅仅经历了二十年时间。二十年时间对于人类社会漫长的历史而言，只不过是极为短暂的一瞬。然而在这短暂的二十年时间里，历史的演变与发展竟然如此迅速，从结束战国纷争的局面，经过秦朝的一统天下，再经历刀光剑影般的秦末起义与楚汉战争，最后建立了新的西汉王朝。社会变化确实如同天翻地覆，甚至当时的人们也有眼花缭乱的感觉。司马迁慨叹这二十年时间中，包括从陈涉首义到高祖称帝的八年，政权更替之快令人目不暇接："秦既暴虐，楚人发难，项氏遂乱，汉乃扶义征伐；八年之间，天下三嬗，事繁变众。"① 这是当时的人们无论如何也不曾料想到的。

秦亡汉兴这一历史的巨变，为汉初社会提供了前所未有的发展机遇。从政治形势来看，秦亡汉兴为实现从大乱走向大治提供了可能。在经历了春秋战国数百年分裂割据状态之后，秦虽然顺应历史潮流实现了天下的统一，但这种统一是依靠强大的武力征伐实现的，而在实现统一以后又继续仰仗极端的暴力

---

① 司马迁：《史记》卷一百三十《太史公自序》，第3303页。

来维持统一。这种状况决定了秦统一的脆弱性与崩溃的必然性，在秦崩溃之后经过四年战乱，刘邦又以武力实现了新的统一。然而由于各种原因，刘邦建立西汉之初先是分封异姓王，继而在消灭异姓王之后又大封同姓王，社会面临着新的分裂动荡的危险。在这种社会历史条件下，避免分裂割据局面重新出现，实现由大乱走向大治，既是时代的课题，又是社会的需要。西汉前期政治的发展沿着从大乱走向大治的历史轨迹前进，汉初社会就是在经历大乱之后，逐步走向大治的过渡性历史新时期。从社会矛盾来看，秦亡汉兴使阶级矛盾由激烈爆发转向相对缓和。秦的暴政残酷地剥夺农民基本的生存权力，严重地摧残了社会生产力，因而激化了深刻的社会矛盾，导致我国历史上第一次大规模的农民起义的爆发。秦末农民起义是一场规模浩大的急风暴雨式的、农民阶级反对地主阶级的阶级斗争。西汉建立之后，社会疮痍满目，人民流离失所，到处呈现出残破衰败的景象。然而剧烈残酷的阶级斗争毕竟已经基本结束，人心思定成为大势所趋，阶级矛盾逐步趋向缓和，社会进入平稳发展的新时期。从经济状况来看，秦亡汉兴为经济的恢复与发展提供了可能。秦的暴政造成了社会生产力的极大破坏，土地荒芜，人口锐减。史称："汉兴，接秦之敝，诸侯并起，民失作业，而大饥馑。凡米石五千，人相食，死者过半。""天下既定，民无盖藏，自天子不能具醇驷，而将相或乘牛车。"在这种情况下，汉初统治者只得采取"约法省禁，轻田租，十五而税一，量吏禄，度官用，以赋于民"等措施，[①] 顺应生产力发展的客观要求，使社会逐渐走向稳定，经济得到恢复与发展。

---

① 班固：《汉书》卷二十四上《食货志上》，中华书局1962年版，第1127页。

秦亡汉兴并非简单的政权更替，而是一种思想的更新与历史的选择。这一过程对于当时那些从战国经过秦代而进入西汉的人们来说，意味着一个旧的时代的结束与一个新的时代的开始。然而随着政权更替而来的，是政治思想与施政理念的深刻变化。在这种历史条件下形成了宽松的政治氛围与社会环境，使汉初思想家们得以突破因为秦代那种极端专制而形成的思想禁锢，有可能对于历史上的兴衰成败，尤其是对于秦汉之际的政权更替，进行深入思考与全面总结。在这种思考与总结的基础上，作出适应时代要求的理论概括，从而为未来社会的发展探索前进的道路。我认为，所谓秦亡汉兴的历史总结，应该包括以下两层含义：其一是在秦亡汉兴之后，对于从上古至秦汉之际的历史演变过程，作出认识与总结；其二是对于秦亡汉兴这一历史更替，进行思考与总结。陆贾（公元前 240—前 170 年）[1] 与贾谊（公元前 200—前 168 年）是在秦亡汉兴这一特定的社会背景下，顺应时代的潮流与现实的需要，进行历史反思与总结的两大著名思想家。陆贾有着广泛的社会阅历，目睹了战国后期秦灭六国的战争，经历了秦实现统一之后所施行的暴政，参加过陈涉反秦起义与随后的楚汉战争，辅佐过刘邦夺取天下并在汉初为安定天下作出了重要贡献。这些亲身经历不仅使陆贾能够在汉初的政治舞台上崭露头角，扮演着重要角色，而且使他深入思考秦亡汉兴的历史过程及其教训，从中得出深刻的认识。贾谊则是在西汉王朝建立之后，在社会由大乱逐步走向大治的过程中成长起来的青年学者。他虽然没有陆贾那么广泛的社会阅历，没有亲身经历秦汉之际的动荡与冲突，但他目睹了汉

---

① 关于陆贾的生卒年代，这里根据任继愈主编《中国哲学发展史》（秦汉），人民出版社 1985 年版，第 144 页。

初社会的残破与经济的衰败，因而深切地认识到实现社会稳定的必要性与发展经济的迫切性。这两大思想家的生平经历尽管存在着巨大差异，但他们都能根据时代要求与社会需要，认真总结自古以来的兴衰成败，深刻思考历代治国的经验教训，进而探讨汉初社会亟待解决的现实问题，提出了自己的见解与主张。陆贾与贾谊在秦亡汉兴的社会背景下进行的历史总结，将历史盛衰的反思与统治思想的批判融为一体，包含大量有价值的思想成分，其许多观点即使在今天看来也仍然闪烁着真理的光辉。

二 秦亡汉兴历史总结的主要特点

汉初思想家在秦亡汉兴的社会背景下进行历史的总结，有着鲜明的现实性的特点，服务于当时社会现实政治的需要。在汉初这个生灵涂炭、哀鸿遍野的社会里，统治者急需恢复天下的稳定，重建正常的社会秩序；人民渴望废除暴政，减轻徭役赋税，结束颠沛流离的状况，实现安定的生产与生活。反秦之敝成为整个社会的共同要求与必然趋势，形成了上下求治、人心思定的普遍情绪与社会思潮。在政治上维护统一，消除分裂动荡因素，避免秦朝二世而亡的历史重演；在经济上尽快恢复发展生产，实现人民的安居乐业，使政权建立在牢固稳定的基础之上，这些都是摆在汉朝君臣面前亟待解决的重大课题。当汉高祖刘邦依然沉醉于凭借武力夺取天下的喜悦的时候，陆贾已经从历史的变动中，敏锐地意识到新的时期即将到来。他根据自己的密切观察与亲身经历清醒地认识到，武力虽然可以用来夺取天下，但是绝不能用来治理天下，秦就是因为以武力治理天下而失去了天下。陆贾向刘邦阐述自己的观点以后，遵循刘邦之命，总结"秦所以失天下"，汉"所以得之者何"，以及

"古成败之国"的有关问题，"乃粗述存亡之征，凡著十二篇"。① 这十二篇探讨秦亡汉兴乃至历代兴衰成败的文章，后来被汇编成《新语》一书。由此可见，《新语》既是一部从汉初现实出发探讨国家治理的政论性著作，又是对历史（尤其是秦亡汉兴的历史）进行总结的史论性著作。《新语》的论述以史为鉴，书中涉及的历史人物多达八十余人，从黄帝到秦二世均在论述之列，论及的历史事件大小不一，难以计数。②《道基》论说先圣治国之道，《辅政》《无为》论议秦的败亡，《至德》《怀虑》论评古成败之国，其他各篇的论述都是以历史作为依据。这些论述使高祖君臣听到许多从来没有听到过的语言，反思历代的兴衰成败特别是从秦亡汉兴的历史过程，受到深刻启发和教育，进而明白了不少治国兴邦的道理，以至有茅塞顿开而非常新奇的感觉。贾谊将考察历代的成败得失与探讨汉初的社会问题结合起来，在认真思考历史与深入观察现实的基础上，不仅多次向文帝上书提出有关治国兴邦的主张与建议，而且撰写了大量阐发自己思想的政论文章。这些政论文章或引史为据论述现实问题，或阐发历史探讨治国安民之道。如《春秋》与《先醒》所论为春秋时期史事，《修政语》上、下则借古圣之口，分析治国兴邦之道。刘向后来整理这些文章，将其汇编而成《新书》。《新书》是一部以历史为依据，探讨汉初社会现实问题的政论性文集。综观《新语》《新书》两书的内容，虽然都着眼于现实政治，着力探讨当时社会的政治问题，但其立论依据都来自历史。换一句话说，两书的作者都是通过广泛

---

① 司马迁：《史记》卷九十七《郦生陆贾列传》，第 2699 页。

② 张秋升：《天人纠葛与历史运演——西汉儒家历史观的现代诠释》，齐鲁书社 2003 年版，第 17—18 页。

搜集自古以来兴衰成败的历史事例，尤其是运用秦朝二世而亡的历史教训，作为自己探讨社会现实问题的理论依据。《新语》《新书》直接继承周秦诸子以史议政的传统，既是论评现实问题的政论，又是探讨历史盛衰的史论，政论与史论融为一体，在阐发政治见解中贯穿作者对历史的看法，在评述历史的过程中又反映出对政治的主张。在我看来，《新语》与《新书》共同之处在于"新"。"新"在哪里呢？"新"主要体现在从汉初社会现实出发，以历史作为解决现实问题的借鉴，提出许多前人未曾提出过的新见解。这些新见解发前人之所未发，起到了振聋发聩的作用，产生了巨大的社会影响。

汉初思想家把实现社会长治久安作为自己神圣的责任。他们深深懂得，现实是由历史逐渐发展而来，历史与现实之间有着深刻的内在联系，社会就是沿着从历史到现实再到未来的发展方向，永无休止地延续与发展着。因此，贯通古今，追根溯源，把握因果联系，懂得善者必有所因而至，恶者必有所因而来，"善恶不空出，祸福不妄作"，[1] 可以为现实问题的解决找到有效的途径。汉初思想家将对历史的总结与对长治久安之道的探讨，紧紧结合起来。陆贾认为："善言古者，合之于今；能述远者，考之于近。故说事者上陈五帝之功而思之于身，下列桀纣之败而戒之于己，则德可以配日月，行可以合神灵。"[2] 在陆贾看来，对于历史的思考应该与当今的现实结合起来，对于过去事情的叙述应与近期发生的情况相联系，由此即可把握古今之间深刻的内在联系，进而发挥历史的借鉴作用。贾谊认为，历史是人们行事的一面镜子，治理国家应该注意以史为

---

① 陆贾：《新语·思务第十二》，中华书局1954年版，第21页。
② 陆贾：《新语·术事第二》，第4页。

鉴。他称:"明鉴所以照形也,往古所以知今也。夫知恶古之所以危亡,不务袭迹于其所安存,则未有异于却走而求及前人也。"① 又说:"稽之天地,验之往古,案之当时之务。"② 又言:"君子为国,观之上古,验之当世,参之人事,察盛衰之理,审权势之宜,去就有序,变化因时。"③ 在贾谊看来,历史的进程与社会的现实密切相关,因为"汉承秦之败俗,废礼仪,捐廉耻",④ 所以应该定制度,兴礼乐,改变汉承秦制遗留下来的种种弊端,实现国家的长治久安。

汉初思想家把个人的利益与国家的兴衰密切联系在一起。他们在秦亡汉兴社会背景下进行的历史总结,有着强烈的社会功利性的特点,服务于为治国兴邦寻求历史借鉴的功利性目的。陆贾是最早反思秦灭亡的历史的思想家,探讨秦所以失天下的原因是《新语》全书的主要内容之一。在陆贾看来,秦失天下的原因可概括为三:一是严刑酷法;二是滥用民力;三是所任非人。陆贾认为,严刑酷法致使矛盾激化,众叛亲离。他深刻地指出:"秦以刑罚为巢,故有覆巢破卵之患,以赵高李斯为杖,故有倾仆迭伤之祸。"⑤ 又说:"秦始皇帝设为车裂之诛,以敛奸邪;筑长城于戎境,以备胡越;征大吞小,威震天下;将帅横行,以服外国。蒙恬讨乱于外,李斯治法于内。事愈烦,天下愈乱。法愈滋,而奸愈炽。兵马益设,而敌人愈多。秦非不欲为治,然失之者,乃举措暴众而用刑太极故

---

① 贾谊:《新书·胎教》,王洲明、徐超:《贾谊集校注》,人民文学出版社1996年版,第401页。

② 贾谊:《新书·数宁》,王洲明、徐超:《贾谊集校注》,第28页。

③ 贾谊:《新书·过秦下》,王洲明、徐超:《贾谊集校注》,第21页。

④ 贾谊:《论定制度礼乐疏》,王洲明、徐超:《贾谊集校注》,第440页。

⑤ 陆贾:《新语·辅政第三》,第5页。

也。"① 陆贾又指出，大修宫室，穷奢极欲，这是导致秦统治者
滥用民力的重要原因。他总结其教训说：秦统治者穷天下之奇
宝异珍，"以极耳目之好，以快淫邪之心"。② 这样致使疲百姓
之力，弄得民穷财尽。陆贾认为，由于所任非人，使得秦朝小
人当道，朝政黑暗。他指出：秦始皇宠信赵高、李斯，导致国
家覆亡。"何哉？所任非也"。③ 君主不能明辨是非，混淆奸佞
之臣与忠良之臣，"为善而不称善，或不善而称善"，甚至"以
曲为直"，"以白为黑"，④ 因而"佞用则忠亡"。⑤ 佞臣在朝而
忠良被逐，以至君主本人也身死人手，最后落得为天下人所笑
的可悲下场。陆贾是参与汉朝创建的元老，亲身经历并且直接
参与秦失天下与汉得天下的整个过程，故其对秦亡汉兴的认识
极为深刻，得出的看法既真实又客观。他在秦亡汉兴之后对秦
汉之际历史更替的反思，建立在耳闻目睹的大量事例的基础之
上，有着服务于巩固西汉王朝统治的政治目的。贾谊则是西汉
建立之后成长起来的青年学者，他虽然没有陆贾那样的资质与
阅历，没有亲身经历从战国后期的兼并战争到秦的统一的历史
演变，没有看到秦朝崩溃的历史过程，不像陆贾那样见多识
广，但他能从汉初社会衰败的现实出发，将其与战国以来尤其
是自秦统一以来的发展演变联系起来思考。贾谊认为，秦之所
以能够统一天下，是因为顺应了历史的趋势。商鞅"内立法
度，务耕织，修守战之具"。⑥ 而其时"周室卑微，五霸既灭，

---

① 陆贾：《新语·无为第四》，第 6—7 页。
② 陆贾：《新语·本行第十》，第 17 页。
③ 陆贾：《新语·辅政第三》，第 5 页。
④ 陆贾：《新语·辨惑第五》，第 8 页。
⑤ 陆贾：《新语·术事第二》，第 5 页。
⑥ 贾谊：《新书·过秦上》，王洲明、徐超：《贾谊集校注》，第 1 页。

令不行于天下。是以诸侯力政,强凌弱,众暴寡,兵革不休,士民罢弊。今秦南面而王天下,是上有天子也。即元元之民冀得安其性命,莫不虚心而仰上"。"(秦)南面称帝,以四海养,天下之士斐然向风。"① 这就是说,秦的统一反映了人民渴望和平安宁生活的要求与愿望。贾谊认识到,秦之所以在实现统一以后,仅仅十余年时间就失去天下,那是因为其刑法严酷而失去了民心。秦"禁文书而酷刑法,先诈力而后仁义,以暴虐为天下始"。秦二世时期"繁刑严诛,吏治刻深;赏罚不当,赋敛无度。天下多事,吏不能纪;百姓困穷,而主不收恤"。② 如果说陆贾对秦亡汉兴的历史总结是建立在亲身经历的基础上,那么贾谊则是把秦的历史作为汉初现实的参照系,将秦失天下的过程与汉初社会结合起来考察,探讨汉初统治者应当从秦失天下的原因中吸取的历史教训。贾谊是在秦亡汉兴已经二十余年的历史条件下思考这一历史更替的,这种思考同陆贾的思考一样有着直接服务于巩固西汉王朝统治的政治目的。然而与陆贾比较起来,贾谊更为深刻,更有理性,在陆贾对秦亡汉兴的历史过程所作总结的基础上,进入到一个新的层次。

汉初思想家不是寻章摘句的陋儒,不作为学术而学术的纯学术研究。他们时刻关注国家的命运与社会的兴衰,注意思考历史与现实之间的内在联系,力图通过对秦亡汉兴的历史过程的考察,为解决社会现实问题提供历史的鉴戒。汉初思想家一方面极力"过秦",一方面谋求"戒汉"。他们的"过秦"与"戒汉"其实是一个事情的两个方面:"过秦"就是探讨秦失天下的原因,总结秦的过失导致二世而亡的历史教训;"戒汉"

---

① 贾谊:《新书·过秦中》,王洲明、徐超:《贾谊集校注》,第10页。
② 同上书,第11、13页。

则是警戒汉朝统治者，使之从秦朝的失败中得到有益的启示。如果说"戒汉"是汉初思想家进行历史总结的目的，那么"过秦"则是实现这一目的的手段，两者被有机地统一起来。在汉初社会中，喜言秦事成为一种普遍现象。我们从《新语》与《新书》的内容中即可看到，当时社会中弥漫着对秦的暴政切齿痛恨的情绪。为什么会出现这种现象？这主要是因为秦的暴政给汉人带来了累累伤痕，秦朝短暂的历史留下的教训实在太多，人们普遍希望从秦亡汉兴的历史更替中，引出正确的教训与结论。汉初思想家的历史总结，紧紧扣住"秦为什么二世而亡？汉怎样避免重蹈秦的覆辙？"这一时代主题，深入探讨秦失天下、汉得天下的原因。汉初思想家不仅通过"过秦"以求"戒汉"，而且将秦的历史与汉的现实联系起来加以思考，直接探讨汉初社会中的现实问题，进而针对现实问题提出自己的主张与建议。陆贾根据亲身所见所闻，撰《楚汉春秋》九篇。《楚汉春秋》直接开启了汉人总结汉代历史、研究汉代历史的先河。在刘邦死后诸吕用事欲危刘氏的紧要关头，陆贾说服陈平与周勃弃嫌结好，诛灭诸吕而拥立文帝，为汉朝天下的稳定作出了重要贡献。贾谊虽然没有撰写汉代史专著，但在有关奏疏及有关政论中，深入探讨了汉代社会的许多重大问题。如中央朝廷与地方诸侯的关系，贾谊看到，"大抵强者先反，淮阴王楚最强，则最先反；韩王信倚胡，则又反；贯高因赵资，则又反；陈豨兵精强，则又反；彭越用梁，则又反；黥布用淮南，则又反；卢绾国北最弱，则最后反"。因此，他认为，"欲天下之治安，天子之无忧，莫如众建诸侯而少其力，力少则易使以义，国小则无邪心"。[①] 针对汉初社会经济问题，贾谊指

———————

① 贾谊：《新书·藩强》，王洲明、徐超：《贾谊集校注》，第35—37页。

出，"今背本而趋末，食者甚众，是天下之大残也；淫侈之俗，日日以长，是天下之大贼也。残贼公行，莫之或止，大命将泛，莫之振救。生之者甚少而靡之者甚多，天下财产何得不蹶！汉之为汉几四十年矣，公私之积犹可哀痛。失时不雨，民且狼顾；岁恶不入，请卖爵子"。他建议："今驱民而归之农，皆著于本，使天下各食其力，末技游食之民转而缘南亩，则畜积足而人乐其所也。"①贾谊主张，"轻赋少事，以佐百姓之急；约法省刑，以持其后"。②这些主张多为汉初统治者采纳，贯彻到施政实践之中，对当时社会稳定发挥了重要作用。据史书记载，"诸律令所更定，及列侯悉就国，其说皆自贾生发之"。③史称"上感谊言，始开籍田，躬耕以劝百姓"。④又言"文帝采贾生之议分齐、赵"。⑤这些材料说明，汉初思想家不仅站在时代高处，引领思想潮流，而且密切关注社会现实，表现出高度的政治责任感与神圣的历史使命感，为汉初天下的稳定与社会的进步作出了历史性贡献。

汉初思想家在秦亡汉兴的社会背景下进行的历史总结，有着深刻的理论性的特点，是一种适应社会要求的理论创新，代表着时代的精神。他们进行历史反思的目的是探讨长治久安之道，使汉朝避免重蹈秦朝二世而亡的覆辙。然其视野并不局限于秦汉之际的政权更替，而是认真审视自古以来历代君臣治国正反两方面的经验，并从这些历史经验中概括出具有普遍意义的结论。陆贾考察自"先圣"伏羲、神农、黄帝、后稷、禹、

---

① 贾谊：《论积贮疏》，王洲明、徐超：《贾谊集校注》，第440—441页。
② 贾谊：《新书·过秦中》，《贾谊集校注》，第13页。
③ 司马迁：《史记》卷八十四《屈原贾生列传》，第2492页。
④ 班固：《汉书》卷二十四上《食货志上》，第1130页。
⑤ 班固：《汉书》卷十四《诸侯王表》，第395页。

奚仲、皋陶，历"中圣"文王、武王，至"后圣"孔子的历史
演变过程。伏羲"仰观天文，俯察地理，图画乾坤，以定人
道，民始开悟，知有父子之亲、君臣之义、夫妇之别、长幼之
序，于是百官立，王道乃生"。神农"以为行虫走兽，难以养
民，乃求可食之物，尝百草之实，察酸苦之味，教民食五谷"。
神农以后，天下之民，"野居穴处，未有室屋，则与禽兽同
域"。黄帝"乃伐木构材，筑作宫室，上栋下宇，以避风雨"，
使"民知室居食谷"。后稷"列封彊，画畔界，以分土地之所
宜，辟土殖谷"，"种桑麻，致丝枲"。大禹"决江疏河"，为民
除水害。奚仲"桡曲为轮，因直为辕，驾马服牛，浮舟杖楫，
以代人力"。皋陶"立狱制罪，悬赏设罚"，"检奸邪，消佚
乱"。中圣文王、武王"设辟雍庠序之教，以正上下之仪，明
父子之礼，君臣之义，使强不凌弱，众不暴寡，弃贪鄙之心，
兴清洁之行"。后圣孔子"定五经，明六艺，承天统地，穷事
察微，原情立本，以绪人伦，宗诸天地，纂修篇章，垂诸来
世，被诸鸟兽，以匡衰乱，天人合策，原道悉备"。① 从这些论
述中可知，陆贾看到了社会发展进步的演变趋势，认为治理天
下必须随着社会的变化而变化。他尖锐地批评复古倒退的历史
观："世俗以为自古而传之者为重，以今之作者为轻。"② 陆贾
指出："道近不必出于久远，取其至要而有成。""故制事者因
其则，服药者因其良，书不必起仲尼之门，药不必出扁鹊之
方，合之者善可以为法，因世而权行。"③ 陆贾关于因时变易、
随事制宜的思想，否定了贵古贱今、贵远贱近的世俗偏见，来

---

① 陆贾：《新语·道基第一》，第1—2页。
② 陆贾：《新语·术事第二》，第4页。
③ 同上书，第4—5页。

自对历史盛衰的思考与总结。贾谊一方面看到天下万物处于不断发展变化之中，曾言："无常安之国，无宜治之民；得贤者显昌，失贤者危亡。自古及今，未有不然者也。"① 他感叹："万物变化兮，固无休息。斡流而迁兮，或推而还；形气转续兮，变化而蟺；沕穆无穷兮，胡可胜言。"另一方面则又看到各种事物总是向着其相反的方向转化，"祸兮福所倚，福兮祸所伏；忧喜聚门兮，吉凶同域。彼吴强大兮，夫差以败；越栖会稽兮，句践霸世。斯由遂成兮，卒被五刑。傅说胥靡兮，乃相武丁"。在贾谊看来，事物发展变化是天地造化、阴阳化合的结果，"且夫天地为炉兮，造化为工；阴阳为炭兮，万物为铜"。② 他把纲常伦理的产生看成是社会自身发展的结果，指出："人之情不异，面目状貌同类，贵贱之别，非天根著于形容也。所持以别贵贱、明尊卑者，等级、势力、衣服、号令也。"③ 又说："夫立君臣，等上下，使父子有礼，六亲有纪，此非天之所为，人之所设也。"④ 从上可见，汉初思想家以发展变易思想考察历史，把社会看成是不断走向进步的过程。这种思想在一定程度上突破了当时盛行的复古史观的禁锢，以及天命迷信思想的影响，具有极为重要的理论价值。

汉初思想家从历史演变中清醒地认识到，国家兴衰成败决定于人事而非天道。在陆贾看来，天道指的是天地万物的运行规律，而人道则是指人类社会的运行规律。他虽然受到天命思想的影响，但又由天道推及人道，断言国家的兴衰成败决定于人道而非天道，"汤以七十里之封而升帝王之位"，周公"比德

---

① 贾谊：《新书·胎教》，王洲明、徐超：《贾谊集校注》，第399—400页。
② 贾谊：《鵩鸟赋》，费振刚等辑校：《全汉赋》，北京大学出版社1993年版。
③ 贾谊：《新书·等齐》，王洲明、徐超：《贾谊集校注》，第45页。
④ 贾谊：《新书·俗激》，王洲明、徐超：《贾谊集校注》，第89页。

于五帝"，"尧舜不易日月而兴，桀纣不易星辰而亡，天道不改而人道易也"。在陆贾看来，"故世衰道亡，非天之所为也，乃国君者有所取之也"。①陆贾认为不论是古人还是今人，都必须遵循"道"的要求行事，"道"是不能违背的。陆贾所说的"道"，指的是事物发展的固有规律。他指出："故古人之所行者，亦与今世同。立事者不离道德，调弦者不失宫商。天道调四时，人道治五常。周公与尧舜合符瑞，二世与桀纣同祸殃。文王生于东夷，大禹生于西羌，世殊而地绝，法合而度同。故圣贤与道合，愚者与祸同。怀德者应以福，挟恶者报以凶。德薄者位危，去道者身亡。万世不易法，古今同纪纲。"②在陆贾看来，"吴王夫差、智伯极武而亡"，③"齐桓公尚德以霸，秦二世尚刑而亡"。④国家盛衰与天地运行之道无关，而与君主的行为举措直接相关。陆贾揭示出君主的行为与天下盛衰之间的因果联系，这是很有价值的。贾谊也认识到，国家兴亡取决于君主的行为，"昔禹以夏王，而桀以夏亡；汤以殷王，而纣以殷亡；阖闾以吴战胜无敌，而夫差以之见禽于越；文公以晋伯，而厉公以见杀于匠丽之宫；威王以齐强于天下，而简公以杀于檀台；穆公以秦显名尊号，而二世以劫于望夷之宫"。⑤君主施政行为不同，任用的人不同，决定治国效果不同。君主在历史上的地位并不决定于自封，而是决定于民的评价。如"纣自谓天王也，桀自谓天子也，已灭之后，民以相骂也。以此观之，

---

① 陆贾：《新语·明诫第十一》，第 18 页。
② 陆贾：《新语·术事第二》，第 4 页。
③ 司马迁：《史记》卷九十七《郦生陆贾列传》，第 2699 页。
④ 陆贾：《新语·道基第一》，第 3 页。
⑤ 贾谊：《新书·胎教》，王洲明、徐超：《贾谊集校注》，第 394 页。

则位不足以为尊，而号不足以为荣矣"。^① 在贾谊看来，国家的治乱兴衰，君主的历史地位，取决于君主的行为举措。他指出："道之以德教者，德教洽而民气乐；驱之以法令者，法令极而民风哀。哀乐之感，祸福之应也。""汤武置天下于仁义礼乐，而德泽洽，禽兽草木广裕，德被蛮貊四夷，累子孙数十世。"然而"秦王置天下于法令刑罚"，结果"祸几及身，子孙诛绝"。^② 贾谊运用大量历史事例说明，国家治乱兴衰不是由天道决定的。天没有感觉，不可能决定祸福，"故受天之福者，天不功焉；被天之灾，则亦无怨天矣，行自为取之矣"。^③ 他宣称："汤以桀之乱氓为治，武王以纣之北卒为强。故民之治乱在于吏，国之安危在于政。"^④ 汉初思想家从社会现实环境出发，强调治乱兴衰决定于人事而非天道，这一观点直接继承并发展了先秦时期重人事的思想，对于冲破弥漫于当时社会的天命迷信思想，有着重要的理论意义。

三 秦亡汉兴历史总结的基本结论

汉初思想家从秦亡汉兴的历史总结中，得出一个深刻的认识：治理天下绝对不能如同秦代那样，采取以吏为师、以法为教、以刑杀为威的极端法治方式，而应该行仁义、施仁政，具体地说就是纾展民力，顺民而治。汉初思想家针对秦统治者专任刑罚，滥施暴政，导致天下崩溃的深刻教训，强调治理天下施仁义、行仁政的必要性。在汉初思想家看来，行仁义、施仁

---

① 贾谊：《新书·大政上》，王洲明、徐超：《贾谊集校注》，第338页。
② 贾谊：《陈政事疏》，王洲明、徐超：《贾谊集校注》，第436—437页。
③ 贾谊：《新书·大政上》，王洲明、徐超：《贾谊集校注》，第333页。
④ 贾谊：《新书·大政下》，王洲明、徐超：《贾谊集校注》，第345页。

政，应该以先圣为榜样。陆贾从秦覆巢破卵的历史巨变中深切地认识到，事烦法滋，骄奢糜丽，残酷暴虐，弃绝仁义，这些是秦朝迅速败亡的重要原因。在此基础上，他将眼光由秦向上追溯自古以来的历史演变，深刻地体会到古圣先贤之所以能够长期保有天下，关键就在于以仁义为本。因此君主治理天下，行仁义是最主要的事情。陆贾提醒刘邦："乡使秦已并天下，行仁义，法先圣，陛下安得而有之？"① 他强调说："仁者道之纪，义者圣之学，学之者明，失之者昏，背之者亡。""握道而治，据德而立，席仁而坐，杖义而强。"又断言："夫谋事不并任仁义者，后必败。"② 通观《新语》可知，对于仁义的阐发是其主要内容之二，渗透于全书字里行间之中。据统计，今本《新语》中，"仁"字凡二十三见，"义"字凡三十五见，"仁义"并称凡十三见，合计七十一见；称呼先圣、圣人、圣、三王凡二十一处，有名有姓地称及神农、黄帝、后稷等凡六十七处。③ 陆贾将仁义看成是建立和谐稳定的人伦秩序的基础。他指出："骨肉以仁亲，夫妇以义合，朋友以义信，君臣以义序。"又引述《穀梁传》的话强调说："'仁者以德亲，义者以利尊，万世不乱。'仁义之所治也。"④ 在陆贾看来，"圣人居高处上，则以仁义为巢，乘危履倾，则以贤圣为杖"。"杖圣者帝，杖贤者王，杖仁者霸，杖义者强。"⑤ 他又指出："圣人成之，所以能统物通变，治情性，显仁义也。"⑥ 怎样才能称为以

---

① 司马迁：《史记》卷九十七《郦生陆贾列传》，第 2699 页。
② 陆贾：《新语·道基第一》，第 2—3 页。
③ 张志哲：《陆贾〈新语〉考述》，载《中国史学研究集刊》第一辑，江苏古籍出版社 1987 年版。
④ 陆贾：《新语·道基第一》，第 3 页。
⑤ 陆贾：《新语·辅政第三》，第 5 页。
⑥ 陆贾：《新语·道基第一》，第 2 页。

仁义治理国家呢？陆贾将君主节省民力视为行仁义的具体表现，他称："圣人卑宫室而高道德。""国不兴无事之功，家不藏无用之器，所以稀力役而省贡献也。"① 贾谊同样将行仁义看成是治理国家最重要的事情。在《过秦论》中，他将秦的种种过失归结为"仁心不施"。秦举措暴虐，弃绝仁义，其表现是"失理"，"秦国失理，天下大败"。贾谊所言"失理"，其本质就是"失礼"，即"众掩寡，知欺愚，勇劫懦，壮凌衰"，"违礼义，弃伦理"。② 纲常伦理的破坏必然导致社会秩序的混乱，引起道德风俗的败坏。贾谊又将秦的失礼概括为"四维不张"。"四维"就是"礼义廉耻"，而"四维不张"指的是礼义廉耻不能伸张，社会没有树立良好的道德规范。他指出："秦灭四维不张，故君臣乖而相攘，上下乱僭而无差，父子六亲殃戮而失其宜，奸人并起，万民离畔，凡十三岁而社稷为墟。"③ 贾谊一方面将秦弃仁义而失天下作为反面教训，一方面则又以圣王行仁义而治天下作为正面范例，从正反两个方面强调行仁义的极端重要性。他指出，"黄帝职道义，经天地，纪人伦，序万物，以信与仁为天下先"，④ 是以仁义道德治理天下，化育万民的圣人。在贾谊看来，黄帝以后，颛顼、帝喾、尧、舜、禹、汤、文、武等圣明帝王，都是推己及人，加仁恩于四海，仁行而义立，德博而化富。这些圣人的仁义如同太阳普照天下，博施于天下之人，因而深为天下之人所热爱，这是他们的统治能够长久的原因所在。汉初思想家关于以仁义治理天下的主张，既是对秦代极端专制的统治措施的拨乱反正，又是地主阶级对统治

① 陆贾：《新语·本行第十》，第 17 页。
② 贾谊：《新书·时变》，王洲明、徐超：《贾谊集校注》，第 92、96 页。
③ 贾谊：《新书·激俗》，王洲明、徐超：《贾谊集校注》，第 87、90 页。
④ 贾谊：《新书·修政语上》，王洲明、徐超：《贾谊集校注》，第 354 页。

思想的重新抉择。

汉初思想家从秦亡汉兴的历史总结中，得出一个重要的教训：治理天下不同于夺取天下，两者应该采取不同的方法，如果以夺取天下的方法来治理天下，那就必然遭到失败。我认为，秦亡汉兴的历史更替，是封建地主阶级与君主专制制度成长过程中，由成功经过失败再向正常轨道发展的转折。适应这一历史转折过程的需要，地主阶级需要总结统治经验，对于统治思想重新作出抉择。汉初思想家并不否认国家治理需要法令刑罚，他们所反对的只是像秦代那样的严刑暴政，反对那种将法令刑罚推向极端的暴力统治；而所主张的则是将其与仁义道德结合起来，将霸王道结合起来以治理天下。陆贾根据刘邦对于儒学的教化作用一无所知，沾沾自喜于以武力得天下，蔑视知识而又侮辱儒生，认为依恃兵威，甚至仰仗武力，就可以长期保有天下的心理，从历史经验出发，首先提出天下可以"马上得之"，而绝不可以"马上治之"的论断。陆贾认为，君主治理天下，应该文武并用，昔"汤武逆取而以顺守之"，[1] 这就是历史的例证。陆贾认为虽然法令刑罚，"所以诛恶非所以劝善"，其作用是有限的；但"诛恶"也是十分必要的，国家不能没有法令刑罚。古代狱官皋陶，"立狱制罪，悬赏设罚，异是非，明好恶，检奸邪，消伏乱"。[2] 即使如同汤、武之君，伊、吕之臣，也是"因天时而行罚"，[3] "承天诛恶，克暴除殃"。[4] 陆贾尽管意识到法令刑罚必不可少，但又指出其切不可太重，应当以德治为主，以刑罚为辅，宽猛相济，有张有弛。

---

① 司马迁：《史记》卷九十七《郦生陆贾列传》，第 2699 页。
② 陆贾：《新语·道基第一》，第 2 页。
③ 陆贾：《新语·慎微第六》，第 11 页。
④ 陆贾：《新语·道基第一》，第 3 页。

陆贾强调指出："设刑者不厌轻，为德者不厌重，行罚者不患薄，布赏者不厌厚。"① 他将这种德刑统一、赏罚分明的状况称之为"中和"。君主必须"行中和以统远"，使"民畏其威而从其化，怀其德而归其境，美其治而不敢违其政，民不罚而畏罪，不赏而欢悦，渐渍于道德，被服于中和之所致也"。② 贾谊则强调君主应该取守异术，夺取天下必须使用法术诈力，而治理天下则以仁义为本。秦在灭六国而实现天下统一以后，继续以法术诈力作为统治方法，这是其丧失民心，终致败亡的原因所在，教训是极为深刻的。他指出："夫并兼者高诈立，安危者贵顺权，推此言之，取与守不同术也。秦虽离战国而王天下，其道不易，其政不改，是其所以取之也；孤独而有之，故其亡可立而待也。借使秦王论上世之事，并殷、周之迹，以制御其政，后虽有骄淫之主，犹未有倾危之患也。故三王之建天下，名号显美，功业长久。"③ 贾谊所说的仁义，就是通过严格的礼制，规范君臣、父子、夫妇等人伦关系，建立稳定的社会尊卑等级秩序，树立良好的伦理道德和社会风尚。他指出："主主臣臣，礼之正也；威德在君，礼之分也；尊卑、大小、强弱有位，礼之数也。"他又言："礼者，所以守尊卑之经，强弱之称者也。"在贾谊看来，"君仁臣忠，父慈子孝，兄爱弟敬，夫和妻柔，姑慈妇听，礼之至也。君仁则不厉，臣忠则不贰，父慈则教，子孝则协，兄爱则友，弟敬则顺，夫和则义，妻柔则正，姑慈则从，妇听则婉，礼之质也"。④ 贾谊主张将以礼制为主要内容的仁义与刑罚结合起来治理天下，"礼者禁于

---

① 陆贾：《新语·至德第八》，第 13 页。
② 陆贾：《新语·无为第四》，第 7 页。
③ 贾谊：《新书·过秦中》，《贾谊集校注》，第 11 页。
④ 贾谊：《新书·礼》，王洲明、徐超：《贾谊集校注》，第 215 页。

将然之前，而法者禁于已然之后"，"刑罚积则民背怨，礼义积而民亲合"。贾谊认识到，秦的强大与统一六国同商鞅推行法治直接相关，但"商君遗礼义，弃仁恩，并心于进取，行之二岁，秦俗日败"。秦统一以后，仍然仁义不施，专任刑罚。这种遗风余俗直到汉初仍然没有改变。"今世以奢靡相竞，而上无制度，弃礼谊，捐廉耻，日甚，可谓月异而岁不同矣。"① 贾谊将仁义与刑罚的关系，看成是本与末的关系，如果二者各自"序得其道"，对于长治久安必有功效。周朝因此而"千余载不绝"，秦朝则因本末并失而迅速败亡。汉初思想家通过历史反思，认识到治理天下应该将仁义与刑罚结合起来。然而在怎样看待仁义与刑罚的问题上，他们的见解则不完全一样。陆贾认为，治国的根本大计就是劝善，而劝善就是行仁义；贾谊则强调，治国的根本大计就是行仁义，而行仁义则必须以权势法治为基础。陆贾认为，治理天下应该以仁义为主，以刑罚为辅，他将两者视为是对立的，彼此之间不能相容；贾谊则强调，治理天下应该以仁义为本，以刑罚为末，他将两者视为不同的统治手段，是"芒刃"与"斤斧"，② 不可或缺。陆贾认为，行仁义是以柔弱胜刚强；贾谊则强调，只能在"势已定"、"权已足"的情况下行仁义。陆贾将行仁义看成是节省民力，爱民恤民而不去扰民，不要干预百姓的正常生活；贾谊则将行仁义看成是以礼制为中心，建立良好的尊卑等级秩序。③

汉初思想家从秦亡汉兴的历史总结中，得出一个正确的结论：民为国家的根本所在，只有本固才能邦宁。民与君主对天

① 贾谊：《陈政事疏》，王洲明、徐超：《贾谊集校注》，第 432、433 页。
② 班固：《汉书》卷四十八《贾谊传》，第 2236 页。
③ 任继愈主编：《中国哲学发展史》（秦汉），第 137—138 页。

下的治理、与社会的治乱兴衰密切相关。汉初思想家继承先秦形成的民本思想，以此审视秦汉之际的历史更替。他们深刻地认识到，秦就是因为严刑酷罚与滥用民力，结果失去了民心，因为失去民心导致秦失去天下。陆贾从自己的亲身经历中切实体会到民的力量的伟大。他将得民还是失民视为国家能否实现长治久安的关键所在，声称："欲建国强威，辟地服远者，必得之于民。"这是因为"儴道者众归之，恃刑者众畏之"。① 从这种认识出发，陆贾认为君主应该节俭、修身，注意爱惜民力，不可滥用民力。君主追求骄奢淫逸的生活，必然大肆搜刮，必将横征暴敛，这样一来就会"上困于用，下饥于食"，"仓廪空匮"。② 陆贾反对君主轻用师而尚武力，认为"兵马益设而敌人愈多"，③ 结果是激化社会矛盾，导致民心的丧失。贾谊从秦亡汉兴的历史更替中，思考民在国家中的地位、民与君主的关系、治理天下应该如何重视民的作用等问题。秦亡的教训使他认识到，民虽低贱愚蠢，但不可轻侮。"故夫民者，至贱而不可简也，至愚而不可欺也。"秦横扫六国，不可一世，然其残酷暴虐，与民为敌，结果为民所倾覆，这个教训实在太深刻了。贾谊惊呼："民不可不畏也。"④ "是以牧民之道，务在安之而已矣。"⑤ 他反复阐明君主以民为本治理国家具有极端的重要性，声言："闻之于政也，民无不为本也。国以为本，君以为本，吏以为本。故国以民为安危，君以民为威侮，吏以民为贵贱，此之谓民无不为本也。""闻之于政也，民无不为功

---

① 陆贾：《新语·至德第八》，第 13 页。
② 同上书，第 14 页。
③ 陆贾：《新语·无为第四》，第 7 页。
④ 贾谊：《新书·大政上》，王洲明、徐超：《贾谊集校注》，第 334、339 页。
⑤ 贾谊：《新书·过秦中》，王洲明、徐超：《贾谊集校注》，第 15 页。

也。故国以为功，君以为功，吏以为功。国以民为兴坏，君以民为强弱，吏以民为能不能。此之谓民无不为功也。"① 在贾谊看来，民的确重要，民确实伟大，历来的攻守存亡，历代的兴衰成败，无不与民心向背密切相关，历史说明得民心者得天下。"故夫战之胜也，民欲胜也；攻之得也，民欲得也；守之存也，民欲存也。故率民而守，而民不欲存，则莫能以存矣；故率民而攻，民不欲得，则莫能以得矣；故率民而战，民不欲胜，则莫能以胜矣。"② 贾谊虽然认识到民与治国兴邦密切相关，但他又强调民为君所有，"故君明而吏贤矣，吏贤而民治矣"；"故民之治乱在于吏，国之安危在于政"；"是故君明而吏贤，吏贤而民治矣"。③ 君主应该"爱亲于天下之人"，"归乐于天下之民"。④ 如果君主对民宽恕，"下为非，则矜而恕之，道而赦之，柔而假之"，⑤ 那么民就会很高兴地服从君主的统治。君"积于爱"，吏"积于爱"，民才能"积于顺"，⑥ 社会才会稳定，国家才能久安。如果君对民"弗爱"，那么民对君就会"弗附"。⑦ 我们比较陆贾与贾谊的民本思想，如果说陆贾的民本思想是结合自己亲眼所见的秦亡汉兴的历史过程而发，是一种从社会现实出发的追踪性反映，具有直观性的特点；那么贾谊的民本思想则已经超越秦亡汉兴这一具体的历史过程，是一种对于天下盛衰兴亡的回溯性反映，具有理论性的特点。

---

① 贾谊：《新书·大政上》，王洲明、徐超：《贾谊集校注》，第 332 页。
② 同上。
③ 贾谊：《新书·大政下》，王洲明、徐超：《贾谊集校注》，第 343—346 页。
④ 贾谊：《新书·修政语上》，王洲明、徐超：《贾谊集校注》，第 360 页。
⑤ 贾谊：《新书·大政上》，王洲明、徐超：《贾谊集校注》，第 335 页。
⑥ 贾谊：《新书·修政语下》，王洲明、徐超：《贾谊集校注》，第 373 页。
⑦ 贾谊：《新书·大政下》，王洲明、徐超：《贾谊集校注》，第 343 页。

四 秦亡汉兴历史总结的重要意义

汉初思想家的历史总结，是地主阶级的思想家对汉代以前治国兴邦实践经验的总结。这种总结适应汉初社会迫切的现实需要，直接回答了"以什么样的手段与方法治理天下才能实现长治久安"的问题，对西汉统治者的治国兴邦有着重要的现实指导意义。马克思说："理论在一个国家的实现程度，决定于理论满足这个国家的需要的程度。"[①] 秦亡汉兴突破了极端的思想禁锢，打破了专横的政治压迫，结束了对生产力的摧残与破坏，为社会的稳定与经济的发展提供了历史性机遇。吸取秦亡的教训，实现治国方略的转变，既是时代的需要与历史的必然，又是汉初君臣的共同认识。这就是陆贾撰著《新语》，"每奏一篇，高帝未尝不称善，左右呼万岁"的原因所在。[②] 自高祖以下，历惠帝、吕后，到文、景二帝，实行无为而治，在治国方略上一脉相承。其具体措施是去费省力，黜奢崇俭，约法省禁，轻徭薄赋，赈饥济贫。概括起来就是反秦之敝，废除烦苛，顺民而治，施行仁政。汉初统治者的施政举措，建立在对秦亡教训的深刻认识与正确总结的基础之上，是从陆贾到贾谊的汉初思想家以"过秦"为手段，以"戒汉"为目的的历史总结的合乎逻辑的结果。东汉思想家王充指出："陆贾造《新语》，高祖粗纳采。"[③] 王充之言指出了陆贾等汉初思想家的历史总结，与汉初统治者的治

---

① 马克思：《〈黑格尔法哲学批判〉导言》，《马克思恩格斯选集》第一卷，人民出版社1972年版，第10页。

② 司马迁：《史记》卷九十七《郦生陆贾列传》，第2699页。

③ 王充：《论衡·书解篇》，中华书局1954年版，第276页。

国举措之间的内在联系。司马迁在《史记》中热情称赞说：萧何"因民之疾秦法，顺流与之更始"。曹参"为汉相国，清静极言合道。然百姓离秦之酷后，参与休息无为，故天下俱称其美矣"。[①] 无论是萧何，还是曹参，其顺民而治的实质，就是在施政中吸取秦亡的历史教训。班固在谈到汉初统治者改秦之敝，使社会走上繁荣昌盛之路时指出，"周秦之敝，罔密文峻，而奸轨不胜。汉兴，扫除烦苛，与民休息，至于孝文，加之以恭俭，孝景遵业，五六十载之间，至于移风易俗，黎民醇厚。周云成、康，汉言文、景，美矣！"[②] 我们审视从刘邦建立汉朝到汉武帝继位之初约七十年的历史进程，西汉王朝走过了从衰微破败到恢复发展，再到繁荣昌盛的发展道路。汉朝立国之初，社会残破，经济凋敝；武帝继位之际，社会稳定，经济繁荣，"国家无事，非遇水旱之灾，民则人给家足，都鄙廪庾皆满，而府库余货财。京师之钱累巨万，贯朽而不可校。太仓之粟陈陈相因，充溢露积于外，至腐败不可食。众庶街巷有马，阡陌之间成群，而乘字牝者傧而不得聚会"。[③] 司马迁与班固的记载，使我们看到了从秦的败亡到汉的兴盛的演变，看到了两者之间深刻的内在逻辑。在人类历史上，巨大的历史进步总是以巨大的历史灾难作为前提，"没有哪一次巨大的历史灾难不是以历史的进步为补偿的"。[④] 因此从某种意义上说，没有秦亡的历史教训，就没有汉兴的

① 司马迁：《史记》卷五十三《萧相国世家》，第 2020 页；卷五十四《曹相国世家》，第 2031 页。

② 班固：《汉书》卷五《景帝纪》，第 153 页。

③ 司马迁：《史记》卷三十《平准书》，第 1420 页。

④ 恩格斯：《致尼·弗·丹尼尔逊》，《马克思恩格斯全集》第三十九卷，人民出版社 1972 年版，第 149 页。

成功之路。历史的总结发挥着巨大的效应，历史的教训带来了社会的进步，促进了生产的发展，推动了经济的繁荣。汉朝之所以成为中国古代历史上第一个强盛的中央集权的封建王朝，与汉初思想家总结历史经验，与西汉君臣吸取历史教训，密切联系在一起。

汉初思想家的历史总结，并不仅仅局限于概括经验教训。我们不应简单地将其看成是为汉初统治者治理国家提供历史借鉴，而是从自古以来君臣治国施政的事例中，尤其是从秦亡汉兴的历史更替中，抽象并揭示出治国兴邦的一般原则与普遍方法。从本质上说，这种历史总结是一种理论思维，其成果是一种理论创造，具有重要的理论创新意义。前已指出，秦的统一与中央集权的专制王朝的建立，标志着中国社会已经进入到一个新的历史阶段。然而秦仅仅存在了短短的十余年时间就二世而亡，无论是理论上还是实践上都没有能够解决巩固国家政权，实现天下的长治久安的问题。时代要求从理论上对秦的历史作出总结，在实践中建立起稳定的统治秩序，从而为未来社会的发展开辟道路。汉初思想家是汉初地主阶级的代表，他们没有也不可能认识到，秦的极端专制统治严重摧残了社会生产力，大大激化了农民阶级与地主阶级的矛盾。秦朝灭亡的根本原因在于其残暴统治，与社会生产力发展的必然要求背道而驰。然而我们在前面已经指出，判断一个人建树的历史功绩，不是根据这个人有没有提供只有现代人才能提供的东西，而是根据他有没有提供他的前人所没有提供的东西。汉初思想家顺应社会的潮流，揭示治乱兴衰决定于人事而非天道，赞赏并肯定因民顺民的仁政，揭露并谴责残民虐民的暴政，通过正反两个方面的历史事例，深入考察民与统治者之间的关系，强调对民行仁义、施仁政的极端重要性，指出以民为本治理国家对于实现长治久安的意义。他们通过总结秦亡汉兴的历史更替，揭示不能以夺取天下的方法来治理天下，治理天下应该将仁义与刑罚结合起来。这些阐述，既是通过历史总结引出的治理国家的经验教训又是统治思想的拨乱反正与适应时代需要的理论创新，其影响已经远远超出他们所生活的时代。我们从这个意义上完全可以说，汉初思想家既代表了他们生活的时代，又超越了他们生活的时代。其历史总结是对中国古代政治思想与国家学说的重要理论贡献，不仅深深地影响了一个时代，而且对于后来中国历代统治者的治国施政，发挥着重要的指导作用。

汉初思想家的历史总结，不仅对当时与后来的统治者治国施政发挥着重要的指导作用，而且对后来中国史学的发展产生了重要的影响。这主要体现在以下几个方面：其一，对后代史家治史宗旨的影响。中国古代以史为鉴的思想源远流长，儒家经典《周易》《尚书》《诗经》《春秋》及《左传》等，以及《国语》等典籍，对于历史的鉴戒功能多有论述。然而从整体来看，这类论述是零碎的、分散的，停留在粗浅的层次。汉初思想家将对历史的思考与对现实的关注结合起来，通过探讨历史为国家的治理提供借鉴，从而树立了以史为鉴、以史资治的范例。陆贾的《新语》与《楚汉春秋》，贾谊的《新书》，都是总结历史经验，直接为现实社会服务的典范。历史的鉴戒功能通过这些著作展现出来，使人们对历史鉴戒作用的认识大大地深化了。以史为鉴、以史资治的治史宗旨，从此以后在历代史家的著作中更加鲜明地体现出来。其二，对史学与政治关系发展的影响。中国古代史学自诞生之日起即与政治结下了不解之缘，周秦诸子阐发自己的思想，往往广泛搜集各种历史材料作为依据。政论与史论合而为一，以史论政，这是周秦诸子之书的共同特点。汉初思想家继承周秦诸子的以史论政的方法，扮演着政论家与史论家一身二任的角色。他们从现实出发考察历史的演变，将对历史问题的见解与对现实问题的认识紧紧联系在一起。《新语》《新书》既是政论，又是史论，论政与论史融为一体。从周秦诸子到西汉的陆贾、贾谊，历史与政治紧密结合，逐渐成为一种历代相沿的传统。故史家治史，以历史为论政依据；君主施政，以历史为治国借鉴，形成重视历史、以史为鉴的文化精神。其三，对后代史家研究方法的影响。周秦诸子以史论政，立足现实社会，纵贯古今变化。立足现实社会一方面表现在从现实出发来探讨历史问题；另一方面表现在对历史的考察以近现代史为重点，详近略远，详今略古。纵贯古今变化表现在把握历史与现实的内在联系，将历史与现实结合起来思考，援古证今，以古筹今。汉初思想家继承并完善了周秦诸子的历史考察方法，一方面以秦亡汉兴作为历史盛衰考察的重点，尤其以秦亡作为重中之重；另一方面则又不局限于这一历史过程，而是紧紧把握古今之间的内在联系，全面总结历代治理国家正反两方面的经验。陆贾反思"古成败之国"的经验与教训，论成者如尧、舜、禹、汤、文、武、齐桓、晋文等，论败者如晋厉、楚灵、宋襄、鲁定、鲁哀及秦二世等，对于这些君王的兴亡成败及其原由进行探讨，见之于《新语》全书内容之中。贾谊贯通古今思考历史盛衰成败，既赞赏肯定尧、舜、文、武等圣王治国的业绩，又揭露谴责桀、纣、周厉、秦皇等暴君残民以逞的罪行。汉初思想家有着开阔的视野与博大的胸襟，他们贯通古今，综合考察，谈古论今，援古证今的治学方法深深影响着后代学者的学术研究。司马迁治史，一方面关注现实，以近现代史即秦汉史作为考察的重点；另一方面又通过纵贯古今，考察历史联系。他编撰纵贯三千年的纪传体通史《史记》，直接继承汉初思想家考察历史的方法。其四，对后代史论撰著的影响。治史并不是简单地记载历史事实的经过，或者叙述历史人物的活动，而应该通过考察历史上的兴衰成败，达到总结经验、服务现实的目的。史论是史家表达对于历史问题的认识、发表对于历史兴亡的见解的重要形式。在先秦的《左传》《国语》等史著中，已经出现以"君子曰"的形式，表达作者的历史观点与思想主张的史论，但是尚未出现单独的史论专篇，更没有出现史论专著。陆贾的《新语》与贾谊的《新书》这两部史论专著，作为思考历史的成果汇编，在中国史学史上第一次使史论摆脱了有感而发，随记而成，置于史著之中的形式。从此之后，历代史家都重视对历史的思考，都重视史论的撰著。因此，单独的史论专篇与史论专著的撰著，成为汉初思想家对中国古代史学的重要贡献。

综上所述，汉初思想家在秦亡汉兴的社会背景下进行的历史总结，一方面指对于从上古到秦汉之际历史的演变过程进行思考与总结，另一方面则指对于秦亡汉兴这一历史现象本身进行思考与总结。这些总结将历史的反思与思想的认识结合起来，不仅得出了治理天下与夺取天下应该采取不同方法的重要结论，而且得出了治理天下应该行仁义、施仁政的深刻教训，同时还得出了治理国家必须以民为本的正确结论。在我看来，汉初思想家的历史总结虽然存在着某些时代的局限，但顺应了时代的潮流，适应了社会的需要，产生了巨大的影响，有着重要的思想价值。这些总结呈现出鲜明的现实性、强烈的功利性、深刻的理论性等特点，对于西汉统治者治国具有直接的现实意义，对于历代统治者的施政有着重要的理论意义，对于中国传统史学的发展有着深远的影响。

论董仲舒的历史盛衰考察

董仲舒大约生于公元前 192 年，卒于公元前 106—前 104 年之间，广川（今河北景县）人，西汉前期的今文经学家，[①] 在汉景帝时与胡毋生同为博士。《汉书·五行志》称："景、武之世，董仲舒治《公羊春秋》，始推阴阳，为儒者宗。"这说明董仲舒研究《公羊春秋》，把阴阳家的思想理论融入其中，深刻影响到汉代儒学的发展。《春秋繁露》是流传至今的董仲舒的主要著作，全书十七卷，八十二篇，现存七十九篇，系后人编辑而成，主要内容是根据上古到春秋时期的史事，探讨《春秋公羊传》的义理。我们从《春秋繁露》及其他材料可以看到，董仲舒继承上古以来形成的天人一体的宇宙观，把自然界与人类社会视为统一的整体，融汇天人认识社会的变迁沿革，贯通古今思考历史的盛衰兴亡。在董仲舒那里，探讨经典大义与考察历史盛衰实为一个问题的两个方面，其对《春秋》大义与《春秋公羊传》义理的阐发中，蕴涵对于历史的深刻认识与独到思考。因此，董仲舒虽然是今文经学家而不是史学家，没有留下史学方面的专著；但他在继

---

① 关于董仲舒的生卒年代及其故里，我国学术界目前尚存歧见。这里采用的是王永祥的《董仲舒评传》（南京大学出版社 1995 年版）及其附载的《董仲舒年谱》的观点。

承汉初思想家历史总结成果的基础上，运用联系的、发展的观点，思考历史问题，分析历史现象，探讨历史盛衰。董仲舒的历史盛衰考察，对于西汉中后期乃至东汉时期的思想家、史学家，有着广泛而深远的影响。在这里，我根据《春秋繁露》及其他有关材料，对董仲舒的历史盛衰考察作一点分析。

一　综观天人考察古今社会

董仲舒考察历史盛衰的理论基础，是根据从儒家经典到周秦诸子的天人一体的总体观念，审视自古以来社会的变化。他继承与发展从先秦到西汉前期沿袭而来的、天人合一而又相互感应的宇宙观，构建其天人同类，人副天数的思想体系。董仲舒认为，"天人之际，合而为一。"[①] 他以五行副人的五脏，四时副人的四肢，月数副人的大节，日数副人的小节，甚至人的性格、好恶、行为、品德等，无一不与天紧密联系在一起。天人之间，既彼此联系，又相互感应。在董仲舒看来，"天人之征，古今之道"，"善言天者必有征于人，善言古者必有验于今"。[②] 人道来自天道，"人之受命于天也，取仁于天而仁也。是故人之受命天之尊，父兄子弟之亲，有忠信慈惠之心，有礼义廉让之行，有是非逆顺之治，文理灿然而厚，知广大有而博，惟人道为可以参天"。"故四时之比，父子之道也；天地之志，君臣之义也。"[③] 人的行为品德，都受之于天。他根据天人

---

　　① 董仲舒著，钟肇鹏校释：《春秋繁露校释》卷十一《深察名号第三十五》，河北人民出版社 2005 年版，第 651 页。
　　② 班固：《汉书》卷五十六《董仲舒传》，第 2515 页。
　　③ 董仲舒著，钟肇鹏校释：《春秋繁露校释》卷十一《王道通三第四十四》，第 732、736 页。

合一而又相互感应的宇宙观，考察自古以来社会的变化与历史的盛衰：一方面认为君主遵循天道，顺应天意，喜怒得当，就会风调雨顺，五谷丰登，天下和谐；君主违背天意，逆天而行，举止失当，就会寒暑不时，灾害频发，民不聊生；另一方面把祥瑞与灾异看成天表达自己意志的形式，天通过各种祥瑞与灾异现象，对人的行为尤其是君主的行为，表示赞许或者谴告。周文王、周武王之所以获白鱼、赤鸟之瑞，是因为其善政感动了天；历代五行灾变，是因为统治者的不良施政举措引起；春秋时期灾异频发，则是因为周的后代子孙行暴政，违背天的意志所致。董仲舒称："凡灾异之本，尽生于国家之失。国家之失乃始萌芽，而天出灾害以谴告之。谴告之而不知变，乃见怪异以惊骇之。惊骇之尚不知畏恐，其殃咎乃至。"[①] 天通过各种灾异，惊惧与谴告君主，君主必须关注天意，顺应天道。

董仲舒把人类社会看成是因天而生。他认为："天地者，万物之本。"[②] 君臣、父子、夫妇之道，决定于天的意志。天与人、自然界与人类社会，有着相同的结构，存在着两个彼此对立而又相互联系的方面，由此构成的辩证统一体。他强调："凡物必有合。合必有上，必有下；必有左，必有右；必有前，必有后；必有表，必有里。有美必有恶，有顺必有逆，有喜必有怒，有寒必有暑，有昼必有夜，此皆其合也。阴者阳之合，妻者夫之合，子者父之合，臣者君之合。物莫无合，而合各有阴阳。阳兼于阴，阴兼于阳；夫兼于妻，妻兼于夫；父兼于子，子兼于父；君兼于

---

① 董仲舒著，钟肇鹏校释：《春秋繁露校释》卷六《二端第十五》，第 346 页。

② 董仲舒著，钟肇鹏校释：《春秋繁露校释》卷九《观德第三十三》，第 606 页。

臣，臣兼于君。君臣、父子、夫妇之义，皆取诸阴阳之道。君为阳，臣为阴；父为阳，子为阴；夫为阳，妻为阴。"① 天与人不仅有着相同的结构，而且服从统一的阴阳法则。董仲舒将天与人相比拟，以为人副天数，从天道与人道的一致性考察社会，探讨天下治乱与历史兴衰。他指出："天有阴阳，人亦有阴阳。"② 又说："天道之常，一阴一阳。阳者，天之德也；阴者，天之刑也。""圣人之治，亦从而然。"③ 他认定阴阳这一对相反之物，"或出或入，或左或右"。④ 又言："春出阳而入阴，秋出阴而入阳。夏右阳而左阴，冬右阴而左阳。阴出则阳入，阳出则阴入。阴右则阳左，阴左则阳右。"⑤ 因为王道本于天道，所以圣人视天而行，承天意以从事，法天而主人道。

董仲舒继承先秦以来的君权神授、天人感应的思想，解释自古以来的政权更替与历史演变。他一方面认为天为最高主宰，天命决定一切，"天子受命于天"，⑥ "受命之君，天意之所予也"；⑦ 另一方面又指出"天子命无常"，⑧ 天也可以革除君主的天命。天授予君主天命，或者剥夺君主天命，决定于君主

---

① 董仲舒著，钟肇鹏校释：《春秋繁露校释》卷十二《基义第五十二》，第 788 页。

② 董仲舒著，钟肇鹏校释：《春秋繁露校释》卷十三《同类相动第五十七》，第 814 页。

③ 董仲舒著，钟肇鹏校释：《春秋繁露校释》卷十二《阴阳义第四十九》，第 765、767 页。

④ 董仲舒著，钟肇鹏校释：《春秋繁露校释》卷十二《天道无二第五十一》，第 776 页。

⑤ 董仲舒著，钟肇鹏校释：《春秋繁露校释》卷十二《阴阳出入上下第五十》，第 770 页。

⑥ 董仲舒著，钟肇鹏校释：《春秋繁露校释》卷十五《顺命第七十》，第 946 页。

⑦ 董仲舒著，钟肇鹏校释：《春秋繁露校释》卷十一《深察名号第三十五》，第 648 页。

⑧ 董仲舒著，钟肇鹏校释：《春秋繁露校释》卷七《三代改制质文第二十三》，第 431 页。

有大德于民能使民安乐，还是横行作恶而使民遭到残害？董仲舒既强调祥瑞，更重视灾异，他警告说："天地之物有不常之变者，谓之异，小者谓之灾。灾常先至而异乃随之。灾者，天之谴也；异者，天之威也。谴之而不知，乃畏之以威。"① 又言："案《春秋》之中，视前世已行之事，以观天人相与之际，甚可畏也。国家将有失道之败，而天乃先出灾害以谴告之，不知自省，又出怪异以警惧之，尚不知变，而伤败乃至。以此见天心之仁爱人君而欲止其乱也。自非大亡道之世者，天尽欲扶持而全安之，事在强勉而已矣。"② 他肯定有道伐无道的正义性与合理性，声称："天之生民，非为王也，而天之立王，以为民也。故其德足以安乐民者，天予之；其恶足以贼害民者，天夺之。""故夏无道而殷伐之，殷无道而周伐之，周无道而秦伐之，秦无道而汉伐之，有道伐无道，此天理也。"那些"非汤、武之伐桀、纣者，亦将非秦之伐周，汉之伐秦。非徒不知天理，又不明人礼"。③ 董仲舒考察历史，认为君主失道，违背天意，天可以剥夺君主天命。从君主为恶失道开始，到其被革除天命，通常要经过很长一段时间，君主有充分的时间因应天的谴告，翻然悔悟，改弦更张，与民更始，避免被革除天命。因此，君主应该体察天意，顺应天命。

董仲舒虽然没有直接指出天命决定历史盛衰，在《春秋繁露》中甚至没有天命这样的语词，但其思想建立在以天为人间社会的决定者与主宰者基础上，天与人之间存在着相互感应的关系。一是继承从先秦到西汉前期的天命思想，把天视为宇宙

① 董仲舒著，钟肇鹏校释：《春秋繁露校释》卷六《二端第十五》，第345页。
② 班固：《汉书》卷五十六《董仲舒传》，第2498页。
③ 董仲舒著，钟肇鹏校释：《春秋繁露校释》卷七《尧舜不擅移、汤武不专杀第二十五》，第499、500页。

万物的本源与最高主宰，构建出以天为中心，天人合一而又相互感应的理论体系。《春秋繁露》反复论述天与人类社会的关系，充斥"奉天"、"法天"、"事天"、"畏天"、"知天"、"天帝"、"天神"之类的概念。这些概念中的"天"字，既是居于至高无上的地位，能够惩恶扬善，主宰宇宙万物的天神，人们极端尊崇敬畏的对象；又是宇宙自然与人类社会的本源，具有人性化、伦理化的特点。君臣之道、父子之义、夫妇之伦都取法于天，国家盛衰与朝代更替都是天决定的。二是强调君主的权力受之于天，以神化其至高无上的地位。在董仲舒看来："王者天之所予也"，①"天子父母事天，而子孙畜万民"，"天子昊天之子也"。② 这就是说唯天子受命于天，而天下受命于天子。董仲舒的言论旨在强调，君主作为天的儿子，直接"受命于天"，③ 其地位来自天的意志。三是指出君主的责任是顺应天命而替天行道，天命是任何人不得违背的。董仲舒认为："一国则受命于君。君命顺，则民有顺命；君命逆，则民有逆命。"④ 遵循天地之道与维护人伦之理是一致的，"人主立于生杀之位，与天共持变化之势"。如果君主"当喜而怒，当怒而喜，必为乱世矣"。⑤ 四是认为灾异与祥瑞是天意的反映。董仲舒称："帝王之将兴也，其美祥亦先见；其将亡也，妖孽亦先见，物固以类相召也。"⑥ 君主有功德，或者将授予君主天命，天就会降祥瑞

① 董仲舒著，钟肇鹏校释：《春秋繁露校释》卷七《尧舜不擅移、汤武不专杀第二十五》，第 498 页。

② 董仲舒著，钟肇鹏校释：《春秋繁露校释》卷十五《郊祭第六十七》，第 921 页。

③ 董仲舒著，钟肇鹏校释：《春秋繁露校释》卷十五《顺命第七十》，第 947 页。

④ 董仲舒著，钟肇鹏校释：《春秋繁露校释》卷十一《为人者天第四十一》，第 705 页。

⑤ 董仲舒著，钟肇鹏校释：《春秋繁露校释》卷十一《王道通三第四十四》，第 740、741 页。

⑥ 董仲舒著，钟肇鹏校释：《春秋繁露校释》卷十三《同类相动第五十七》，第 809 页。

以示嘉许；君主政事不修，行为荒淫，伦常丧乱，社稷衰亡，天就会降灾异以示谴告。君主治国兴邦，应该与天地阴阳相参，"治则以正气殽天地之化，乱则以邪气殽天地之化"。①董仲舒综观天人考察古今社会，对于汉代思想家、史学家有着深远的影响。

总之，董仲舒从天人合一、人副天数的宇宙观出发，根据君权神授、天人感应的思想，解释自然界与人类社会的关系，将祥瑞与灾异视为是天对君主的嘉许或者谴告，尤其强调各种灾异现象对君主行为的警戒作用，将政权更替看成是天的意志的反映，以此说明自古以来的历史盛衰。他阐述《春秋公羊传》的许多论述虽然缺乏科学依据，甚至充斥荒谬迷信的思想与牵强附会的成分，但把天与人、自然界与人类社会看成相互联系的整体，将天道与民心结合起来考察，强调政权更替是天心反映民意，肯定有道伐无道的正义性与合理性，指出君主的行为对天下治乱废兴的决定作用。董仲舒探讨天人之际，考察古今盛衰，反映出天人一体、彼此联系的整体观念，这是具有重要的思想价值的。

二 变而有常与不常之变

董仲舒考察历史盛衰的思维方式，是沿袭从儒家经典到周秦诸子的通变思维。他认识到，无论是天与人，自然界与人类社会，一切事物按照自身的规律，永不停息地运行与变化，这就是"变而有常"。他指出："天之道，有序而时，有度而节，变而有常，反而有相奉，微而至远，踔而致精，一而稍积蓄，广而实，

---

① 董仲舒著，钟肇鹏校释：《春秋繁露校释》卷十七《天地阴阳第八十一》，第1093页。

虚而盈。"① 天道变化有一定的时序与节度，有反复出现的、持续稳定的规律。他又说："天之道，终而复始。"② 天道变而有常，阴阳这一对相反之物"或出或入"、"或右或左"，③ 各向相反的方向运行，这样形成春夏秋冬四时循环运行、终而复始的运动规律。君主的行为必须遵循常道，顺应天道变化的规律，"正喜以当春，正怒以当秋，正乐以当夏，正哀以当冬"，④ 当喜而喜，当怒而怒。故人道变而有常，不可违背常道。在董仲舒看来："事无大小，物无难易，反天之道，无成者。"⑤

董仲舒意识到，"变"是天与人、自然界与人类社会的普遍属性。一方面遵循固有规律不断变化，这就是"变而有常"；另一方面则又存在某些突然的、超越常规的变化，如天地之间的"灾"、"异"现象，这就是所谓"不常之变"。如果说"变而有常"反映变化的必然性，那么"不常之变"体现的则是变化的偶然性；如果说前者预示变化的必然趋势，那么后者则是这种必然趋势的补充。⑥ 董仲舒将"常"称为"经"，而将"变"称为"权"。在其看来，"常"与"变"、"经"与"权"，既彼此联系，互为补充；又相互依存，相辅相成。他声称：《春秋》之道，有常有变，"变用于变，常用于常"。⑦ 他又说：

---

① 董仲舒著，钟肇鹏校释：《春秋繁露校释》卷十一《天容第四十五》，第 745 页。
② 董仲舒著，钟肇鹏校释：《春秋繁露校释》卷十二《阴阳终始第四十八》，第 758 页。
③ 董仲舒著，钟肇鹏校释：《春秋繁露校释》卷十二《天道无二第五十一》，第 776 页。
④ 董仲舒著，钟肇鹏校释：《春秋繁露校释》卷十一《王道通三第四十四》，第 736 页。
⑤ 董仲舒著，钟肇鹏校释：《春秋繁露校释》卷十二《天道无二第五十一》，第 779 页。
⑥ 董仲舒著，钟肇鹏校释：《春秋繁露校释》卷六《二端第十五》，第 345 页。
⑦ 董仲舒著，钟肇鹏校释：《春秋繁露校释》卷二《竹林第三》，第 91 页。

"《春秋》固有常义，又有应变。"① 这就是说，《春秋》对于历史的记载，在一般情况下遵循常规，恪守常规，按照原则办事，体现君臣大义；在特殊情况下，则可以超越常规，灵活变通，根据实际情况处置，在遣词用语方面没有固定的规则，一切以时间、地点、条件为转移。这就是说，《春秋》不仅反映了历史事变所体现的纲常伦理与君臣大义，而且体现了历史事变所包含的灵活处置与随时变通。人们只有深刻理解《春秋》的大义，才能正确把握"常"与"变"、"经"与"权"之间的关系，深刻理解孔子考察历史盛衰的义理。

董仲舒将历史运演视为是"变而有常"与"不常之变"的有机统一。他阐发《春秋》关于"常"与"变"、"经"与"权"的相互关系的思想，揭示一般与特殊、必然性与偶然性之间的辩证统一关系。董仲舒认为：《春秋》记载历史，"有经礼，有变礼"。如"天子三年然后称王，经礼也；有物故则未三年而称王，变礼也。妇人无出境之事，经礼也；母为子娶妇，奔丧父母，变礼也"。② 在正常情况下，人们谨守经礼，按照常规办事；当天道、人世出现某些"不常之变"时，则可突破常规，应之以变礼。如《春秋》宣公十二年记邲之战："晋荀林父帅师及楚子战于邲，晋师败绩。"《公羊传》解释说：《春秋》书法"不与晋，而与楚子为礼"。他宣称："《春秋》之常辞也，不予夷狄而予中国为礼。至邲之战，偏然反之。""《春秋》无通辞，从变而移。今晋变而为夷狄，楚变而为君子，故移其辞以从其事。"③ 这就是说，《春秋》对于"夷狄"、

---

① 董仲舒著，钟肇鹏校释：《春秋繁露校释》卷三《精华第五》，第167页。
② 董仲舒著，钟肇鹏校释：《春秋繁露校释》卷三《玉英第四》，第129页。
③ 董仲舒著，钟肇鹏校释：《春秋繁露校释》卷二《竹林第三》，第76页。

"君子"的称呼，并非完全决定于种族，而是依据道义原则，因而没有固定的用词。如果中国不守礼义，就变为夷狄；而夷狄遵守礼义，则成为君子。《春秋》宣公十五年记载："宋人及楚人平。"这指的是楚庄王围宋，宋人易子而食，楚人亦只有七日粮。在这种情况下，楚国的司马子反擅行与宋国议和。根据《春秋》常例，"卿不忧诸侯，政不在大夫"。司马子反为楚大夫而恤宋民，违犯了"卿不忧诸侯"；而楚庄王在军中，司马子反不复君命而与敌国议和，违犯了"政不在大夫"。孔子为何要加以表彰与肯定呢？董仲舒认为，历史运演虽然一般是"变而有常"，但也存在许多"不常之变"。因此在特定情况下违背常礼，孔子在《春秋》中以变礼书之。《春秋》记载历史，将"常"与"变"结合起来；人们阅读《春秋》，不能依据"平定之常义"，怀疑其"变故之大义"。[①]

董仲舒一方面揭示"常"与"变"、"经"与"权"之间的辩证统一关系，另一方面又强调无论是"常"还是"变"，是"经"还是"权"，都应该符合道义，都必须恪守原则，即使在特殊情况下灵活处置、随机应变也是如此。董仲舒指出，"君子生以辱，不如死以荣"。[②]又说："夫权虽反经，亦必在可以然之域。不在可以然之域，故虽死亡，终弗为也。"[③]《春秋》记晋郤克联合一些诸侯与齐侯战于鞍，"齐师败绩"。《公羊传》载齐顷公带兵打仗被围，与其面目相似的逢丑父设法使之逃脱，而逢丑父本人却为晋军所杀。《春秋》桓公十一年载，"宋人执郑祭仲"。郑庄公死，祭仲作为郑国举足轻重的大夫，倾

---

① 董仲舒著，钟肇鹏校释：《春秋繁露校释》卷二《竹林第三》，第91页。
② 同上书，第108页。
③ 董仲舒著，钟肇鹏校释：《春秋繁露校释》卷三《玉英第四》，第143页。

向于公子忽继位；然宋人因与公子突有亲戚关系，却胁迫其出忽而立突。如祭仲不同意，则君必死，国必亡；如祭仲同意，则君可以生易死，国可以存易亡，以后还可把公子突弄出去，而让公子忽登上国君之位。然而如果没有办法将公子突赶下台，而让公子忽继承君主之位，则祭仲必然遭殃。《公羊传》认为，祭仲是知"权"的典范，而逄丑父则是不知"权"的罪人。董仲舒根据《公羊传》的观点，宣称"君子生以辱不如死以荣"，认为祭仲使其国君在极可贵的情况下生存，他知道"权"；而逄丑父"欺而不中权，忠而不中义"，使其国君在极可卑的情况下活命，他不知道"权"。齐顷公受大辱而重登君主之位，他不算君主；逄丑父为齐顷公而死，故不能算为君主而牺牲。① 这些论述说明，董仲舒对"常"与"变"、"经"与"权"的辩证关系的认识，受到封建伦常道义的桎梏。

总之，董仲舒从"变而有常"与"不常之变"彼此联系、互为补充的天道观出发，推及历史运演是"变而有常"与"不常之变"的辩证统一。他将"常"称为"经"，将"变"称为"权"，一方面把"常"与"变"、"经"与"权"看成彼此联系，互相补充，两者的关系是一般与特殊、必然性与偶然性的关系；另一方面则又强调即使在特殊情况下实行权变也须恪守原则，坚持大义。这些论述虽然受到封建伦理道德的桎梏，但对于人们考察历史盛衰有着重要的思想启迪意义。

---

① 董仲舒著，钟肇鹏校释：《春秋繁露校释》卷二《竹林第三》，第104、108页。

三 循环与进化融为一体

董仲舒考察历史盛衰，特别重视历史规律的思辨。他继承并发展从周秦诸子到汉初思想家的历史循环思想，认为在朝代更替、盛衰转化过程中，礼制与风尚发生周期性的循环变化，这些循环变化"有再而复者，有三而复者，有四而复者，有五而复者，有九而复者"，还有"一商一夏，一质一文"等形式。[①] 在董仲舒概括的循环形式中，最主要的是强调历史按照黑、白、赤三统顺序循环运演。他称：正黑统者，"历正日月朔于营室，斗建寅。天统气始通化物，物见萌达，其色黑。故朝正服黑"；正白统者，"历正日月朔于虚，斗建丑，天统气始蜕化物，物始芽，其色白。故朝正服白"；正赤统者，"历正日月朔于牵牛，斗建子。天统气始施化物，物始动，其色赤。故朝正服赤"。[②] 他将黑、白、赤三统与夏、商、周三种历法的正月相结合，形成建子、建丑、建寅三正。建子（以十一月为正月）、建丑（以十二月为正月）、建寅（以十三月为正月）三正又分别与天、地、人三者联系起来。夏建寅，为人统，亦称黑统，色尚黑；殷建丑，为地统，亦称白统，色尚白；周建子，为天统，亦称赤统，色尚赤。在董仲舒看来，因为历史沿着三统循环的轨道运演，所以新王继位以后必须应天改制，"徙居处，更称号，改正朔，易服色者，无他焉，不敢不顺天志而明自显也。若其大纲、人伦、道理、政治、教化、习俗、文义尽

---

① 董仲舒著，钟肇鹏校释：《春秋繁露校释》卷七《三代改制质文第二十三》，第 454 页。

② 同上书，第 434、439、441 页。

如故，亦何改哉？故王者有改制之名，无易道之实"。① 这些论述表明，"三统"、"三正"说的思想核心，是指出礼乐与典制随着政权的更替而循环，而不是已经灭亡了的朝代重新循环回来。董仲舒将历代君主改正朔、易服色等举措，视为明其受命于天的形式，是天下"变而有常"的重要表现。

董仲舒认识到，历史不仅循环运演，而且在循环中进化。从表面上看，忠、敬、文三统只是简单地循环更替，没有包含发展与进化；然其实质则是在每一次循环之中，已经包含对于前朝之礼的损益，渗透各种典章制度的进化。他指出："圣王之继乱世也，扫除其迹而悉去之，复修教化而崇起之。"他认为："窃譬之琴瑟不调，甚者必解而更张之，乃可鼓也；为政而不行，甚者必变而更化之，乃可理也。当更张而不更张，虽有良工不能善调也；当更化而不更化，虽有大贤不能善治也。故汉得天下以来，常欲善治而至今不可善治者，失之于当更化而不更化也。"② 他进而强调，"制为应天改之，乐为应人之作"。③ 这就是说，新王改正朔是为了"应天"，而制礼作乐则是为了"应人"；如果说前者只是表明新王受命的合法性，那么后者则涉及典章制度、思想文化的进化。他认定礼乐制度必然随着历史循环而不断"更化"，这种"更化"是一种螺旋式的进化。在董仲舒的历史循环论中，包含历史进化的实质内容，循环与进化彼此渗透、相互联系，循环是表面的，进化是核心的，两者互为表里，有机结合在一起。有学者指出，董仲舒一方面"肯定历史进化的客观性和合理性，认识到历史可以

---

① 董仲舒著，钟肇鹏校释：《春秋繁露校释》卷一《楚庄王第一》，第29页。
② 班固：《汉书》卷五十六《董仲舒传》，第2504—2505页。
③ 董仲舒著，钟肇鹏校释：《春秋繁露校释》卷一《楚庄王第一》，第32页。

划分为不同的发展阶段；另一方面又将历史视为最终凝固化了的东西，认为其变迁只是一种周而复始的循环而已"。其本质属性"是由'率由旧章'与'顺时改制'相混糅调和的思想意识形态"。其历史循环论实为"历史循环进化论"。[1] 董仲舒不仅看到了历史是循环往复的，而且指出了历史是向前发展的，历史的发展又是有规律可循的。这些说明董仲舒的社会历史观中，包含着历史进化思想的合理内核。

董仲舒认为在历史传承中，既有"万世无弊"之道，也有存在缺失之道。因此后代继承前代，后人继承前人，既要"易"，也要"不易"；既应该"相承"，也必须"更化"。董仲舒认识到，一方面是"继治世者其道同"，舜继尧，禹继舜，三圣相承而坚守一道，除了改正朔、易服色以外，其余一切尽循尧道，不必作任何改变，这就是所谓"道之大原出于天，天不变道亦不变"；另一方面则是"继乱世者其道变"，夏、商、周三代乱世之后，必须对前代存在缺失之道加以损益，"举其偏者以补其弊"，[2] 这种"更化"的实质是进化，即改变前代的弊政，以适应社会的需要。董仲舒一方面强调治世之道不能变，要求西汉统治者以古代圣王为榜样，谨守圣王治世之道而不能变，按照儒家的思想原则治理国家；另一方面则又主张乱世之道应该变，要求西汉统治者对从秦代沿袭而来的乱世之道，实行"更化"，去除弊政，大兴仁政，重视教化，减省刑罚。在董仲舒那里，变与不变是一个事情的两个方面，一切根据具体情况来决定。两者不是相互排斥，而是相互补充，都是为着巩固君主的统治。

---

① 黄朴民：《何休历史哲学理论探析》，《求是学刊》1999 年第 1 期。
② 班固：《汉书》卷五十六《董仲舒传》，第 2518 页。

董仲舒宣称，"继乱世者其道变"，当旧的王朝逆天无道时，应该通过汤武式的革命，推翻旧王朝建立新王朝，此后对于前朝之礼制有所损益，从而实现道变。他强调的"乱世之道应该变"，并非指随便乱变，而是根据三统循环更替的要求，遵循忠、敬、文三种政教循环次序，举其偏者以补其弊，应天改制，制礼作乐。董仲舒指出："王者有改制之名，亡变道之实。""然夏上忠，殷上敬，周上文者，所继之捄，当用此也。孔子曰：'殷因于夏礼，所损益可知也；周因于殷礼，所损益可知也。其或继周者，虽百世可知也。'"① 商对夏的礼乐制度有损益，周对商的礼乐制度有损益，继承周的各代必然对前代的礼乐制度进行损益。在董仲舒看来，即使一个朝代内部传承过程中，随着时间的推移也会形成许多积弊，因此后代的帝王应该对于前代帝王"兴滞补弊"，国家才能长盛不衰，天下才能长治久安。如"周道衰于幽、厉，非道亡也，幽、厉不繇也。至于宣王，思昔先王之德，兴滞补弊，明文武之功业，周道粲然复兴"。② 董仲舒认为，宣王"兴滞补弊"，实质是对幽、厉在位期间存在缺失的礼乐制度"更化"，使之回归于周道。汉继秦的乱世之后，因其所遗之世，如"腐朽之木不可雕也，粪土之墙不可圬也"，所以不能如秦之继周。周的末世"大为无道"，而"秦独不能改，又益甚之"，故导致立为天子十四载便"国破亡矣"。汉朝应该顺应历史的要求，"少损周之文致，用夏之忠者"，这样就可以实现国家的"善治"。③

总之，董仲舒既把历史看成按黑、白、赤三统循环运演，

① 班固：《汉书》卷五十六《董仲舒传》，第 2518 页。
② 同上书，第 2499 页。
③ 同上书，第 2519 页。

又指出在循环过程中包含着进化。循环与进化彼此依存，相互渗透，在循环中有进化，在进化中有循环，其社会历史观是循环与进化的紧密结合而有机统一。因此他强调统治者治理国家，既应该有"易"，也必须有"不易"；既应该有"相承"，也必须有"更化"。董仲舒既主张"继治世者其道同"，治世之道不能变；又指出"继乱世者其道变"，乱世之道应该变。总之，在应该"相承"的时候"相承"，在应该"更化"的时候"更化"，变与不变必须根据具体情况来决定。这些论述强调了顺应社会适时而变的必要性与合理性，虽然存在着某些形而上学的思想成分，但也包含对于历史规律的深刻思辨，反映出汉代学者的思辨能力大大超越了先秦，对于推动历史认识的进步具有重要意义。

四　量变与质变有机统一

董仲舒考察历史盛衰，极为关注量变与质变的关系，着力揭示盛衰转化的原因。他指出无论是自然界还是人类社会的任何事物，质的变化总是与量的增减有关，量的变化必然引起质的变化；首先是量的增加必然引起质的变化。他说："天积众精以自刚，圣人积众贤以自强。天序日月星辰以自光，圣人序爵禄以自明。天所以刚者，非一精之力；圣人所以强者，非一贤之德也。"[①] 他又称："故日月之明，非一精之光也；圣人致太平，非一善之功也。"[②] 在他看来，"众少成多，积小致巨，

---

① 董仲舒著，钟肇鹏校释：《春秋繁露校释》卷六《立元神第十九》，第386页。

② 董仲舒著，钟肇鹏校释：《春秋繁露校释》卷七《考功名第二十一》，第403页。

故圣人莫不以暗致明，以微致显。是以尧发于诸侯，舜兴乎深山，非一日而显也，盖有渐以致之矣。"圣人之所以成为圣人，一方面是因为其经常积累优良的德行，逐步建树崇高的业绩，不断完善自己的道德人格，"故尧兢兢日行其道，而舜业业日致其孝，善积而名显，德章而身尊，此其寝明寝昌之道也"。①另一方面又是因为得到众贤的扶持与辅助，"治身者以积精为宝，治国者以积贤为道"。②暴君之所以成为暴君，不仅因为其不断地加重自己的罪孽，以致在罪恶的深渊中不能自拔；而且还因为倒行逆施，众叛亲离，失去了贤者的辅助。如桀、纣暴逆不仁，沦为独夫民贼，导致国破身亡的后果，亦以渐至，此寝微寝灭之道也。其次是量的减少也能够引起质变。当田里麦苗的数量减少到每亩仅有数茎的时候，那就可以说没有麦苗；当义战的数量减少到三百年时间里仅有两次的时候，那就可以说没有义战。简言之，事物的量变必然引起质变，故人们应该从量与质两个角度来认识事物。

董仲舒阐发《春秋》关于"小、大、微、著"之分的思想，说明事物由量变到质变的原理。他认识到"大"是由"小"积累而来，"著"是由"微"发展而来。没有"小"，就无所谓"大"；没有"微"，就无所谓"著"。圣人的业绩是逐步积累的，暴君的罪恶是不断加深的。所谓"小、大、微、著"之分，就是事物从量变走向质变。他说："小、大、微、著之分也，夫览求微细于无端之处，诚知小之将为大也，微之将为著也。"③又言："尽小

<hr>

① 班固：《汉书》卷五十六《董仲舒传》，第 2517 页。

② 董仲舒著，钟肇鹏校释：《春秋繁露校释》卷七《通国身第二十二》，第417 页。

③ 董仲舒著，钟肇鹏校释：《春秋繁露校释》卷六《二端第十五》，第 338页。

者大，慎微者著"，"圣人莫不以晻致明，以微致显"。① 这就是说，深入观察事物的细小微末之处，即可预测其发展趋势，把握其未来走势。国家的衰败，社会的动乱，就是从细微之处开始的，"凡百乱之源，皆出嫌疑纤微，以渐寖稍长至于大。圣人章其疑者，别其微者，绝其纤者，不得嫌，以蚤防之。圣人之道，众堤防之类也"。② 圣人之所以成为圣人，就在于其积善积德，注意贵微慎始；君主治理天下，应该从小处着眼，重视防微杜渐。董仲舒认为，"圣人能系心于微而致之于著"，《春秋》所以记载"日蚀、星陨、有蜮、山崩、地震、夏大雨水、冬大雨雹、陨霜不杀草、自正月不雨至于秋七月、有鹳鹆来巢"等灾异现象，就是"以此见悖乱之征"，使"小者不待大，微者不待著"，反映出孔子"贵微、重始、慎终、推效"的深意。③ 董仲舒以仁爱之心提醒并期待统治者，必须"谨本详始，敬小慎微"，④ 做到"观物之动，而先觉其萌，绝乱塞害于将然而未形之时"。⑤ 如果君主能效仿圣人，"善无小而不举，恶无小而不去"，⑥ 就能实现天下的长治久安。

董仲舒把历史盛衰转化看成是从量变到质变的过程。一个王朝的兴起与衰落绝非偶然，不可能在陡然之间发生。天

① 班固：《汉书》卷五十六《董仲舒传》，第 2517 页。

② 董仲舒著，钟肇鹏校释：《春秋繁露校释》卷七《度制第二十七》，第 516 页。

③ 董仲舒著，钟肇鹏校释：《春秋繁露校释》卷六《二端第十五》，第 338 页。

④ 董仲舒著，钟肇鹏校释：《春秋繁露校释》卷六《立元神第十九》，第 376 页。

⑤ 董仲舒著，钟肇鹏校释：《春秋繁露校释》卷八《仁义法第二十九》，第 565 页。

⑥ 董仲舒著，钟肇鹏校释：《春秋繁露校释》卷五《盟会要第十》，第 300 页。

无论是授予君主以天命，还是革除君主的天命，总是要经历一个渐进的过程，这一过程就是从量变走向质变的过程。如周的兴起与受命，就是其先公先王长期努力，"积善累德之效也"；桀、纣统治时期，"恶日显，国日乱"，[①] 罪孽不断积累，国家逐渐走向衰亡。春秋时期的社会发生着深刻的变化，这种变化也经历了从量变发展到质变的过程。周天子向诸侯求车、求金，这类违背礼制的行为逐渐发展与不断积累，导致"诸侯得以大乱，篡弑无已"，引发齐桓擅封、鲁舞八佾等僭拟天子的现象，造成"弑君三十六，亡国五十二"的严重后果，这是"细恶不绝之所致也"。[②] 因此，统治者作恶太多，发展到无道之至的时候，天必然剥夺其天命，政权必定衰落而走向灭亡。在董仲舒看来，人的善与恶的品质的形成，也是从量的积累到质的变化。孔子深刻地理解这一道理，因而非常重视事物的量变的积累，要求从绝恶之本入手，使社会得以复归于王道。他指出："孔子明得失，差贵贱，反王道之本，讥天王以致太平。刺恶讥微，不遗小大，善无细而不举，恶无细而不去，进善诛恶，绝诸本而已矣。"[③]《春秋》"纪纤芥之失"，反映出孔子关于"小、大、微、著"之分的"至意"，体现出事物从量变走向质变的道理。

总之，董仲舒认识到事物量的变化总是要引起质的变化，即事物的变化必然经历从量变到质变的发展过程。他阐发《春秋》关于"小、大、微、著"之分的思想，揭示事物从量变向

---

① 班固：《汉书》卷五十六《董仲舒传》，第2517页。

② 董仲舒著，钟肇鹏校释：《春秋繁露校释》卷四《王道第六》，第213页。

③ 同上书，第206页。

质变转化的原理。因为时代的局限，董仲舒虽没有说明事物质变之后必然开始新的量变，但他将事物从量变向质变转化的原理运用于历史盛衰考察之中，指出圣人之所以成为圣人，是因为其德行不断积累；暴君之所以成为暴君，是因为其罪孽不断加深。在董仲舒看来，天无论是授予君主天命，还是革除君主天命，都是从量变走向质变的结果。君主治理国家，应知微察著，防微杜渐，才能实现长治久安。这些论述揭示出历史盛衰从量变到质变的发展规律，对于认识古今历史运演的过程并把握其特点，有着重要的思想价值。

五　以史为鉴与治国兴邦

董仲舒考察历史盛衰的目的，是以史为鉴，为治国兴邦服务。他继承与发展从先秦至西汉以来的历史鉴戒思想，通过阐发孔子编撰《春秋》的史学目的论，说明以史为鉴的必要性，强调说："善言古者，必有验于今。"[1] 又说："不知来，视诸往。今《春秋》之为学也，道往而明来者也。""故吾按《春秋》而观成败，乃愊愊于前世之兴亡也。"[2] 董仲舒认识到，今是从古发展而来，现实是从历史发展而来，人们必须把握历史与现实之间深刻的内在联系，立足现实，考察历史，以史为鉴，治国兴邦。他强调指出，孔子修撰《春秋》，"上揆之天道，下质诸人情，参之于古，考之于今"。[3]《春秋》"上探天端，正王公之位，万民之所欲，下明得失，起贤才，以待后

---

① 班固：《汉书》卷五十六《董仲舒传》，第2515页。
② 董仲舒著，钟肇鹏校释：《春秋繁露校释》卷三《精华第五》，第186、188页。
③ 班固：《汉书》卷五十六《董仲舒传》，第2515页。

圣","故引史记,理往事,正是非,见王心"。① 这就是说,孔子回顾历史,总结经验,得出教训,垂示未来,为后代治理国家,提供历史的鉴戒。司马迁指出,孔子"知言之不用,道之不行也,是非二百四十二年之中,以为天下仪表,贬天子,退诸侯,讨大夫,以达王事而已矣"。②《春秋》对于历史的记载,反映出孔子对君臣大义的认识,包含着孔子对盛衰兴亡的见解,这是必须深刻体察的。

董仲舒将孔子编撰的《春秋》,称为"天地之常经,古今之通谊"。③ 首先是因为《春秋》反映了一个时代的天下大势与历史演变。他指出:"二百四十年之文,天下之大,事变之博,无不有也","举事变,见有重焉"。④《春秋》记载的许多重大事件,值得后代君主深入思考,认真总结经验教训。其次是《春秋》"论十二世之事,人道浃而王道备",⑤ 涵盖全部的人道与王道,渗透治国兴邦的深刻道理。《春秋》蕴涵的深刻哲理,不是通过空言说教反映出来,而是以微言大义的形式体现在二百四十二年的史实之中,实现了历史著作与政治伦理教科书的统一。《春秋》"记天下之得失,而见所以然之故。甚幽而明,无传而著,不可不察也"。⑥ 故"案《春秋》之中,视前世已行之事,以观天人相与之际,甚可畏也"。⑦ 再次是孔子修《春

---

① 董仲舒著,钟肇鹏校释:《春秋繁露校释》卷六《俞序第十七》,第 356 页。

② 司马迁:《史记》卷一百三十《太史公自序》,第 3297 页。

③ 班固:《汉书》卷五十六《董仲舒传》,第 2523 页。

④ 董仲舒著,钟肇鹏校释:《春秋繁露校释》卷五《十指第十二》,第 313 页。

⑤ 董仲舒著,钟肇鹏校释:《春秋繁露校释》卷一《玉杯第二》,第 50 页。

⑥ 董仲舒著,钟肇鹏校释:《春秋繁露校释》卷二《竹林第三》,第 97 页。

⑦ 班固:《汉书》卷五十六《董仲舒传》,第 2498 页。

秋》，"引史记"，"明得失"，"见成败"，"正人伦"，"明顺逆"，故"有国家者不可不学《春秋》，不学《春秋》则无以见前后旁侧之危，则不知国之大柄，君之重任也"。君主"苟能述《春秋》之法，致行其道，岂徒除祸哉，乃尧舜之德也"。① 董仲舒强调指出，《春秋》有着"道往而明来"的功效。西汉统治者以经治国，甚至出现以《春秋》决狱的现象。

董仲舒通过《春秋》中记载的历史事例，揭示其对于后代君主的鉴戒意义。他重视从中体察国家存亡之道，指出："观乎蒲社，知骄溢之罚；观乎许田，知诸侯不得专封；观乎齐桓、晋文、宋襄、楚庄，知任贤奉上之功；观乎鲁隐、祭仲、叔武、孔父、荀息、仇牧、吴季子、公子目夷，知忠臣之效；观乎楚公子比，知臣子之道，效死之义；观乎潞子，知无辅自谄之败；观乎公在楚，知臣子之恩；观乎漏言，知忠道之绝；观乎献六羽，知上下之差；观乎宋伯姬，知贞妇之信；观乎吴王夫差，知强凌弱之报；观乎晋献公，知逆理近色之过；观乎楚昭王之伐蔡，知无义之反；观乎晋厉之妄杀无罪，知行暴之报；观乎陈佗、宋闵，知妒淫之过；观乎虞公、梁亡，知贪财枉法之穷；观乎楚灵，知苦民之壤；观乎鲁庄之起台，知骄奢淫泆之失；观乎卫侯朔，知不即召之罪；观乎执凡伯，知犯上之法；观乎晋郤缺之伐邾娄，知臣下作福之诛；观乎公子翚，知臣窥君之意；观乎世卿，知移权之败。"② 董仲舒特别重视春秋时期诸侯乱亡的事例，注意从中总结治国的教训。如吴王夫差好强凌人而灭国："夫差行强于越，臣人之主，妾人之妻，卒以自亡，宗庙夷，社稷灭"；晋献

---

① 董仲舒著，钟肇鹏校释：《春秋繁露校释》卷六《俞序第十七》，第356页。

② 董仲舒著，钟肇鹏校释：《春秋繁露校释》卷四《王道第六》，第262—263页。

公行为逆理、听信妇人之言而国乱：献公"杀世子申生，以骊姬立奚齐、卓子，皆杀死，国大乱，四世乃定，几为秦所灭"；晋厉公行暴道而灭身：晋厉公"杀无罪人，一朝而杀大臣三人，明年，臣下畏恐，晋国杀之"；虞公贪财而身死：虞公"不顾其难，快耳说目，受晋之璧、屈产之乘，假晋师道，还以自灭，宗庙破毁，社稷不祀，身死不葬"；秦穆公不纳谏而失败：秦穆公"袭郑，百里、蹇叔谏曰：'千里而袭人者，未有不亡者也。'穆公不听，师果大败殽中，匹马只轮无反者"。① 董仲舒认为，这些惨痛的事例包含着极为深刻的历史教训，反映出天下的盛衰兴亡之道，对于后代君主治理国家，有着重要的警戒意义与启示作用。

董仲舒从上古至西汉的历史演变中，总结出某些涉及君主治国的普遍性问题，说明其深远的鉴戒意义。如君主任贤与国家兴亡的关系：他一方面将"积贤"称为治国之道，通过大量的历史事例，从正面说明任用贤者与国家兴亡直接相关，指出"治国者，务尽谦卑以致贤"，"能致贤，则德泽洽而国太平"，②如果君主广纳众贤，国家就会兴旺发达。尧"诛逐乱臣，务求贤圣，是以得舜、禹、稷、契、咎由。众圣辅德，贤能佐职，教化大行，天下和洽"。周文王"师用贤圣"，闳夭、大颠、散宜生等"聚于朝廷"，"太公起海滨而即三公"。③ 齐桓公"敬举贤人，而以自覆盖"，"遂为贤君，而霸诸侯"。④ 鲁僖公以乱继位，而知亲任季子，"季子无恙之时，内无臣下之乱，外无诸

---

① 董仲舒著，钟肇鹏校释：《春秋繁露校释》卷四《王道第六》，第242、255、260页。

② 董仲舒著，钟肇鹏校释：《春秋繁露校释》卷七《通国身第二十二》，第417页。

③ 班固：《汉书》卷五十六《董仲舒传》，第2509页。

④ 董仲舒著，钟肇鹏校释：《春秋繁露校释》卷三《玉英第四》，第121页。

侯之患，行之二十年，国家安宁。季子卒之后，鲁不支邻国之患，直乞师楚耳"。① 另一方面又通过反面事例，说明君主所任非人，国家必衰败灭亡。商纣王"杀圣贤而剖其心"，"杀梅伯以为醢"，以至"君臣畏恐，莫敢尽忠"，② 最后国破身亡。如君主行仁政对于国家治理的重要性：董仲舒继承从孔子到孟子关于仁与仁政的思想，继承汉初思想家关于以仁义治国的主张，从历史经验总结中说明君主施行仁政的意义。他指出："道者，所由适于治之路也，仁义礼乐皆其具也。"③ 君主必须以仁义礼乐治理国家。又说："霸王之道，皆本于仁。"君主行仁就是爱民，不爱民就是不仁，"不爱民之渐乃至于死亡，故言楚灵王、晋厉公生弑于位，不仁之所致也"。④ 商纣王因为"逆天暴物，杀戮贤知，残贼百姓"，背弃仁义，所以"天下秏乱，万民不安"；周文王因为"爱施兆民"，所以"天下归之"。⑤ 他赞赏"五帝三王之治天下，不敢有君民之心"，"使民不过岁三日，民家给人足"。⑥ 这些总结为西汉统治者治理国家，提供了宝贵的历史借鉴。

董仲舒根据历史与现实之间深刻的内在联系，强调前人治国的历史经验能为后人施政提供借鉴，指出《春秋》包含着深刻的治国兴邦的道理。他指出："《春秋》之为学也，道往而明来者也。"⑦ 又宣称："《春秋》记天下之得失，而见所以然之

① 董仲舒著，钟肇鹏校释：《春秋繁露校释》卷三《精华第五》，第 187 页。
② 董仲舒著，钟肇鹏校释：《春秋繁露校释》卷四《王道第六》，第 203 页。
③ 班固：《汉书》卷五十六《董仲舒传》，第 2499 页。
④ 董仲舒著，钟肇鹏校释：《春秋繁露校释》卷六《俞序第十七》，第 363 页。
⑤ 班固：《汉书》卷五十六《董仲舒传》，第 2509 页。
⑥ 董仲舒著，钟肇鹏校释：《春秋繁露校释》卷四《王道第六》，第 195 页。
⑦ 董仲舒著，钟肇鹏校释：《春秋繁露校释》卷三《精华第五》，第 186 页。

故。甚幽而明，无传而著，不可不察也。""故按《春秋》而适往事，穷其端而视其故，得志之君子，有喜之人，不可不慎也。"① 他一方面从《春秋》记载的历史事例中，探讨君主治国兴邦之道；另一方面则考察从上古到西汉的历史盛衰演变，总结某些有关施政安民的普遍性问题，目的是为西汉统治者治理国家提供借鉴。他"由鲁国任贤推及治国必用贤，把是否任贤与国家安危兴亡看成一种因果关系，进而又将这种因果关系当作贯通万世而不变的法则，实际上就是一条历史规律"。② 这种思维方式属于传统的类推思维，虽然存在简单化、凝固化与形而上学的局限，但将历史与现实直接联系起来，指出前人历史经验对于后人的启示与借鉴意义，这是具有重要的思想价值与积极意义的。在董仲舒看来，"治乱废兴在于己，非天降命不可得反，其所操持悖谬失其统也"。③ 他虽然以君权神授、天人感应解释政权更替，但实际上却已经指出是人的行为，尤其是君主的行为对于天下的治乱废兴，起着决定性的作用，君主"操持悖谬"是导致"失其统"的原因所在。

综上所述，董仲舒虽然是今文经学家而不是史学家，但他以历史考察作为探讨经义的手段，反映出中国古代经史同源的学术传统。其对《春秋》大义的诠释，对《春秋公羊传》义理的阐发，继承了儒家经典融会天人考察社会、贯通古今反思盛衰的方法。我认为，董仲舒根据天人合一、彼此感应的宇宙观，把天与人、自然界与人类社会，看成是相互联系的统一体，探讨社会的变化与政权的更替。他把天道与人道结合起

---

①　董仲舒著，钟肇鹏校释：《春秋繁露校释》卷二《竹林第三》，第 97 页。

②　张秋升：《天人纠葛与历史运演——西汉儒家历史观的现代诠释》，齐鲁书社 2003 年版，第 147 页。

③　班固：《汉书》卷五十六《董仲舒传》，第 2500 页。

来，认为人的行为尤其是君主的行为，对政权更替有着决定性作用；他从天道"变而有常"与"不常之变"彼此联系、互为补充出发，认定历史运演是"变而有常"与"不常之变"的统一，两者之间的关系是一般与特殊、必然性与偶然性的关系；他既把历史看成按黑、白、赤三统循环运演，又指出循环与进化彼此依存而相互渗透，在循环中包含着进化，在进化中包含着循环，治理国家既应该有"相承"，也必须有"更化"；他将事物从量变到质变的原理运用于历史盛衰总结之中，认为天无论是授予君主天命，还是革除君主天命，都是君主之德从量变到质变的结果；他认识到历史与现实之间有着深刻的内在联系，总结前代的历史经验可以为后代治国兴邦提供借鉴。概言之，董仲舒对历史盛衰的反思与总结，对历代治乱成败的探讨与分析，把天道与人道融为一体，将以经统史与以史论经紧密结合起来。融会天人，彼此联系，透过现象，揭示规律，这是董仲舒考察历史盛衰的主要特点。其历史认识虽然存在着许多时代的局限，但渗透着深刻的思想，寓含着大量独到的见解，有着不少真理性的思想成分，值得我们认真地总结。

论司马迁通古今之变的深刻意蕴

司马迁是中国古代第一位对上起传说中黄帝，下至汉武帝在位的太初、天汉年间三千年的历史盛衰，进行系统总结的史学家。他以全面的、系统的观点考察历史，一方面把历史看成是连续不断的发展过程，贯通古今历史的变化，把握历史变易的轨迹；另一方面则又强调原始察终，考察不同的历史阶段，探讨这些阶段的人物与事件。司马迁深刻地认识到，历史演变总是衰则必盛，盛则必衰，考察历史应该见盛观衰，对盛衰强弱的相互转化进行分析。他认为历史演变既有进化，又有循环，后代对于前代必须承敝易变；指出国家盛衰既决定于天的意志，也与统治者同民的关系直接相关。在司马迁看来，历史演变存在着不以任何人主观意志为转移的必然性，人们只有顺应历史演变的客观趋势，才能在历史过程中建树惊天动地的业绩。我认为，司马迁总结历史盛衰，强调通古今之变，着力揭示盛衰之变的必然性，这是一个超越前人的伟大创造，包含极为重要的思想价值。我这里以《史记》的有关材料为依据，对司马迁通古今之变的深刻意蕴作一点探讨。

一　通变思维与原始察终

司马迁继承从儒家经典到周秦诸子贯通古今考察历史的方

法。他审视天地自然与人类社会，将其视为永不停息的变化过程，强调考察历史盛衰必须追源溯流，做到"通古今之变"。所谓"通古今之变"，就是把从古到今的历史看成是连续不断的，贯通古今进行考察。司马迁历史理论的核心是通变，这一思想直接继承了《易传》的"穷则变，变则通，通则久"的思想，① 并赋予其具体的历史内容而来。通变有着多层含义：既强调有天人之变、古今之变、终始之变、盛衰之变等，又要求以变易的眼光审视自然界与人类社会的一切现象。司马迁认为，宇宙万物的变化有"天变"、"时变"、"人变"、"事变"等。② 他编撰《史记》，力图"究天人之际，通古今之变"，③ 即考察天、地、人、事之间的变化与联系，以探讨古今变易的历史轨迹。十二本纪记载从黄帝直到汉武帝历代王朝的兴衰更替：《五帝本纪》载五帝更替，"自黄帝至舜、禹，皆同姓而异其国号，以章明德"。《夏本纪》称："自虞、夏时，贡赋备矣。"《周本纪》言："武王营之，成王使召公卜居，居九鼎焉，而周复都丰、镐。至犬戎败幽王，周乃东徙于洛邑。"《秦始皇本纪》说："秦之先伯翳，尝有勋于唐虞之际，受土赐姓。及殷、夏之间微散。至周之衰，秦兴，邑于西垂。自缪公以来，稍蚕食诸侯，竟成始皇。始皇自以为功过五帝，地广三王，而羞与之侔。"《项羽本纪》记其乘势而起，三年"遂将五诸侯灭秦，分裂天下，而封王侯"；然而"自矜功伐，奋其私智而不师古"，"欲以力征经营天下，五年卒亡其国"。《高祖本纪》记其起于细微，"诛暴逆，遂有天下"的过程。十表的序

---

① 王弼注，孔颖达正义：《周易正义》卷八《易·系辞下》，《十三经注疏》（上册），第 86 页。

② 司马迁：《史记》卷六《秦始皇本纪》；卷二十七《天官书》；卷一百三十《太史公自序》等。

③ 班固：《汉书》卷六十二《司马迁传》，第 2735 页。

和赞论述各时期的历史变化：《十二诸侯年表》体现春秋五霸更替盛衰，欲睹周世相先后之意，"谱十二诸侯，自共和讫孔子，表见《春秋》《国语》学者所讥盛衰大指著于篇"。① 《六国年表》反映"起周元王，表六国时事，讫二世，凡二百七十年，著诸所闻兴坏之端"。② 《秦楚之际月表》展现出"八年之间，天下三嬗，事繁变众"。《汉兴已来诸侯王年表》再现出"汉兴已来，至于太初百年，诸侯废立分削，谱纪不明，有司靡踵，强弱之原云以世"。八书反映出古今之变：《礼书》"略协古今之变"。《乐书》"以述来古"。《律书》强调"切近世，极人变"。《历书》体现"律历更相治，间不容翲忽"。《天官书》则因为"星气之书，多杂机祥，不经；推其文，考其应，不殊。比集论其行事，验于轨度以次"，③ 以明"天变"。《封禅书》"论次自古以来用事于鬼神者，具见其表里"。④ 《河渠书》记载古今天下江河之水的"利害"。⑤ 《平准书》"以观事变"。⑥ 在司马迁看来，古往今来的历史是连续不断的变化过程，只有将其贯通起来系统思考，才能得出正确的结论，他强调通古今之变的意义即在于此。周一良先生深刻地指出，司马迁的通古今之变，指的是对古今盛衰兴亡进行系统的整体的考察，"意味着宏观上考察人类历史，研究人类历史的发展变化和前因后果，以至寻找出规律"。⑦ 这一论断揭示出司马迁通古今之变的内涵与意义。

司马迁一方面强调通古今之变，主张把握历史的联系；另

---

① 司马迁：《史记》卷十四《十二诸侯年表序》，第 511 页。
② 司马迁：《史记》卷十五《六国年表序》，第 687 页。
③ 司马迁：《史记》卷一百三十《太史公自序》，第 3306 页。
④ 司马迁：《史记》卷二十八《封禅书》，第 1404 页。
⑤ 司马迁：《史记》卷二十九《河渠书》，第 1415 页。
⑥ 司马迁：《史记》卷一百三十《太史公自序》，第 3306 页。
⑦ 周一良：《魏晋南北朝史论集续编》，北京大学出版社 1991 年版，第 69 页。

一方面又指出认识历史，必须"原始察终"，① 注意具体问题的考察。所谓原始察终，就是推原其始，察究其终，搞清历史过程的来龙去脉，探寻历史事件的前因后果，洞察历史运演的终始之变，预测未来发展的趋势。在司马迁看来，历史虽为漫长而又延续不断的过程，但这一过程却又是由不同的历史阶段构成。如果要把握各个历史阶段的特点，要综览一个时代的历史大势，要考察这些历史阶段中的重大事件，要认识那些重要的历史人物，就必须原始察终。《殷本纪》记商伐夏，经历了一个逐步发展的过程，先居亳，后征葛伯，伐昆吾，势力渐大，最后灭夏。《周本纪》记周伐殷，反映其逐步演变的历史轨迹。周的先民在公刘、古公亶父等先公先王率领下，逐渐强大，伐犬戎，伐密须，败耆国，伐崇侯虎，定都丰邑以后更加强大。武王九年，诸侯皆曰伐纣，武王认为时机尚不成熟，又过两年，时机成熟了，才灭商建国。《周本纪》征引《国语》的有关材料，揭示国人暴动这一西周历史上的重大事件之所以发生，同样经历了一个逐步演变的过程。《史记》对于不同历史阶段的演变过程，以及有关历史事件与历史人物的记载，无不包含原始察终以体现终始之变的深意。

原始察终是司马迁考察各个历史时期各类历史事件、各种历史现象的具体特征，从中得出切合实际的结论的史学方法。《十二诸侯年表》把春秋时代的周王室，以及鲁、齐、晋、秦、楚、宋、魏、陈、蔡、曹、郑、燕、吴等十多个诸侯国的政治与军事大事列之于表，使人们可从中考察春秋时代周王室与诸侯国的盛衰大势。《太史公自序》称："幽、厉之后，周室衰微"，"春秋之后，陪臣秉政，强国相王"，"弑君三十六，亡国

---

① 司马迁：《史记》卷一百三十《太史公自序》，第3319页。

五十二，诸侯奔走不得保其社稷者不可胜数。察其所以，皆失其本已。故《易》曰'失之毫厘，差以千里'"。《秦楚之际月表序》将秦的历史概括为起于襄公，彰于文、穆，献、孝之后蚕食六国，始皇统一天下几个阶段。在《秦本纪》《秦始皇本纪》等篇目中，司马迁对秦的历史的记载，反映出其盛衰兴亡的整个过程，揭示出其不同历史阶段的特征。《吴王濞列传》记载吴楚七国之乱从萌芽到爆发的整个过程，揭示出这一历史事件的发生，是中央朝廷与地方诸侯矛盾不断积累逐步演变的必然结果。综观《史记》全书，既可以从中了解历史上许多事变的前因后果，体察其来龙去脉；又能够认识不同历史时期的特点，进而把握各个时期的演变大势。

原始察终是司马迁总结各个时期的历史演变，为国家的治理提供借鉴的有效途径。他指出，夏代"维禹之功，九州攸同，光唐虞际，德流苗裔；夏桀淫骄，乃放鸣条"。殷代"维契作商，爰及成汤；太甲居桐，德盛阿衡；武丁得说，乃称高宗；帝辛湛湎，诸侯不享"。周代"维弃作稷，德盛西伯；武王牧野，实抚天下；幽厉昏乱，既丧丰镐；陵迟至赧，洛邑不祀"。[1] 这些论述对于三代历史评其得失，论其兴废，有因有果，有条有理。司马迁重视历史变易发生、发展的过程。如秦统一六国与秦楚之际的巨变，他看到襄公作西畤，"僭端见"，穆公"与齐桓、晋文中国侯伯侔"，献公之后"常雄诸侯"，[2]其间稍以蚕食六国，历百有余载，至始皇乃能并冠带之伦。秦汉之际的社会经历了剧烈变化，司马迁概括秦的兴起到最后灭亡与汉的建立的演进过程。他指出，"初作难，发于陈涉；虐

①　司马迁：《史记》卷一百三十《太史公自序》，第 3301—3302 页。

②　司马迁：《史记》卷十五《六国年表序》，第 685 页。

戾灭秦，自项氏；拨乱诛暴，平定海内，卒践帝祚，成于汉家"。①司马迁关注历代外戚与国家兴亡的关系，指出："自古受命帝王及继体守文之君，非独内德茂也，盖亦有外戚之助焉。夏之兴也以涂山，而桀之放也以末喜；殷之兴也以有娀，纣之杀也嬖妲己。周之兴也以姜原及大任，而幽王之禽也淫于褒姒。"②司马迁总结典章制度与国家治理的关系，《太史公自序》说："维三代之礼，所损益各殊务，然要以近性情，通王道，故礼因人质为之节文。"《天官书》说："为天数者，必通三五，始终古今，深观时变，察其精粗，则天官备矣。"

司马迁的通古今之变与原始察终构成一个整体，从不同角度反映他对于历史的全局的考察。从儒家经典到周秦诸子，从陆贾、贾谊到董仲舒，其历史考察虽然包含把从古到今的历史作为整体全面认识的深意，但还没有提出对古今历史变化进行系统考察，更没有付诸史学实践。司马迁编撰《史记》，会三千年历史于一书以通古今之变，既将自古以来的历史作为一个不可切断的有机整体加以把握，又把历史延续看成是连续不断的变化过程，强调贯通古今的历史变化以认识这一整体。原始察终则是将连续不断的历史过程，划分为不同的组成部分，将各历史阶段、历史事件、历史人物，作为构成上述整体的具体部分加以把握，而每一个具体部分则又自为整体。如果说前者是将自古以来的历史作为一个大的系统来考察，从历史发展必然性与连续性出发，着眼于宏观考察历史发展变化的过程，突出的是历史演变的内在联系，反映出司马迁宽广的胸怀与恢宏的视野；那么后者则是作为大的系统之下的子系统分别进行考

---

① 司马迁：《史记》卷十六《秦楚之际月表序》，第 759 页。
② 司马迁：《史记》卷四十九《外戚世家》，第 1967 页。

察，从历史发展阶段性出发，着眼于微观把握具体的历史阶段、历史事件、历史人物，探讨其演变过程与前因后果，突出的是各不同历史阶段的变化及不同历史事件与历史人物的特点，表现出司马迁对于历史微观的审视与缜密的思辨。在司马迁那里，通古今之变与原始察终是一个事情的两个方面，两者的关系是宏观的历史研究与微观的历史考察的关系。宏观的历史研究是微观的历史考察的前提与条件，而微观的历史考察则是宏观的历史研究的基础。两者相辅相成，相得益彰，恰到好处地统一于其所编撰的纪传体通史《史记》之中。在司马迁看来，只有将两者结合起来，才能深刻地理解历史，全面地把握历史的过程，有效地总结历史的经验，进而为国家治理提供借鉴。

二　盛衰互变与见盛观衰

司马迁的通古今之变，并非简单地记载古往今来历史的变化。他一方面要求看到盛衰互变，即考察不同历史阶段，对其发展演变过程原始察终，探讨历史事件的前因后果与历史人物的盛衰转化；另一方面在历代兴亡的考察中，做到"见盛观衰"，[①]辩证分析盛衰成败，揭示出其相互转化的必然性。《史记》对于历史的记载，大到一个时代、一个朝代，小到一个诸侯、一个人物，不是只看其一时一事，而是考其终始，观其盛衰，察其演变。如果说原始察终是将具体的历史阶段或历史事件、历史人物作为一个有机整体，把握其前因后果与来龙去脉，侧重于揭示历史过程，体现的是司马迁微观的历史考察方

---

① 司马迁：《史记》卷一百三十《太史公自序》，第3319页。

法；那么见盛观衰则是在历史考察过程中，将盛衰强弱看成是不断转化的，侧重于探寻历史规律，体现的是司马迁审视历史变易的辩证思维方法。在司马迁的历史考察中，原始察终与见盛观衰两者有机结合起来，一方面通过原始察终以体现见盛观衰，另一方面为反映盛衰互变而注意原始察终。

司马迁一方面看到在历史运演的过程中，无论一个朝代、一个国家，或者一种势力、一个人物，其盛衰强弱不是固定不变的，必然不断地发生变化；另一方面又指出这种变化是有规律可循的，不仅衰则必盛，盛极必衰，盛衰强弱必然向其相反方向转化，而且从衰到盛，从盛到衰，总是遵循这样的规律转化。任何事物之所以不能长盛不衰，是因为其内部存在积极与消极两个相互对立的方面。当积极方面占据主导地位并得到发展时，事物必然走向兴旺发达，在此同时消极方面则处于被压制或隐蔽的状态，成为事物的次要方面。如果人们不能察觉或者没有给以足够的注意，在条件发生变化时，消极方面就可能发展成为主要方面，从而导致事物的性质发生变化。《项羽本纪》记载项羽在秦末乘势而起，救赵灭秦，号称"霸王"，威震天下；然"奋其私智而不师古"，有勇无谋，恃力而行，短短五年时间即走上败亡之路。《越王句践世家》记载其早年兴师攻吴后，卧薪尝胆，振作自强，经过二十多年的努力，终灭强吴，观兵中国，以尊周室。苏秦、张仪、范睢等人的传记，记载了他们从卑贱到高贵的经历；韩信、彭越、英布等人的传记，记载了他们因军事才能而受宠信，也因军事才能遭猜忌而被诛灭的过程；窦婴、晁错、周亚夫、灌夫等人的传记，记载了他们从显赫一时到不得善终的人生命运。总之无论是项羽、句践、苏秦、张仪、范睢，还是韩信、彭越、英布、窦婴、晁错、周亚夫、灌夫等，都曾经历过由衰而盛又由盛到衰的命运转折过程。从《史记》的体例来看，五体都寄寓司马迁关于盛衰互变与见盛观衰的深意。其本纪、世家、表，反映一个国家、一个朝代、一个时段、一类人物的盛衰；八书记载各种典制的缘起与发展演变；列传则揭示重要历史人物的盛衰转化，其中的酷吏、游侠、儒林、西南夷等列传，反映出各种社会势力的兴衰变化。五体既相互联系，互为补充；又彼此印证，前后配合，展现出历史兴衰成败的壮丽画卷，渗透着深刻的辩证思维。

司马迁主张见盛观衰，指的是系统考察一个朝代、一个国家、一个人物的整个历史过程，即通过原始察终，使人们能够从中把握盛衰兴亡转化的历史轨迹。如《殷本纪》记载殷商的历史，自帝雍己到纣，反映出殷代的兴、衰、复兴、复衰、再兴、再衰、益衰、直至灭亡，再现其盛衰转化的历史过程。如《秦本纪》记载秦的历史，由襄公始封诸侯到穆公称霸西戎，从孝公重用商鞅进行变法到始皇灭六国，再到二世而亡，反映其从衰到盛，又从盛到衰的历史演变。如《李斯列传》记载李斯年少时，为郡中小吏，见吏舍中鼠食不洁，每有人犬惊恐之忧；又见大仓中鼠食积粟，居高屋，长自在，于是认为"人之贤不肖，譬如鼠矣，在所自处耳"。后来李斯追随荀况研习帝王之术，辅佐秦王统一六国，猎取了利禄功名。赵高乱国，他怕失去禄位，屈从奸人，结果为赵高所害，而秦朝自身也土崩瓦解了。司马迁记载李斯由沦落到发迹，由助纣为虐到最后败亡的人生历程，展示其开始从衰到盛，后来又从盛到衰的历史轨迹，揭示出始终如一的利己动机与李斯人生盛衰之变的深刻联系。这种动机既使李斯由沦落走向发迹，又使他因为助纣为虐而走向败亡。

司马迁主张见盛观衰，并不局限于观一世盛衰；而在于衰中观盛，盛中观衰，揭示盛衰强弱相互转化的必然性。如《平准书》对于秦、汉经济与社会盛衰变化的透视即是如此。其论赞谈到秦统一以后，"外攘夷狄，内兴功业，海内之士力耕不足粮饷，女子纺绩不足衣服。古者尝竭天下之资财以奉其上，犹自以为不足也。无异故云，事势之流，相激使然，曷足怪焉"。① 在司马迁看来，秦兼并六国而统一天下，可谓盛极一时，前所未有。然而其滥用民力，竭泽而渔，结果迅速走向衰败。《平准书》记载汉初社会的凋敝状况，经过六七十年的休养生息，经济逐渐由衰而盛，呈现出一派繁荣兴旺的景象。司马迁考察汉朝建立以后由衰败走向兴盛的过程，敏锐地觉察到在繁荣兴盛的背后，凋敝衰败的征兆已经逐渐出现，"当此之时，纲疏而民富，役财骄溢，或至兼并豪党之徒，以武断于乡曲。宗室有土公卿大夫以下，争于奢侈，室庐舆服僭于上，无限度。物盛而衰，固其变也"。自是之后，"严助、朱买臣等招来东瓯，事两越，江淮之间萧然烦费矣。唐蒙、司马相如开路西南夷，凿山通道千余里，以广巴蜀，巴蜀之民罢焉。彭吴贾灭朝鲜，置沧海之郡，则燕齐之间靡然发动。及王恢设谋马邑，匈奴绝和亲，侵扰北边，兵连而不解，天下苦其劳，而干戈日滋。行者赍，居者送，中外骚扰而相奉，百姓抏敝以巧法，财赂衰耗而不赡。入物者补官，出货者除罪，选举陵迟，廉耻相冒，武力进用，法严令具。兴利之臣自此始也"。② 在司马迁看来，衰可以转化为盛，盛也必然转化为衰，盛衰互变是不可抗拒的历史规律。汉朝社会经过长期休养生息，逐渐由衰败走向兴盛，呈现出空前繁荣的局面；然而这种繁荣达到极盛

① 司马迁：《史记》卷三十《平准书》，第 1442—1443 页。
② 同上。

之后，正在开始向衰败的方向转化。白寿彝先生指出："司马迁'见盛观衰'的历史价值，不在于并观一世之盛衰，而在于盛中观衰。"[①] 这表明司马迁的历史考察，注意总结盛衰互变的规律，不仅超越了周秦诸子和汉初思想家，而且超越了他所生活的时代。

司马迁考察历史，见盛观衰，善于把握各种相关的因素，揭示其与盛衰之变的内在联系。《魏其武安侯列传》记载魏其侯窦婴身世的盛衰之变，由权倾朝野到被处弃市之刑的过程，就是一个突出的实例。窦婴因平吴楚七国之乱有功，被封为太子太傅。然而在太子被废以后，窦婴失去景帝信任。武帝与窦婴都崇儒术，但因窦太后崇奉黄老，武帝不能公开支持窦婴。外戚田蚡排挤窦婴，窦婴与灌夫结为挚友。窦婴受辱，灌夫不平。田蚡拘捕灌夫，窦婴挺身相救，因而与田蚡发生冲突。武帝因畏惧王太后而不敢支持窦婴，窦婴陷入绝境。《魏其武安侯列传》通过对于窦婴命运的叙述，反映出西汉朝廷内部错综复杂的关系，进而揭示出盛衰互变往往不是决定于一种因素，而是由各种不同因素相互作用而决定的。司马迁通过见盛观衰认识到，后代继承前代，应该承敝易变，只有这样才能顺应历史趋势。《史记》记载三代至秦汉的历史，不但反映出其盛衰互变，而且揭示出敝则必变，说明了盛则必衰的历史规律。《秦始皇本纪》写出了秦的敝，《高祖本纪》则写出汉的变。人们从中看到承敝易变，只有这样才能由衰转盛。汤武革命、管仲改革、李悝变法、吴起变法、商鞅变法、赵武灵王胡服骑射等，都是承敝易变以顺应时势，都取得积极的成果。秦承前代战乱频仍、国破家亡之敝，却不知变易，反而横征暴敛，严刑

---

① 白寿彝：《司马迁与班固》，《北京师范大学学报》1963 年第 4 期。

峻法，结果二世而亡，这个教训确实是极为深刻的。司马迁指出：“秦政不改，反酷刑法，岂不谬乎！”①

司马迁的通古今之变与原始察终同他的见盛观衰的关系，是研究方法与思维方法的关系。通古今之变与原始察终从不同角度反映出司马迁研究历史的整体方法。他既将自古以来的历史作为一个整体，将中国各民族的历史作为一个整体，又将各不同历史阶段、历史事件、历史人物分别作为整体加以把握，在此基础上对历史进行全面思考和综合研究，做到“穷本知变”。②《史记》的内容涉及数千年的时间范围与数万里的空间范围，涉及各个阶层、各个行业、各个民族、各种典制、各类人物及其相互关系，表现出对于历史终始相因之变的深入思考。见盛观衰则是司马迁审视历史的辩证思维方法。在司马迁看来，考察历史必须超越一时的盛衰兴亡，应该看到历代盛衰兴亡的不确定性，进而着力揭示其相互转化的客观必然性。在《项羽本纪》《高祖本纪》《陈涉世家》等篇章中，司马迁不仅着力说明项羽、刘邦、陈涉所处的时势，而且反映出他们早年生活中显露出来的非凡抱负，使人们能对他们后来人生路途中的盛衰互变得出深刻的认识。见盛观衰表达了司马迁深刻的历史见解，展现了他对历史必然性的深沉思考及其对历史演变趋势的深入探讨。

三　进化与循环彼此渗透

司马迁的通古今之变，包含着对于历史规律的思辨：他不

---

① 司马迁：《史记》卷八《高祖本纪》，第394页。
② 司马迁：《史记》卷二十四《乐书》，第1202页。

仅意识到历史处于连续不断而又永不停息的变化之中，而且揭示出历史的变化总是后代胜于前代，向着不断进化的方向演变。司马迁以历史进化思想审视古今变易，批评那些因为秦的残暴而否定其历史地位的观点。《六国年表序》说："秦取天下多暴，然世异变，成功大。传曰：'法后王'，何也？以其近己而俗变相类，议卑而易行也。学者牵于所闻，见秦在帝位日浅，不察其终始，因举而笑之，不敢道。此与以耳食无异，悲夫！"又说："然战国之权变，亦有可颇采者，何必上古？"《高祖功臣侯者年表序》断言："帝王者，各殊礼而异务，要以成功为统纪，岂可绲乎？观所以得尊宠及所以废辱，亦当世得失之林也，何必旧闻？"这些论述反映出司马迁的历史进化思想。

司马迁根据人们对于物质生活的追求，以及为了满足这种需要而进行的物质资料的生产，从中引出历史进化的观点："夫神农以前，吾不知已。至若《诗》《书》所述虞夏以来，耳目欲极声色之好，口欲穷刍豢之味，身安逸乐，而心夸矜势能之荣，使俗之渐民久矣，虽户说以眇论，终不能化。"他批评老子"小国寡民"的思想，指出："《老子》曰：'至治之极，邻国相望，鸡狗之声相闻，民各甘其食，美其服，安其俗，乐其业，至老死不相往来。'必用此为务，挽近世涂民耳目，则几无行矣。"他指出："汉兴，海内为一，开关梁，弛山泽之禁，是以富商大贾周流天下，交易之物莫不通。"司马迁认为，经济运行有其自身客观规律，并非人力所能控制与阻拦，"善者因之，其次利道之，其次教诲之，其次整齐之，最下者与之争"。[①] 他肯定汉初统治者因应自然，弛禁通商，轻徭薄赋，无为而治的治国举措。

---

① 司马迁：《史记》卷一百二十九《货殖列传》，第 3253 页。

　　司马迁从历史进化思想出发，肯定那些顺应时代潮流的变法。在《赵世家》中，司马迁引述赵武灵王的话说"随时制法，因事制礼"，"循法之功，不足以高世；法古之学，不足以制今"。法度制令各顺其宜，衣服器械各便其用，推行礼制不必一道，便利国家何必上古！他强调："圣人之兴也不相袭而王，夏、殷之衰也不易礼而灭。"在《孙子吴起列传》中，司马迁赞扬吴起在楚国的变法，使楚国"南平百越，北并陈、蔡，却三晋，西伐秦"，威震诸侯。在《商君列传》中，司马迁引述商鞅的话指出："三代不同礼而王，五伯不同法而霸"，"治世不一道，便国不法古"。他称道商鞅变法"行之十年，秦民大说，道不拾遗，山无盗贼，家给人足，民勇于公战，怯于私斗，乡邑大治"。在《李斯列传》中，司马迁引述其与博士齐人淳于越在秦皇面前的辩论，批评效法古代的复古思想。

　　司马迁的历史进化思想虽然极有价值，但因为时代与社会的局限，受到了历史循环思想的影响，历史循环思想成为他审视与考察历史的理论依据。司马迁继承了周秦诸子与汉初思想家及西汉中期今文家董仲舒的循环思想。孟子认为，五百年必有王者兴。贾谊指出："自禹已下五百岁而汤起，自汤已下五百余年而武王起，故圣王之起，大以五百为纪。"① 董仲舒则认为，历史按照黑、白、赤三统循环运演。司马迁在《太史公自序》中也说，周公卒五百岁而有孔子，孔子卒后至于今五百岁，这显然是因袭从孟子到贾谊将五百年作为历史循环周期的思想而来。司马迁相信自战国以来广泛流行的五德终始说。《汉书·郊祀志》说："至于孝文，始以夏郊，而张苍据水德，公孙臣、贾谊更以为土德，卒不能明。孝武之世，文章为盛，

---

　　① 贾谊：《新书·数宁》，王洲明、徐超：《贾谊集校注》，第27页。

太初改制，而兒宽、司马迁等犹从臣、谊之言，服色数度，遂顺黄德。彼以五德之传从所不胜，秦在水德，故谓汉据土而克之。"司马迁参与制定的《太初历》既取土德，色尚黄，数用五，官名印章改为五字，又以正月（建寅之月）为岁首。太初改历以五德终始说易服色而以三统说改正朔，将五德终始说与三统三正说结合在一起。因为根据五德终始说，汉为土德胜秦的水德，故色尚黄。而根据三统三正说，汉为黑统，黑统建寅。司马迁认为，黄钟律为黄帝所造，汉家改用土德，黄帝亦为土德，太初历与黄帝制度联系起来，表明天命经过循环之后又回到了黄帝的土德。《太初历》的制定使司马迁对于三统循环论的服膺深化了。他宣称："王者易姓受命，必慎始初，改正朔，易服色，推本天元，顺承厥意。""三王之正若循环，穷则反本。"① 他赞成董仲舒关于忠、敬、文三种政教承敝易变而循环更替的观点，还继承董仲舒所阐发的孔子关于"质文"互变的观点。《平准书》说："物盛则衰，时极而转，一质一文，终始之变也。"这些材料说明，司马迁对历史的认识，深受循环思想的影响。

司马迁把历史看成是持续的、循环的。他编撰《史记》这一纵贯三千年的纪传体通史的目的，在于从最大的历史长度上展现出五德终始和三统循环，进而揭示出历史更替过程中承敝易变的必要性。他的通古今之变建立在五德终始说和三统循环论基础之上，故极为重视历史的"终始"之变。贾谊曾言："见终始之变，知存亡之由。"② 这就是说，考察历史既必须重视发展周期，原始察终以揭示其盛衰变化；更应该从周期性的

---

① 司马迁：《史记》卷二十六《历书》，第1256、1258页。
② 贾谊：《新书·过秦中》，王洲明、徐超：《贾谊集校注》，第15页。

循环运演中，观察其从终到始而又从始到终，以把握存亡成败的原因。司马迁强调"终始"之变，继承并发展了贾谊的思想。《十二诸侯年表》说"儒者断其义，驰说者骋其辞，不务综其终始"。《六国年表序》批评那些不察秦的"终始"的学者，称其"与耳食无异"而极为可悲。《高祖功臣侯者年表序》说"谨其终始"。《惠景间侯者年表》说"咸表终始，当世仁义成功之著者也"。《天官书》说"为天数者，必通三五。终始古今，深观时变，察其精粗，则天官备矣"。这些论述强调的是考察历史，要把握从终到始又从始到终的整个过程。司马迁对于历史人物与历史事件的记载，通常把原因、经过、结果都写出来，进行全过程的系统的考察；他不是顾首不顾尾，或者知终不知始，更非以偏赅全，而是使人们能形成对历史的全面的认识，从中思考与总结盛衰成败与兴亡更替的规律。

司马迁认为历史既是进化的，又是循环的。古往今来一方面是连续不断的进化过程，一方面又是盛衰终始之变错综交织的循环过程。在盛衰终始之变中包含着进化，在不断进化中贯穿着循环，进化与循环，你中有我，我中有你，相互渗透，彼此交替，融为一体。这些认识与董仲舒考察历史盛衰有相通之处，反映出董仲舒思想的深刻影响，说明司马迁继承了董仲舒的"历史循环进化论"。然而在司马迁看来，当国家与社会发展过程中存在问题，处于窘迫之时，承敝易变势在必行。统治者只有变通，才能合符历史趋势。那些继承敝政之后建立起来的新王朝，尤其应该顺应潮流，去敝从善，才能求得安定，实现大治。秦并六国以后，经济凋敝，疮痍满目，生灵涂炭，民不聊生，亟待休养生息。秦始皇却不知承敝易变，反而滥用民力，横征暴敛，把社会推向绝境，结果二世而亡。刘邦建立西汉以后，懂得承敝易变，废除秦的严刑酷法，改变秦的各种敝政，实行休养生息，做到使民不倦，注意节省民力，生产得到发展，经济逐步恢复。司马迁重视并强调通变，充分肯定汤、武、刘邦、吕后以及文、景施政，注意承敝易变，适时变通，恢复国力，稳定国家的措施，运用历史事例说明通变的必要性，这些说明司马迁超越了董仲舒。司马迁对历史规律的思辨，虽然存在时代的局限，但包含许多真理的颗粒，有着重要的理论意义。

四 应天承命与以民为本

司马迁强调通古今之变，反映出对历史盛衰动因的思考：他一方面继承从先秦到董仲舒的天命思想，相信天人合一而又相互感应，在董仲舒提出"天人之际"命题的基础上，[①] 进一步强调"究天人之际"，[②] 即通过考察天与人的关系，探讨两者之间深刻的内在联系，把握人类社会的盛衰之变；另一方面则又继承先秦以来的民本思想，反思民与历代盛衰兴亡的关系，总结以民为本治国施政的经验教训，强调民为天下与国家命脉所系，为统治者治国兴邦提供借鉴。司马迁既相信天人感应，认为天命决定历史盛衰，君主必须应天承命；又强调民为国家兴亡的根本所在，君主应该爱民恤民，以民为本。

司马迁考察古今历史盛衰，虽然看到大量的天道不公、善恶不辨的现象，对于天命的存在与天人感应提出过许多质疑；但他更多的、更主要的则是相信天人感应，认为历史的变化与

---

① 董仲舒著，钟肇鹏校释：《春秋繁露校释》卷十《深察名号第三十五》，第651页。

② 班固：《汉书》卷六十二《司马迁传》，第2735页。

朝代的更替，都是天的意志的反映。在司马迁看来，天时刻关注人世，支配人间社会的变化，天总是要通过各种星象，或以多种灾异，或以各类祥瑞，向人间社会传达自己的意志，预先告示将要出现的变化，故天象的变化与人事的变化密切相关。因此天变与人事可得而推考，既可推天变以考人事，也可因人事以究天变。他指出："未有不先形见而应随之者也。"① 司马迁不仅相信天象，而且迷信符命。《史记》叙述殷契、后稷、大业，以及汉高祖、文帝、景帝的历史，记载其出生皆有异征，以显示他们为应天承命的君主。《陈杞世家》及《田敬仲完世家》宣称，田氏代齐八世之前，即有卦辞预言。《赵世家》称三家分晋以前，赵简子梦见上帝赐命。我认为，无论相信天象，还是相信符命，都是把人间社会的重大变化，看成是由天的意志所决定。这些说明司马迁相信君权神授，服膺天命的存在，认为国家兴亡与天下盛衰，是由天命决定的。君主应天承命，不可违背天意。

在《史记》中，《天官书》是以天人关系为中心，专记星辰之象，反映天人感应的专篇。司马迁认为："自初生民以来，世主曷尝不历日月星辰？及至五家、三代，绍而明之，内冠带，外夷狄，分中国为十有二州，仰则观象于天，俯则法类于地。天则有日月，地则有阴阳。天有五星，地有五行。天则有列宿，地则有州域。三光者，阴阳之精，气本在地，而圣人统理之。"②《天官书》以中宫天极星为中枢，辅以三星三公、正妃后宫等，几百个星体星座按照一定的位置排列，构成秩序井然、等级分明的天上王国，这个天上王国本质上是人间王国的

---

① 司马迁：《史记》卷二十七《天官书》，第1349页。
② 同上书，第1342页。

投影。人们观察星变，可以洞察天意。如"岁星赢缩，以其舍命国。所在国不可伐，可以罚人。其趋舍而前曰赢，退舍曰缩。赢，其国有兵不复；缩，其国有忧，将亡，国倾败。其所在，五星皆从而聚于一舍，其下之国可以义致天下"。① 天人之间相互感应，可以分为两种情况：一是人事感应上天。如二十八舍主十二州："秦之疆也，候在太白，占于狼、弧。吴、楚之疆，候在荧惑，占于鸟衡。燕、齐之疆，候在辰星，占于虚、危。宋、郑之疆，候在岁星，占于房、心。晋之疆，亦候在辰星，占于参、罚。"② 二是天变反映人事。如："春秋二百四十二年之间，日蚀三十六，彗星三见，宋襄公时星陨如雨。天子微，诸侯力政，五伯代兴，更为主命。自是之后，众暴寡，大并小。秦、楚、吴、越，夷狄也，为强伯。田氏篡齐，三家分晋，并为战国。争于攻取，兵革更起，城邑数屠。"又如："秦始皇之时，十五年彗星四见，久者八十日，长或竟天。其后秦遂以兵灭六王，并中国，外攘四夷，死人如乱麻，因以张楚并起，三十年之间兵相骀藉，不可胜数。""汉之兴，五星聚于东井。平城之围，月晕参、毕七重。诸吕作乱，日蚀，昼晦。吴、楚七国叛逆，彗星数丈，天狗过梁野；及兵起，遂伏尸流血其下。"③ 司马迁通过穿凿附会，将天象与人事直接联系起来，说明历史现象，考察历史盛衰。

司马迁认为，人们通过观察天象的变化，可以了解人间社会的变化。君主密切关注天象，以便把握天意，做到应天承命。他宣称："夫常星之变希见，而三光之占亟用。日月晕适，

① 司马迁：《史记》卷二十七《天官书》，第1312页。
② 同上书，第1346页。
③ 同上书，第1344、1348页。

云风，此天之客气，其发见亦有大运。然其与政事俯仰，最近天人之符。此五者，天之感动。为天数者，必通三五。终始古今，深观时变，察其精粗。"天处于日、月、星、云、风五者之上，而日、月、星、云、风的变化反映的是天意，与人间政事的兴衰及社会的变化相对应。因此，君主应该"日变修德，月变省刑，星变结和"。"国君强大，有德者昌；弱小，饰诈者亡。太上修德，其次修政，其次修救，其次修禳，正下无之。"① 司马迁认识到，前代君主的敝政使天人秩序遭到破坏，而后代的君主应该承敝易变，采取各种合乎天意的举措，调和阴阳而影响天象，重新确立合乎天命的天人秩序。他撰写"八书"的目的，就是推天道以言人事，探讨历史盛衰的原因，提醒统治者上应天命。从天人合一到应天改制，"八书"的承敝通变与对于天命的服膺紧紧地联系在一起。

司马迁既视天命为历史盛衰与朝代更替的决定因素，又看到民与国家治乱及天下兴亡的密切关系。他虽然并没有专门论述以民为本治国兴邦的道理，但其历史盛衰总结中寓含极为丰富的民本思想。这主要体现在：关注民的处境，突出民的地位，强调民对于国家治乱、朝代盛衰的决定作用；主张治国施政，应该合乎民心，必须顺应民意，注意安定民生，不要与民争利。在《史记》中，司马迁一方面注意肯定历代爱民恤民、以民为本治理国家的成功经验；另一方面又重视那些残民虐民、致使社稷沦亡的反面教训。其目的是从正反两方面揭示民与历史盛衰的关系，为统治者治国兴邦提供有益的借鉴。

司马迁追述远古时代的历史，赞扬黄帝、颛顼、帝喾、尧、舜等圣王的业绩，将民与社会的兴盛、天下的太平联系起

① 司马迁：《史记》卷二十七《天官书》，第 1351 页。

来，称道他们"顺天之义，知民之急"，①重民爱民，"积善累功"，"德洽百姓"，"修仁行义"。②他称赞夏禹"劳身焦思，居外十三年，过家门不敢入"。③又引述周族先祖古公亶父之语称："有民立君，将以利之。"又以祭公谋父谏穆王征犬戎之语强调："先王之于民也，茂正其德而厚其性，阜其财求而利其器用"，君主要"勤恤民隐而除其害也"。④综观《史记》，司马迁虽然没有直接说明以民为本的由来，但通过叙述上古时代的历史，揭示出民本思想的渊源与形成过程。在司马迁那里，对上古以来历史发展过程的考察，与对以民为本施政理念的产生及形成的反映合而为一。《史记》不仅折射出司马迁考察民本思想的历史眼光，而且渗透着他辨章学术、考镜源流的深意。

司马迁考察古今之变，审视历代政权沿革更替，强调民对于国家治乱与朝代兴衰的决定作用，尤其关注民在历史转折时刻的关键性作用。如《田单列传》叙述在齐国民众的支持下，田单利用火牛阵打败入侵的燕军而恢复齐国，热情赞扬齐国民众的伟大力量。《陈涉世家》记载陈涉反秦首义、天下响应的过程，赞扬他一往无前的首创精神与无所畏惧的英雄气概。《秦本纪》与《秦始皇本纪》记载秦因行暴政，说明其失去民心，以致二世而亡。《高祖本纪》与《项羽本纪》记载楚汉之争，刘邦得民心与项羽失民心形成强烈对照，说明民心向背成为楚由强至弱，以及汉由弱至强的决定因素。得民心者得天下，失民心者失天下，这种思想贯穿于《史记》全书之中。《史记》为游侠、刺客、滑稽、日者、卜者、商贾等下层人物

---

① 司马迁：《史记》卷一《五帝本纪》，第13页。
② 司马迁：《史记》卷十六《秦楚之际月表序》，第759页。
③ 司马迁：《史记》卷二《夏本纪》，第51页。
④ 司马迁：《史记》卷四《周本纪》，第135页。

立传，赞扬他们的优秀品质，肯定他们的社会贡献，重视他们的历史作用。这些反映出司马迁审视历史的视野，涉及社会各个方面，包括下层人物的活动，看到了他们的作用与贡献。

在《史记》中，司马迁总结历史盛衰，考察政权更替，隐含着四个层面的比较：其一是赞扬夏禹、商汤、周文王等仁君的德政，指责夏桀、商纣、周厉王、周幽王等昏君的暴政，通过比较仁君的德政与昏君的暴政，揭示以民为本治国施政对构建一代盛世的重要作用。其二是肯定清正廉洁、爱民恤民的循吏的业绩，揭露贪婪暴虐、残害百姓的酷吏的行为，通过比较循吏的爱民与酷吏的虐民，说明以民为本治国施政对实现天下太平的极端重要性。其三是反思秦极端暴虐、二世而亡的历史，总结汉逐渐稳定、恢复发展的历史，通过比较秦的严刑酷法与汉的顺民而治，昭示以民为本治国施政对国家长治久安的重要意义。其四是推崇文、景的无为而治，批评武帝的有为政治，通过比较文、景的无为与武帝的有为，强调君主治国施政应该扫除烦苛而不能劳民伤民，更不可与民为敌。这些比较隐含于《史记》全书的历史记载之中，说明民为君主治国施政之本，民心得失攸关天下的兴亡。

天命思想与民本思想都是司马迁考察盛衰兴亡的理论依据。天命思想的核心是认为天命决定一切，君主至高无上，受命于天；民本思想则认为天命以民意为依归，君主应该以对民的责任体现对天的责任，这样才能永远保有天命。天命思想与民本思想形成彼此联系、相辅相成的关系。司马迁一方面相信天人感应，认为天命决定国家盛衰，指出君主顺应天意，以德配天，遵循天道，传承天命；另一方面则又强调民与天下兴亡直接相关，认为君主体恤民意，合乎民心，重民爱民，敬德保民。这两个看似彼此对立而实际相互依存的方面，统一于司马迁对历史盛衰之变动因的认识之中。

五 顺势从事与兴亡成败

司马迁强调通古今之变，认识到历史演变存在着某种必然性。这种必然性不以任何人的意志为转移，实质是一种不可抗拒的历史趋势。他将这种必然性称为"势"，既指带有必然性、规律性的历史趋势；也指在这种历史趋势之下，任何政治人物都无法改变的客观情势。在司马迁看来，田氏代齐绝非偶然，所体现的是一种不可抗拒的历史趋势。田氏借贷于民，以大斗贷出粮食而以小斗受之，故大得齐民之心，因而民思归田氏。[①] 秦并六国也是一种客观的历史趋势，因为民心向往统一是不可抗拒的。《魏世家》言："说者皆曰魏以不用信陵君故，国削弱至于亡，余以为不然。天方令秦平海内，其业未成，魏虽得阿衡之佐，曷益乎？"这就是说秦兼并天下而实现统一，是不以任何人个人意志为转移的必然趋势，不管是信陵君还是其他人多么有王佐之才，也无力扭转这种不可抗拒的历史趋势。

司马迁认为，历史演变的必然性是由人心向背来决定的。政权的兴亡、朝代的更替，都决定于人心向背，"非兵不强，非德不昌，黄帝、汤、武以兴，桀、纣、二世以崩，可不慎欤？"[②]《秦始皇本纪》载秦始皇任用人才，艰难征战，平定六国，统一天下。《秦楚之际月表序》慨叹："以德若彼，用力如此，盖一统若斯之难也。"《六国年表序》把秦并六国称为"天

---

① 司马迁：《史记》卷四十六《田敬仲完世家》，第1881页。
② 司马迁：《史记》卷一百三十《太史公自序》，第3305页。

助"，说："论秦之德义，不如鲁卫暴戾者，量秦之兵，不如三
晋之强也；然卒并天下，非必险固便，形势利也，盖若天所助
焉。"司马迁所说的"天助"，并非指有意志的"天"真能帮助
秦，这个"天"应该是指历史的机遇。人民深受战争之苦，迫
切要求统一。这种机遇客观上有利于秦并六国而统一天下，秦
把握了这个难得的机遇。在楚汉战争中，弱小的刘邦因为战略
正确，精于网罗人才，善于争取人心，因而逐渐强大；骄横的
项羽因为残暴嗜杀，虐戾害民，不会用人，丧失人心，最后走
向灭亡。《高祖本纪》与《项羽本纪》记载楚汉战争的过程，
司马迁巧妙地揭示出人心向背对楚汉战争结果的决定意义。
《吕太后本纪》记吕后死后诸吕被诛与代王被立的过程，突出
人心向背的决定作用。吕后残忍与诸吕专横使他们尽失人心，
而代王则以"仁孝闻于天下"，大得人心。"大臣因天下之心"
而立代王为天子。

　　司马迁指出，人的行为能否顺应客观趋势，直接决定其盛衰
成败。《齐太公世家》宣称："吾适齐，自泰山属之琅邪，北被于
海，膏壤二千里，其民阔达多匿知，其天性也。以太公之圣，建
国本，桓公之盛，修善政，以为诸侯会盟，称伯，不亦宜乎！洋
洋哉，固大国之风也。"吕尚封齐，因应其俗，简化其礼，通商
工之业，便鱼盐之利。桓公用管仲，"连五家之兵，设轻重鱼盐
之利，以赡贫穷，禄贤能"。《越王句践世家》称赞其"苦身焦
思"，卧薪尝胆，"身自耕作"，折节待人，"振贫吊死，与百姓同
其劳"，有大禹遗烈之风。越通过发展生产，积蓄国力，遂灭强
吴。齐的繁荣与越的成功就是因为顺应经济与社会发展的客观趋
势。《秦本纪》称商鞅变法，"内务耕稼，外劝战死之赏罚"，使
秦的国势渐强，奠定了吞并六国，统一天下的基础。然而其统一
以后，由于急政暴赋，激起人民反抗，以至二世而亡。司马迁看

到，秦的统一是因为顺应了时势的要求，秦的失败则是因为违背了经济与社会发展的趋势。西汉前期国家之所以由衰败转向恢复与发展，是因为无为而治顺应了社会发展的客观要求；汉武帝时期经济之所以开始由盛转衰，是因为由"无事"变为"多事"，由"无为"变为"有为"，违背经济发展的客观要求。

司马迁认为，顺势从事可兴，逆势而为必亡。如果人的行为不符合历史趋势就会失败，而人的作用的积累则是促成历史趋势的因素，前人的成败为后代兴衰提供了条件。《晋世家》的论赞对于晋国国势日渐衰落过程的总结，包含着人的作用渐趋成势的思想。其言曰："晋文公，古所谓明君也，亡居外十九年，至困约，及即位而行赏，尚忘介子推，况骄主乎？灵公既弑，其后成、景致严，至厉大刻，大夫惧诛，祸作。悼公以后日衰，六卿专权。"《楚世家》说楚平王"以诈弑两王而自立，恐国人及诸侯叛之，乃施惠百姓。复陈蔡之地而立其后如故，归郑之侵地。存恤国中，修政教"。平王在楚乱之后通过修明政教，形成了国家稳定的趋势。《李斯列传》记载李斯顺应时势，协助秦始皇统一天下。司马迁写道：李斯"度楚王不足事，而六国皆弱，无可为建功者，欲西入秦"。于是向其师荀卿告辞说："斯闻得时无怠，今万乘方争时，游者主事。今秦王欲吞天下，称帝而治，此布衣驰骛之时而游说者之秋也。"李斯在入秦以后，劝说秦王乘时兼并六国，宣称："胥人者，去其几也。成大功者，在因瑕衅而遂忍之。昔者秦穆公之霸，终不东并六国者，何也？诸侯尚众，周德未衰，故五伯迭兴，更尊周室。自秦孝公以来，周室卑微，诸侯相兼，关东为六国，秦之乘胜役诸侯，盖六世矣。今诸侯服秦，譬若郡县。夫以秦之强，大王之贤，由灶上骚除，足以灭诸侯，成帝业，为天下一统，此万世之一时也。今怠而不急就，诸侯复强，相聚约从，虽有黄帝之贤，不能并也。"① 司马迁指出，李斯"能明其画，因时推秦，遂得意于海内，斯为谋首"。② 李斯"因时推秦"，就是顺势以从事。抓住天下统一趋势这个大好时机，充分利用秦国有利的条件，这是李斯谋划成功的关键。秦王能够听取其谋划，因而并六国而一统天下。

司马迁认识到，人们只有顺应历史演变的客观趋势，才能在历史过程中建树辉煌的业绩，留下自己的足迹与影响。英雄之所以成为英雄，就在于他们能够体察时势，把握时势，顺应时势发展的要求。这就是时势造英雄的意义所在，时势为英雄施展才能提供时代背景与舞台场景。《高祖本纪》称改变秦的敝政，使汉得"天统"。这个"天统"就是把握历史趋势，取秦而代之。赵翼指出："汉初诸臣，惟张良出身最贵，韩相之子也。其次则张苍，秦御史；叔孙通，秦待诏博士。次则萧何，沛主吏掾；曹参，狱掾；任敖，狱吏；周苛，泗水卒史；傅宽，魏骑将；申屠嘉，材官。其余陈平、王陵、陆贾、郦商、郦食其、夏侯婴等，皆白徒。樊哙则屠狗者，周勃则织薄曲吹箫给丧事者，灌婴则贩缯者，娄敬则挽车者，一时人才皆出其中，致身将相，前此所未有也。"③ 在《史记》中，司马迁描述这些人物在秦楚之际、楚汉之争这一天地大变局的环境里，紧紧跟随刘邦，把握风云际会，顺应客观时势，施展各种才能，或封诸侯，血食后世，或致身将相，后世尊奉。《史记》的记载说明，时势对于汉初布衣将相在政治舞台上的成功表演，起着决定性的作用。

① 司马迁：《史记》卷八十七《李斯列传》，第 2540 页。

② 司马迁：《史记》卷一百三十《太史公自序》，第 3315 页。

③ 赵翼著，王树民校证：《廿二史劄记校证》卷二《汉初布衣将相之局》，中华书局 1984 年版，第 36 页。

司马迁揭示的历史趋势，其实质是历史的必然性与偶然性相结合的产物，是社会各种客观条件的交替综合，即一个较长时间里由各种社会力量、各种社会因素逐渐积累而决定的。这种趋势是一种潜在的社会客观力量。《齐悼惠王世家》说西汉建立后，"以海内初定，子弟少，激秦之无尺土之封，故大封同姓，以填万民之心。及后分裂，固其理也"。司马迁这里揭示出汉初分封同姓是一种客观趋势。这一方面是刘邦错误地吸取秦亡的教训，认为秦二世而亡是由于"无尺土之封"的结果；另一方面则是由于异姓诸侯被消灭以后，为了稳定天下，"以填万民之心"的需要。在当时的历史条件下，分封同姓具有一定的积极意义，但随着时间推移积极作用逐渐转化为消极作用，同姓诸侯变为分裂因素。在司马迁看来，这种分封同姓诸侯作用的转化，如同事物发展由盛而衰一样，是其自身发展演变的内在逻辑所决定的。

概括起来，司马迁根据《周易》的通变思维，考察历史盛衰，一方面把历史看成是连续不断的变化过程，强调通古今之变以把握古今变易的轨迹；另一方面又主张原始察终以总结不同的历史阶段，考察各个时期的历史事件与历史人物。司马迁揭示出历史的演变是衰则必盛，盛则必衰，盛衰强弱必然向其相反方向转化；在历史运演过程中，既有进化也有循环，彼此交替而又相互补充。他指出天命决定历史盛衰与朝代更替，民心与国家治乱及天下兴亡直接相关，历史演变存在着不以任何人的意志为转移的客观必然性。这种必然性归根到底是由人心的向背决定的，是各种客观因素交替综合作用的结果。因此后代继承前代，后人继承前人，必须顺应趋势，做到承敝易变，才能在历史上留下自己的影响，建树惊天动地的业绩。如果我们将董仲舒与司马迁作一比较即可看到，董仲舒的历史盛衰考察，虽然也将古今之变纳入视野，但主要是从天人合一、彼此感应的宇宙观出发，注意从广阔的空间范围思考历史盛衰，探讨社会的变化与政权的更替，其侧重点在于关注"天人之际"，彰显出天道与人道的统一性；而司马迁的历代盛衰考察，虽然也极为关注"究天人之际"，非常重视空间范围的广泛性，但是更多的、更主要的，则是强调"通古今之变"与"见盛观衰"，其侧重点在于贯通古今，把任何现象都视为历史现象，揭示出历史传承的连续性及其变化的规律性。董仲舒考察历史盛衰，目的是说明与阐释《春秋公羊传》的大义；司马迁通古今之变，目的是体现盛衰转化大势而顺势从事。司马迁既继承了董仲舒，又超越了董仲舒。其通古今之变包含着许多有价值的思想成分，不仅值得我们认真地加以总结，而且应该很好地继承与发展。

论魏晋南北朝的历史兴亡考察

魏晋南北朝时期将近四个世纪，其间除了西晋曾经有过短暂的统一以外，绝大部分时间都处于南北对立、分裂割据状态。在这个社会萧条残破，政权频繁更迭的历史时期，人民经历了巨大的痛苦与牺牲，思想家、史学家不再关心通古今之变与见盛观衰，而是密切关注政权更替与国家兴亡。这不仅表现在许多史著重视考察天下的治乱兴亡，而且还体现在一些探讨历史兴亡的史论专篇的出现。我认为，魏晋南北朝的历史兴亡考察，有着两个极为重要的特点：一是对于历史兴亡动因的探讨，具有强调天命与重视人事的二重性；二是对于历史兴亡的考察，与治国兴邦的现实需要及社会政治环境密切相关。在这里我们从不同的角度，对魏晋南北朝的历史兴亡考察的特点，作一点分析与论述。

一 天命迷信与国家兴亡

魏晋南北朝史家的历史兴亡考察的二重性，首先体现在沿袭汉代的天人感应、阴阳灾异思想，作为分析历史演变动因的理论依据。在汉代的思想意识形态领域，天人感应、阴阳灾异思想泛滥。各派经学家都相信天人感应，都热衷于谈论阴阳灾异。人们普遍认为，"政失于此，则变见于彼，犹景之象形，响之应声。是以明君睹之而悟，饬身正事，思其咎谢，则祸除而福至，自然之符也"。[①]"和气致祥，乖气致异。祥多者其国安，异众者其国危，天地之常经，古今之通义也。"[②] 一方面强调，"君治以道，臣辅克忠，万物咸遂其性，则和气应，休征效，国以安"；另一方面又认为，"君违其道，小人在位，众庶失常，则乖气应，咎征效，国以亡"；如果"人君大臣见灾异退而自省，责躬修德，共御补过，则消祸而福至"。[③] 以天命迷信解释历史现象，将国家兴亡归结为天的意志，这是汉代经学家尤其是今文家的思想，逐步演化成为一种僵化的思维模式。从西汉的司马迁、刘向父子，到东汉的班固、荀悦，汉代史家因为受到天人感应、阴阳灾异思想的深刻影响，虽然重视通古今之变与见盛观衰，但往往将国家治乱兴亡归结为天的意志。

魏晋南北朝的思想意识形态领域，呈现出儒、道、玄、佛多种思想流行的局面。这种思想意识领域的多元化，决定了史学思想的多元化。儒家思想在思想意识形态领域的一统天下被打破，丧失了汉代社会那种独尊的地位。道教的形成满足了黑暗时代人们渴望修行的需要，玄学的兴起适应了精神苦闷的士人寻求解脱的愿望，佛教的流行迎合了动荡的乱世环境中人们消极避世的心理。然而道教、玄学与佛教对于社会与历史认识的局限性，决定了这些思想无法成为社会的统治思想，没有也不可能取代儒家思想在国家政治生活中的地位。汉代四百余年的经学的禁锢与统治，使儒家思想成为中国文化的核心，深深

① 班固：《汉书》卷二十六《天文志》，第1273页。
② 班固：《汉书》卷三十六《楚元王传》附《刘向传》，第1941页。
③ 房玄龄：《晋书》卷二十七《五行志序》，中华书局1974年版，第800页。

地渗透到中国文化各个领域，内化为中国各民族共同的社会心理与政治理念。从魏晋南北朝思想意识形态领域的整体情况来看，儒家思想在国家与社会治理中，发挥着统治思想的功能，仍然居于统治地位，在史学思想领域中起着主导作用。天命迷信仍然被看成是历史演变的动因，天人感应、阴阳灾异思想广泛流行，仍然是这一时期的史家考察国家兴亡的理论依据。我们从三国两晋南北朝时期的史学著作中，可以看到大量关于天人感应、阴阳灾异思想的材料，从中分析天命迷信思想对于史家的历史盛衰考察的深刻影响。

陈寿以天命迷信解释三国的兴亡，将魏、蜀、吴三国的建立看成是天命。在陈寿看来，王者之兴，受之于天。曹魏兴起与曹丕代汉，反映出天的意志。《三国志·武帝纪》宣称："初，桓帝时有黄星见于楚、宋之分，辽东殷馗善天文，言后五十岁当有真人起于梁、沛之间，其锋不可当。至是凡五十年，而公破绍，天下莫敌矣。"这一记载旨在说明，曹操的兴起，天在五十年前即已显现征兆。其后收降黄巾，擒拿吕布，击破袁绍，所向无敌，更是天意的表现，是谁也无法阻挡的。《文帝纪》引述汉献帝禅位之诏，宣称"天之历数在尔躬，允执其中，天禄永终，君其祗顺大礼，飨兹万国，以肃承天命"。这里通过献帝之口，强调汉的禅位，只不过是顺从天意，而天命是不可违背的。《刘二牧传》引董扶谓刘焉之语，宣称"益州分野有天子气"。《吴主传》则载吴中童谣："黄金车，班兰耳，阊昌门，出天子。"这些记载向人们表明，蜀汉与孙吴的兴起反映的同样是天命。陈寿又将魏、蜀、吴三国的灭亡也看成是天命。《三少帝纪》载咸熙二年十二月："天禄永终，历数在晋"，"禅位于晋嗣王，如汉魏故事"。《后主传》记炎兴元年冬，遣谯周奉书投降邓艾，宣称"天威既震，人鬼归能之数，怖骇王师，神武所次，敢不革面，顺以从命"。《三嗣主传》载孙晧天纪四年三月戊辰，遣使投降晋军，声言："今大晋龙兴，德覆四海，暗劣偷安，未喻天命。"这些记载表明，陈寿将魏、蜀、吴三国的兴衰成败，看成是由天的意志决定的。

范晔以天命迷信思想来解释东汉的盛衰兴亡。他将刘秀建立东汉看成是天意。《光武帝纪》称刘秀出生时，"有赤光照室中"，卜者王长说"此兆吉不可言"，"是岁县界有嘉禾生，一茎九穗"。望气者苏伯阿称南阳春陵郡："气嘉哉！郁郁葱葱然。"刘秀起兵还春陵，"远望舍南，火光赫然属天，有倾不见"。道士西门君惠、李守等云"刘秀当为天子"。范晔称述这些祥瑞，旨在向人们表明，"其王者受命，信有符乎？不然，何以能乘时龙而御天哉！"刘秀是承受天命的真命天子。在范晔看来，王莽、刘玄、刘盆子、隗嚣、公孙述等人的政权，都属于违逆天命的僭逆。《刘玄刘盆子列传》说更始初入长安，"羞怍，俯首刮席不敢视。诸将后至者，更始问虏掠得几何，左右侍官皆宫省久吏，各惊相视"。刘盆子为赤眉所立时，"披发徒跣，敝衣赭汗，见众拜，恐畏欲啼"。该传的"赞"语说："圣公靡闻，假我风云。始顺归历，终然甫分。赤眉阻乱，盆子探符。虽盗皇器，乃食均输。"隗嚣、公孙述的政权昙花一现，崩溃瓦解，也是反映天的意志，"若嚣会符运，敌非天力，虽坐论西伯，岂多嗤乎？"公孙述"及其谢臣属，审废兴之命，与夫泥首衔玉者异日谈也"。[①]汉献帝被迫禅位而被封为山阳公，同样是由天命决定的。《献帝纪》引述《左传》之语宣称，"鼎之为器，虽小而重，故神之所宝，不可夺移"，进而指出：

---

① 范晔：《后汉书》卷十三《隗嚣公孙述列传》，中华书局 1965 年版，第532、544 页。

"至令负而趋者,此亦穷运之归乎!天厌汉德久矣,山阳何其殊焉。"这些记载说明,范晔把东汉的兴衰成败看成是由天命决定的。

沈约深受天命迷信思想的影响。他历仕宋、齐、梁三朝,将这些政权的更替看成是天命。在沈约看来,刘宋取代东晋反映的是天的意志。《宋书·武帝纪》引晋帝禅位诏书云:"昔火德既微,魏祖底绩,黄运不竞,三后肆勤。故天之历数,实有攸在。"晋禅位于宋是因为"稽天人之至望"。他引述宋武帝刘裕之语云:"晋帝以卜世告终,历数有归,钦若景运,以命于裕。"沈约又认为,萧齐取代刘宋也是天命。他宣称宋末是"天厌宋道,鼎运将离"。① 在《后废帝纪》中,沈约极言废帝昱无道。萧道成与王敬则潜图废立,王敬则与昱左右杨玉夫等二十五人乘夜弑昱,玉夫以昱首付敬则,敬则驰至领军府以呈萧道成。沈约如实记载这些史事,并不讳言萧道成废弑之事,不是秉笔直书以彰其罪恶,而是体现"齐高之应天顺人",② 目的是说明萧齐取代刘宋,这是由天的意志决定的。在《袁粲列传》中,沈约宣称萧道成"功高德重,天命有归"。沈攸之在宋齐革易之际试图起兵,却反而被沈约斥责为"不识代德之纪,独迷乐推之数",③ 其行为违背天命。沈约还认为,萧梁取代萧齐同样是天命。他曾以"行中水,作天子"的谶语,为萧衍代齐制造舆论,劝萧衍称帝。在《宋书》中,沈约立《天文》《符瑞》《五行》三志。《天文志》记载从魏晋至刘宋数百

---

① 沈约:《宋书》卷七十四《臧质鲁爽沈攸之列传》,中华书局1974年版,第1943页。

② 赵翼著,王树民校证:《廿二史劄记校证》卷九《宋书书宋齐革易之际》,第183页。

③ 沈约:《宋书》卷七十四《臧质鲁爽沈攸之列传》,第1943页。

年之间，各种异常天象及与之相应的人间社会的变化；《符瑞志》通过列举历代的祥瑞，宣扬"神器之有授无贪"；《五行志》叙述东汉以后至刘宋数百年间，曾经出现的各种灾异现象。这三志通过对符命、望气、灾异、星占等情况的记载，说明君权神授与天命决定朝代的兴衰更替。

萧子显既相信天人感应和符瑞迷信，又深受佛教因果报应思想影响。他不仅自称"服膺释氏，深信冥缘"，[①] 而且相信"天降地出，星见先吉"。[②] 其《南齐书》立《天文》《祥瑞》《五行》三志，大量记载南朝宋、齐时期的天人感应现象，以及各种灾异祥瑞与谶纬迷信的事例。萧子显将东晋以后南朝各代的更替都说成是天意，他引述宋帝禅位诏书云："昔金德既沦，而传祚于我有宋，历数告终，寔在兹日，亦以水德而传于齐。"又载萧道成即位诏书云："夫肇自生民，树以司牧，所以阐极则天，开元创物，肆兹大道"，"皇天眷命，不可以固违，人神无托，不可以旷主"，因而"畏天之威，敢不祗从鸿历"。[③] 这些话的意思就是说，东晋禅位于刘宋，是天意决定的；而刘宋禅让于萧齐，则又是"天厌水行"、"人希木德"的必然结果。他强调说："太祖（齐高帝萧道成——引者注）革命受终，膺集期运"，[④] 意即萧道成继承帝位，是顺应天命。在《郁林王纪》《海陵王纪》《东昏侯纪》等篇章中，萧子显极言他们荒淫无道，宣称："故知丧乱之轨迹，虽千载而必同矣。"[⑤] 其目的

----

① 萧子显：《南齐书》卷五十四《高逸传论》，中华书局1972年版，第948页。

② 《南齐书》卷十八《符瑞志赞》，第366页。

③ 《南齐书》卷一《高帝纪上》及卷二《高帝纪下》，第22、31页。

④ 《南齐书》卷十二《天文上》，第203页。

⑤ 《南齐书》卷五《海陵王纪论》，第81页。

是向人们说明，萧梁取代萧齐，这是因为"天命攸归"，反映的也是天的意志。

魏收幼字"佛助"，既深受佛教因果报应思想影响，又笃信阴阳灾异与天人感应。《魏书》立《天象》《灵征》二志，专门记载各种天人感应与阴阳灾异现象。在魏收看来，"在天成象，圣人是观，日月五星，象之著者，变常舛度，征咎随焉"。"百王兴废之验，万国祸福之来，兆勤虽微，罔不必至"，于是以"在天诸异咸入天象，其应征符合，随而条载，无所显验则阙之云"，① 撰《天象志》以记载异常天象。魏收宣称："帝王者，配德天地，协契阴阳，发号施令，动关幽显。""化之所感，其征必至，善恶之来，报应如响。斯盖神祇眷顾，告示祸福，人主所以仰瞻俯察，戒德慎行，弭遣咎，致休祯"，"治世之符，乱邦之孽，随方而作，厥迹不同"。这就是说，各种灾异符验都是天的意志的体现，君主治理国家要遵循天意，于是他"录皇始之后灾祥小大，总为《灵征志》"。② 他引述高允之语声称："先其善恶而验以灾异，随其失得而效以祸福，天人诚远，而报速如响，甚可惧也。"③

总的来说，将天的意志与国家兴亡联系起来，把政权更替看成是由天命决定的，以天人感应、阴阳灾异思想解释历史现象，这是魏晋南北朝的史学家考察历史盛衰的共同认识。天命迷信被视为朝代更替与治乱兴衰的原因，这种现象既有着前代沿袭而来的思想渊源，又有着现实存在的社会局限。一方面，汉代经学统治使儒学神学化，天人感应、阴阳灾异思想泛滥，又因为这一时

① 魏收：《魏书》卷一百五之一《天象志序》，中华书局1974年版，第2333页。
② 《魏书》卷一百一十二上《灵征志序》，第2893页。
③ 《魏书》卷四十八《高允传》，第1072—1073页。

期佛教的因果报应思想的影响，人们在极端痛苦迷惘中寻求精神解脱，使以天命迷信说明治乱兴衰的思维模式得到进一步强化。因而形成了一种历史思维的惯性，禁锢着人们的思想，影响着史家对历史的思考，使他们在审视政权更替、考察历史演变动因的时候，继续沿用天命迷信思想作为理论依据。另一方面，魏晋南北朝社会环境中，生产力水平与科学水平的低下，制约了人们的认识能力，影响到思维水平的提高，局限着理论的发展与创新。这种状况决定了思想家、史学家没有也不可能提出新的理论，只能沿袭传统的天命迷信思想解释历史演变。任何人都不可能超越他所生活的时代，魏晋南北朝的时代背景与社会环境，决定了这一时代的思想家、史学家必然以天命迷信解释盛衰兴亡。

概括起来，我们一方面应该看到，魏晋南北朝的思想家、史学家考察历史，以天命解释社会治乱与朝代更替，将历史盛衰的动因归结为天的意志，这种思想毫无疑问是不科学的，其结论必然是错误的。另一方面又必须指出，魏晋南北朝社会中天命迷信思想的流行，具有必然性与合理性。从必然性来说，在汉代经学统治下长期形成的天人感应、阴阳灾异思想，使人们自然地将治乱兴衰与天的意志联系起来；在科学水平极为低下的情况下，人们的认识能力只能是极其低下的。极其低下的认识能力既使人们对于治乱兴衰的原因不能正确分析，又感到似乎存在着某种不可抗拒的力量决定着历史的命运，于是只好将其归结为天命。这一时期的统治者总是把自己说成是天命的代表，如司马炎代魏之际，使郑冲奉策曰："格尔上下神祇，罔不克顺，地平天成，万邦以义。应受上帝之命，协皇极之中。肆予一人，祇承天序，以敬授尔位，历数实在尔躬。"[1] 从

---

① 房玄龄：《晋书》卷三《武帝纪》，第 50 页。

合理性来说，将国家兴亡归结于天命，这种看法虽然并不科学，没有正确地说明历史演变的真正动因，但也揭示出人类社会的治乱兴衰与天地自然之间存在着某种联系。如果人的行为违背天地自然的规律与要求，必然对人类社会的治乱兴衰产生影响。从这个意义来说，错误的天命迷信思想中又包含着某些正确的、合理的因素。

二 社会人事与盛衰成败

魏晋南北朝史家对历史兴亡考察的二重性，其次体现在继承汉代史家重视人事的思想。所谓重视人事，指的是把国家兴亡看成是人的行为，尤其是君主的行为决定的，注意从人的行为说明历史盛衰。在汉代史家的历史考察中，一方面以天命迷信思想说明国家的治乱兴衰，另一方面则又意识到并非所有历史现象都能以天命来解释。他们关注人的活动对历史进程的影响，努力从社会人事揭示历史演变的动因。司马迁虽然相信天人感应，但又看到政治较量的胜负是由人心向背决定的，人事决定国家盛衰成败，前人的成败为后人治国提供了借鉴，人的作用的积累是促成历史发展趋势的重要因素。班固虽然相信天人感应，但也重视人事的作用。其考察历史绝没有全然以阴阳灾异、天人感应来解释一切而不及其余，慨叹"廊庙之材非一木之枝，帝王之功非一士之略，信哉！"[1] 在班固看来，帝王功业是由人事决定的。魏晋南北朝的史家一方面继承汉代史家的天命迷信思想，沿袭天人感应的思维模式，将历史演变看成是天的意志，以天命迷信解释政权更替与治乱兴衰；另一方面则

---

① 班固：《汉书》卷四十三《郦陆朱刘叔孙传》，第2131页。

又继承和发展了汉代史家重视人事的思想，关注社会人事与盛衰成败的关系，注意考察人的行为与活动对历史盛衰的影响，从人事来探讨国家的兴亡成败。

魏晋南北朝的思想家、史学家从大量事例中认识到，在分裂动荡的乱世环境下，政治势力的此消彼长，各个政权的盛衰成败，决定于人的行为，是人的因素在起作用，尤其与君主的行为关系极大。客观历史事实要求史家重视人事的作用，促使他们将人事与盛衰成败结合起来思考，进而根据人事分析历史演变的动因，从中得出符合历史实际的结论，以便为国家治理提供有价值的借鉴。司马彪称："先王立史官，以书时事，载善恶以为沮劝，撮教世之要也。"[①] 常璩强调："博考行故，总厥旧闻。班序州部，区别山川。宪章成败，旌昭仁贤。抑绌虚妄，纠正缪言。显善惩恶，以杜未然。"[②] 袁宏撰《后汉纪》，"因前代遗事，略举义教所归，庶以弘敷王道"。[③] 这些史家编撰的史著，寓含着重视人事、探讨人事，从人事来解释国家盛衰成败的深意。其人物评价也不是简单进行褒贬，而是从人的行为中总结经验教训，目的是为治国兴邦引出历史的借鉴。这一时期的史家关注人事、注意从人事考察历史盛衰兴亡的思想，在他们编撰的各类史著中反映出来。

陈寿认为三国的盛衰兴亡与人事密切相关，尤其与君主的才能有着直接关系。曹操"运筹演谋，鞭挞宇内，揽申、商之法术，该韩、白之奇策"，故"终能总御皇机，克成洪业"；[④]

---

① 房玄龄：《晋书》卷八十二《司马彪传》，第 2141 页。

② 常璩著，刘琳校注：《华阳国志校注》卷十二《序志》，巴蜀书社 1984 年版，第 909 页。

③ 袁宏：《后汉纪序》，中华书局 2002 年版。

④ 陈寿：《三国志》卷一《武帝纪》，中华书局 1959 年版，第 55 页。

刘备"弘毅宽厚，知人待士"，"举国托孤于诸葛亮，而心神无贰，诚君臣之至公，古今之盛轨也"；① 孙权"屈身忍辱，任才尚计"，"故能自擅江表，成鼎峙之业"。② 在陈寿看来，三国的开国君主都有着超乎常人的雄才大略，因而能够在乱世纷争中崛起，建立自己的基业。如果君主广泛搜集人才，国家就能兴旺发达，而摧残人才则会削弱自己的力量，甚至走向崩溃瓦解。曹操善于网罗各类人才，不拘一格选拔人才，"官方授材，各因其器，矫情任算，不念旧恶"，③ 故其手下人才最多，在三国之中势力最强大。刘备既因为"机权干略，不逮魏武"；又因为偏处西南一隅人才较少，故网罗的人才远不如曹操，"是以基宇亦狭"，④ 在三国之中势力最弱小。袁绍与刘表是汉末两股重要的政治势力，他们虽然占有广阔的土地，又拥有众多的人才，但因为自身心胸狭窄，优柔寡断，"外宽内忌，好谋无决，有才而不能用，闻善而不能纳"，⑤ 不能任用人才，不能发挥人才的作用，结果崩溃瓦解。在《诸葛亮传》中，陈寿既引述其《隆中对》，指出曹操战胜袁绍的原因，"非惟天时，抑亦人谋也"；又引述其《出师表》，从人事总结两汉兴衰成败的深刻教训，指出："亲贤臣，远小人，此先汉所以兴隆也；亲小人，远贤人，此后汉所以倾颓也。"在诸葛亮看来，西汉的兴旺发达实为"亲贤人，远小人"所致，而东汉的衰微没落则是"亲小人，远贤人"的必然结果。如果后主刘禅要复兴汉室，就必须效法西汉，对于忠良贤明之臣"亲之信之"，"则汉室之

① 陈寿：《三国志》卷三十二《先主传》，第 892 页。
② 陈寿：《三国志》卷四十七《吴主传》，第 1149 页。
③ 陈寿：《三国志》卷一《武帝纪》，第 55 页。
④ 陈寿：《三国志》卷三十二《先主传》，第 892 页。
⑤ 陈寿：《三国志》卷六《董二袁刘传》，第 217 页。

隆可计日而待也"。① 人事是两汉兴衰成败的决定性因素，这是诸葛亮的观点，陈寿是赞成诸葛亮的这一观点的。

范晔注意从人事考察东汉历史盛衰兴亡。其编撰《后汉书》的目的，就是为了"正一代得失"。② 他根据东汉一代天子幼弱，母后专权的实际，立《皇后纪》以记载母后在东汉历史过程中的作用；又从东汉具体情况出发，根据当时社会的特点，设立《党锢》《宦者》《独行》《逸民》《文苑》《列女》等新的类传，记载有关人物的活动。范晔善于把握东汉一代历史大势，抓住东汉社会的主要问题，总结历史经验与教训。外戚专权与宦官乱政是最能反映东汉时代特点的两大突出现象。范晔看到外戚与宦官之间，既相互依存，又激烈冲突。他从两者的矛盾斗争来分析东汉走向衰落的历史原因。《宦者列传序》指出："和帝即祚幼弱，而窦宪兄弟专总权威，内外臣僚，莫由亲接，所与居者，唯阉宦而已。"君主幼弱为外戚专权提供了契机，而外戚专权又为宦官势力发展培植了土壤。明帝以后宦官"委用渐大，而其员稍增"。邓后以女主临政，"万机殷远，朝臣国议，无由参断帷幄，称制下令，不出房闱之间，不得不委用刑人，寄之国命"。天子幼弱，女后临朝，外戚专权，宦官乱政，这些现象彼此联系，东汉统治集团在内部激烈的斗争中日趋腐朽没落。范晔的分析建立在大量的历史事实基础之上，建立在对于东汉社会各种政治势力的矛盾斗争及其力量消长的深刻认识的基础之上，使人们看到东汉的兴衰成败是由人的活动决定的。

沈约虽然以天命迷信解释历史演变，但也密切关注君主的

---

① 陈寿：《三国志》卷三十四《诸葛亮传》，第920页。
② 沈约：《宋书》卷六十九《范晔传》，第1831页。

施政举措，考察其与国家盛衰成败的关系。他深刻地指出：
"胜败之数，实由众心，社庙尊严，民情所系。"① 在沈约看来，
兴衰成败是由民心向背决定的，而民心向背又与君主的行为密
切联系在一起，故国家的治乱兴衰与君主的行为直接相关。他
将历史上的君主概括为尧舜之主、中等之主、桀纣之主三种类
型，这些不同类型的君主对民的态度不同，治国方式不同，历
史地位也不一样。"役己以利天下，尧舜之心也；利己以及万
物，中主之志也；尽民命以自养，桀纣之行也。"② 沈约总结刘
宋一代的历史，热情肯定君主关爱百姓的善政，赞赏其爱民、
恤民的行为，如高祖因为"起自匹庶"，故而"知民事艰难"；
太祖"幼而宽仁"，其在位期间，"民有所系，吏无苟得"。③ 他
指责君主残民、虐民，如宋孝武帝统治的大明年间，"其将尽
民命乎！虽有周公之才之美，犹终之以乱，何益哉！"④ 前废帝
"凶悖日甚，诛杀相继"。⑤ 宋明帝"忍虐好杀"，"奢费过度"，
以致"天下骚然，民不堪命"。⑥ 苍梧王则"藏玺怀绂，鱼服忘
反，危冠短服，匹马孤征。至于陨身覆祚，其理若一"。⑦ 这些
淫君乱主专横暴虐，恣意妄为，不仅给民带来了巨大的灾难，
而且导致了刘宋统治的衰落。因此，沈约主张君主治理天下应
该施行善政，宣称"善政之于民，犹良工之于埴也，用功寡而
成器多"。⑧ 沈约所说的善政，指的是君主关爱百姓、顺应民心

① 沈约：《宋书》卷八十四《邓琬袁颛孔凯列传》，第 2163 页。
② 沈约：《宋书》卷六《孝武帝纪》，第 135 页。
③ 沈约：《宋书》卷九十二《良吏列传序》，第 2261 页。
④ 沈约：《宋书》卷六《孝武帝纪》，第 135 页。
⑤ 沈约：《宋书》卷七《前废帝纪》，第 146 页。
⑥ 沈约：《宋书》卷八《明帝纪》，第 170 页。
⑦ 沈约：《宋书》卷九《后废帝纪》，第 190 页。
⑧ 沈约：《宋书》卷九十二《良吏列传》，第 2272 页。

的施政措施。这反映出他重视人事，注意从人事考察天下盛衰的深刻意蕴。

魏收虽然相信天人感应与阴阳灾异，但也重视从人事来探讨北魏的治乱兴衰。他引述崔玄伯之语强调，"王者治天下，以安民为本"。[①] 在魏收看来，民为君主治国之本，民安才能够天下安。在《魏书》的本纪中，他一方面大量收载君主的诏书，强调轻徭薄赋，与民休息，要求劝课农桑，使民安居乐业；另一方面又关注君主安抚百姓，体察民情，存恤鳏寡孤独，开仓赈灾济贫的事例。在《魏书》的列传中，魏收一方面热情赞扬和肯定那些体恤民情、廉洁奉公、勇于任事、对民负责的清官良吏的业绩；另一方面则又大量揭露北魏王公贵族、达官贵人专横暴虐、残害百姓的罪行。赞扬与批判，肯定与否定，两者相反相成，从不同的角度将盛衰成败与社会人事联系起来，考察北魏一代的兴亡。

概括起来，我们一方面必须看到，把人的活动视为历史演变的主要动因，指出人的行为决定国家的盛衰成败，这种思想无疑要比以天的意志解释历史演变的天命迷信思想正确得多。重视人事有助于廓清天命迷信思想的影响，有助于正确地总结经验教训，进而为治国兴邦提供有益的借鉴。另一方面又应该指出，魏晋南北朝时期考察历史兴亡重视人事，既有其合理性，又有其局限性。从合理性来说，这一时期的史家在考察历史兴亡时，看到了人的行为对于历史进程的影响，关注人的活动与盛衰成败之间的因果联系，反映出其思想方法的进步，有利于形成符合历史实际的正确结论；从局限性来说，魏晋南北朝时期的史家重视人事的作用，从人事的角度考察历代的盛衰

---

① 魏收：《魏书》卷二十四《崔玄伯传》，第 622 页。

成败，虽然具有其合理性与积极意义，但又因历史条件与时代环境的影响，往往与相信天命的思想彼此混杂。更为重要的是，魏晋南北朝时期史家关注的人事，只是帝王将相等少数社会上层人物的活动，至于社会下层人民的历史作用，则不在他们视野之内。这种局限是由时代与社会环境决定的。

总而言之，魏晋南北朝是天下大乱、社会动荡的历史时期。这一时期的史学家考察盛衰成败，既以天命迷信解释历史演变的动因，又据社会人事探讨国家的兴亡，形成了对历史盛衰考察二重性的特点。从表面上看，这两者似乎是相互矛盾的，而实质则是一个事情的两个方面。一方面因为时代与社会条件的局限，科学水平与认识能力的局限，使史家们对许多历史现象感到惶惑不安，对许多历史事件的发生感到无法理解，看到在新旧递嬗、兴衰成败的背后，似乎有一种神秘的力量支配着历史的进程，左右着历史的演变。这种力量既是不可抗拒的，又是不以人的主观意志为转移的，于是将其视为天命。另一方面，在审视历代兴衰成败的过程中，客观历史进程又使史家们见到的处处是人的活动，是人的力量在起作用。各派政治力量之间的斗争，各朝各代的更替递嬗，主要是由人事来决定的。这样史家们在考察历史过程的时候，不得不强调人事的因素；在分析历史演变动因的时候，不得不从人事的角度来加以探讨。如果从人事的角度无法说明，那就归结为天命。因此，相信天命与重视人事两个相互矛盾对立的方面，就这样统一于魏晋南北朝史家对历史盛衰兴亡的认识之中。

三 历史总结与治国方略

魏晋南北朝的历史盛衰考察，与治国方略的探讨密切联系在一起。因为统治者将稳定自己的政权，重建全国统一的天下，实现社会的长治久安，作为义不容辞的责任；所以现实需要从历史兴亡考察中，概括正反两个方面的施政经验，总结历代政治成败得失，为治国兴邦提供借鉴。曹冏的《六代论》、陆机的《辩亡论》、干宝的《晋纪总论》，是魏晋时期探讨前代盛衰兴亡的三篇重要史论。这些史论紧扣着谋求治国方略这一时代主题，发挥着直接为现实政治服务的作用。其共同特点是：根据作者生活的社会环境，通过对历史的深刻反思与批判总结，从盛衰成败中总结经验教训，进而概括出有普遍意义的结论，摒弃那些天命迷信之类的荒诞谬说，注意从社会人事考察历史演变动因。

曹冏是曹魏宗室。他在曹魏正始年间撰《六代论》，反思与总结上自夏、商、周，下至秦、汉、曹魏六代的兴亡成败。曹冏首先考察三代至秦的历史，指出："昔夏、殷、周之历世数十，而秦二世而亡，何则？三代之君，天下共其民，故天下同其忧。秦王独制其民，故倾危而莫救。夫与人共其乐者，人必忧其忧；与人同其安者，人必拯其危。先王知独治之不能久也，故与人共治之；知独守之不能固也，故与人共守之。"① 秦统一天下以后，"废五等之爵，立郡县之官，弃礼乐之教，任苛刻之政。子弟无尺寸之封，功臣无立锥之土。内无宗子以自毗辅，外无诸侯以为蕃卫。仁心不加于亲戚，惠泽不流于枝叶，譬犹芟刈股肱，独任胸腹，浮舟江海，捐弃楫棹"，"自以为关中之固，金城千里，子孙帝王万世之业也"。秦二世胡亥"少习克薄之教，长遵凶父之业，不能改制易法，宠任兄弟，

---

① 曹冏：《六代论》，萧统编，李善注：《文选》卷第五十二，上海古籍出版社1986年版，第2273页。

而乃师谟申商，谘谋赵高，自幽深宫，委政谗贼"。"遂乃郡国
离心，众庶溃叛"，① 终至灭亡。在曹冏看来，夏、商、周三代
共历数十世而不亡，其原因在于君主关爱百姓，以民为本，与
民共治共守；而秦实现统一以后，短短的十余年时间，众叛亲
离，崩溃瓦解。其原因则是因为秦统治者仁心不施，专任刑
法，"弃礼乐之教，任苛刻之政"。这与汉初思想家贾谊的认识
是一致的。曹冏其次考察两汉的历史，指出汉高祖刘邦鉴秦代
之失，"奋三尺之剑，驱乌集之众，五年之中而成帝业。自开
辟以来，其兴功立勋，未有若汉祖之易者也"。西汉建立之后，
经过拨乱反正，休养生息，经济恢复，社会稳定。"向使高祖
蹈亡秦之法，忽先王之制，则天下已传，非刘氏有也"。然而
西汉后期，"曾不鉴秦之失策，袭周之旧制，蹈亡国之法，而
侥幸无疆之期"。东汉桓、灵统治时期，"阉竖执衡，朝无死难
之臣，外无同忧之国，君孤立于上，臣弄权于下，本末不能相
御，身手不能相使，由是天下鼎沸，奸凶并争，宗庙焚为灰
烬，宫室变为蓁薮。居九州之地，而身无所安处"。在曹冏看
来，西汉后期，"不鉴秦之失策"，"蹈亡国之法"；东汉中后期
"阉竖执衡"，"奸凶并争"。② 两汉后期政权的崩溃瓦解包含着
深刻的教训，应该成为曹魏君主治国施政的鉴戒。

曹冏总结六代历史，目的是以历史观照现实，为曹魏统治
者寻求治国方略。他认为："观五代之存亡，而不用其长策；
睹前车之倾覆，而不改其辙迹。子弟王空虚之地，君有不使之
民；宗室窜于闾阎，不闻邦国之政。权均匹夫，势齐凡庶，内

---

① 曹冏：《六代论》，萧统编，李善注：《文选》卷第五十二，第2275、2276
页。

② 同上书，第2277、2279页。

无深根不拔之固，外无盘石宗盟之助，非所以安社稷，为万代之业也。"① 这些论述针对曹魏后期皇权衰落的现实，表达了深沉的忧虑之情。曹冏从兴亡总结中认识到，君主治国施政，应该铭记历史，做到深根固本。怎样才能深根固本呢？他既关注夏、商、西周实行分封制，通过封建诸侯以拱卫朝廷，实现天下长治久安的成功经验；又重视秦废分封而立郡县，使君主失去"毗辅"、"蕃卫"，结果二世而亡的反面教训。曹冏从两者比较中意识到，只有效法夏、商、西周，封建诸侯，拱卫君主，使"天下共其民"，才能深根固本。正始年间是曹魏历史发展的转折点，曹魏皇室与司马氏之间为争夺最高统治权，进行着激烈的斗争。曹冏从双方日益激化的矛盾与冲突中，眼见司马氏逐渐控制了国家权力，痛感曹魏皇室面临严重危机，认为政权因根基不稳而可能覆灭。在曹冏看来，曹魏君主治理国家，既应该借鉴夏、商、西周分封诸侯作为"毗辅"的成功经验，也必须吸取秦废分封二世而亡的深刻教训，还需要以两汉的崩溃灭亡作为鉴戒。君主创建万世基业，实现天下长治久安，绝非一朝一夕之功，应该"为之有渐，建之有素"。因为"墉基不可仓卒而成，威名不可一朝而立"，所以君主只有经过长期积累，才能建树辉煌的事业。这种情况如同种树一样，"久则深固其根本，茂盛其枝叶"，使政权建立在稳定基础之上。他称："圣王安而不逸，以虑危也；存而设备，以惧亡也。故疾风卒至，而无摧拔之忧；天下有变，而无倾危之患矣。"② 曹冏考察六代盛衰兴亡的出发点，是出于对国家现实状况的深切忧虑。他提出君主治国，应该注意"深根固本"，做到居安

---

① 曹冏：《六代论》，萧统编，李善注：《文选》卷第五十二，第2280页。
② 同上书，第2281页。

思危。这既是从历史总结中得出的政治结论，又是针对现实的治国方略。

陆机出身于江南士族。他"以孙氏在吴，而祖父世为将相，有大勋于江表，深慨孙皓举而弃之，乃论权所以得，皓所以亡，又欲述其祖父功业，遂作《辩亡论》"。"又以圣王经国，义在封建，因采其远指，著《五等论》。"①《五等论》论述分封制与郡县制同天下治乱的关系，宣称："五等之制，始于黄、唐；郡县之治，创自秦、汉。得失成败，备在典谟。""五等之君，为己思治；郡县之长，为利图物。"②在陆机看来，分封制为"治"的保证，而郡县制乃"乱"的根源。这些认识与曹冏的观点，颇有异曲同工之妙。《辩亡论》分为上下两篇：上篇将孙吴历史分为兴起、创业、鼎盛、衰落、灭亡等阶段，分别进行考察；下篇则重点分析孙吴兴衰的原因，探讨其成败得失。上下两篇的内容虽然各有侧重，但彼此联系，构成一个有机的整体，反映出作者根据人事考察孙吴盛衰，探讨国家兴亡的深意。陆机首先考察孙吴兴起的背景，指出："昔汉氏失御，奸臣窃命，祸基京畿，毒遍宇内，皇纲弛紊，王室遂卑。于是群雄蜂骇，义兵四合。"先祖武烈皇帝孙坚把握时机，"慷慨下国，电发荆南"。这一时期天下大乱，"虽兵以义合，同盟戮力，然皆苞藏祸心，阻兵怙乱，或师无谋律，丧威稔寇。忠规武节，未有如此其著者也"。从孙吴盛衰的整个过程来看，如果说孙坚起兵是孙吴兴起阶段，那么其子孙策继立则标志着孙吴进入创业阶段，"招揽遗老，与之述业，神兵东驱，奋寡犯众，攻无坚城之将，战无交锋之虏。诛叛柔服，而江外厎定；

① 房玄龄：《晋书》卷五十四《陆机传》，第1467、1475页。
② 陆机：《五等论》，萧统编，李善注：《文选》卷第五十四，第2331页。

饰法修师，则威德翕赫。宾礼名贤，而张昭为之雄；交御豪俊，而周瑜为之杰。彼二君子，皆弘敏而多奇，雅达而聪哲。故同方者以类附，等契者以气集，而江东盖多士矣。"孙策依靠张昭、周瑜这些治国之才，削平群雄，占据江东，创建吴国的基业。然孙策因"中世而殒"，孙权继承其业，孙吴进入鼎盛阶段。这一阶段国家兴旺发达，主要得益于集聚大批人才，其"以奇踪袭于逸轨，睿心因于令图，从政咨于故实，播宪稽乎遗风，而加之以笃固，申之以节俭，畴咨俊茂，好谋善断"，故使"豪彦寻声而响臻，志士希光而景骛。异人辐凑，猛士如林"。孙权广泛网罗人才，大胆任用人才，以"张昭为师傅；周瑜、陆公、鲁肃、吕蒙之俦，入为腹心，出作股肱；甘宁、凌统、程普、贺齐、朱桓、朱然之徒，奋其威；韩当、潘璋、黄盖、蒋钦、周泰之属，宣其力；风雅则诸葛瑾、张承、步骘，以名声光国；政事则顾雍、潘濬、吕范、吕岱，以器任干职；奇伟则虞翻、陆绩、张温、张惇，以讽议举正；奉使则赵咨、沈珩，以敏达延誉；术数则吴范、赵达，以机祥协德；董袭、陈武杀身以卫主；骆统、刘基强谏以补过"。因为孙权"接士尽盛德之容，亲仁馨丹府之爱"，"推诚信士"，"量能授器"，"卑宫菲食"，"披怀虚己"，所以"忠臣竟尽其谟，志士咸得肆力"。众多的忠臣、义士、文人、武将的鼎力辅助，使孙权得以"谋无遗谞，举不失策"，"而与天下争衡矣"，故能黜魏军于赤壁，挫蜀旅于西陵。孙权以后，吴国渐衰。孙皓在位时，弃贤任佞，滥施淫刑，致使"黔首有瓦解之志，皇家有土崩之衅"，"军未浃辰，而社稷夷矣"。①

---

① 陆机:《辩亡论》，萧统编，李善注:《文选》卷第五十三，第2310—2318页。

陆机考察孙吴历史兴衰的过程，认识到盛衰成败并不决定于天的意志，而是决定于人的行为。一方面，陆机指出君主治国兴邦，既应该善于发现人才，广泛网罗人才；又必须任用贤才，发挥贤才的作用。在他看来，任用贤才并非一日之功，只有经过长期积累才能实现。他指出："夫曹、刘之将，非一世所选；向时之师，无曩日之众。战守之道，抑有前符，险阻之利，俄然未改，而成败贸理，古今诡趣，何哉？"这是因为"彼此之化殊，授任之才异也"。人才是治国兴邦的基础，人才聚集则国家兴盛发达。如果奸佞当道，人才凋零，那么国家必然崩溃瓦解。另一方面，陆机又深刻地意识到，君主治国不仅要重用人才，而且要实现"人和"。"人和"就是君臣合力，上下同心。他引述孟子关于"天时不如地利"，"地利不如人和"的论断，指出："'在德不在险'，言守险之由人也。吴之兴也，参而由焉。孙卿所谓合其参者也。及其亡也，恃险而已，又孙卿所谓舍其参者也。夫四州之萌非无众也，大江之南非乏俊也，山川之险易守也，劲利之器易用也，先政之策易循也，功不兴而祸构者，何哉？所以用之者失也。""人和"是国家长治久安的关键。陆机概括："是故先王达经国之长规，审存亡之至数，谦己以安百姓，敦惠以致人和，宽冲以诱俊乂之谋，慈和以结士民之爱。是以其安也，则黎元与之同庆；及其危也，则兆庶与之共患。安与众同庆，则其危不可得也；危与下共患，则其难不足恤也。夫然故能保其社稷而固其土宇。"[①] 陆机考察孙吴兴衰成败的过程，指出人才是治国兴邦的基础，而"人和"则是长治久安的关键。这个结论不仅对西晋统治者有着直接的借鉴意义，而且对后代统治者治理国家也有着

---

① 陆机：《辩亡论》，萧统编，李善注：《文选》卷第五十三，第2319、2326、2327页。

重要的理论价值。

干宝在西晋末任佐著作郎，东晋初领国史，为两晋之际著名史学家。他所撰编年体史《晋纪》，记载了西晋一代五十余年兴衰的历史。在《晋纪总论》这篇论述西晋兴衰成败的学术论文中，干宝深入分析西晋一代的"得"与"失"，从中总结西晋灭亡的原因，引出深刻的历史教训。从"得"的方面来说，干宝认为，宣帝"神略独断，征伐四克，维御群后，大权在己"，奠定了西晋政权的基础；世宗承基，太祖继业，"军旅屡动，边鄙无亏"，"百姓与能，大象始构"，"咸黜异图，用融前烈"；武帝"正位居体，重言慎法，仁以厚下，俭以足用，和而不弛，宽而能断"，这些都是成功的历史经验。从"失"的方面来说，干宝首先将朝政腐败与纲纪废弛归结为西晋灭亡的重要原因。他指出："朝为伊、周，夕为桀、跖，善恶陷于成败，毁誉胁于势利"，"内外混淆，庶官失才，名实反错，天纲解纽。国政迭移于乱人，禁兵外散于四方"，"树立失权，托付非才，四维不张，而苟且之政多也"。君主应该"积基树本，经纬礼俗，节理人情，恤隐民事"。西晋"创基立本"却不广不深。干宝其次把社会风俗"淫僻"而导致"耻尚失所"，看成是西晋灭亡的主要原因。他强调："民情风教，国家安危之本也。"西晋一代，"朝寡纯德之士，乡乏不二之老"，"学者以庄老为宗，而黜六经，谈者以虚薄为辩，而贱名俭，行身者以放浊为通，而狭节信，进仕者以苟得为贵，而鄙居正，当官者以望空为高而笑勤恪"。"由是毁誉乱于善恶之实，情慝奔于货欲之涂，选者为人择官，官者为身择利。而秉钧当轴之士，身兼官以十数，大极其尊，小录其要，机事之失，十恒八九。而世族贵戚之子弟，陵迈超越，不拘资次，悠悠风尘，皆奔竞之士，列官千百，无让贤之举。""礼法刑政，于此大坏。""国之将亡，本必先颠，其此之谓乎！"① 干宝认为西晋的灭亡，不是决定于天的意志，而是人的行为导致的结果，归结起来是朝政腐败与风俗"淫僻"两大原因。干宝的论断建立在亲身经历西晋灭亡的基础上，包含着切身的感受与独到的见解。

干宝注意剖析西晋朝政的腐败，着重批判西晋社会"淫僻"的风气，目的是揭示西晋灭亡的必然性。这不仅反映了他认识的深刻，而且说明其见解的高超。在干宝看来，西晋一代，不仅朝风、政风很坏，而且学风、民风同样很坏，整个社会风气都很坏。因此西晋的灭亡是谁也改变不了的历史趋势，"民风国势如此，虽以中庸之才、守文之主治之，辛有必见之于祭祀，季札必得之于声乐，范燮必为之请死，贾谊必为之痛哭，又况我惠帝以荡荡之德临之哉！"干宝认为，在这种情势之下，如果由"中庸之才、守文之主"来治理，国家或许不至于崩溃得那么快，而惠帝"以荡荡之德"君临天下，其崩溃瓦解自然是可想而知了。干宝认为，"贾后肆虐于六宫，韩午助乱于外内"，这些只不过是西晋灭亡过程中的具体现象，而不是导致西晋灭亡的原因。西晋灭亡绝非一朝一夕所致，"其所由来者渐矣，岂特系一妇人之恶乎？""天下之政，既已去矣，非命世之雄，不能取之矣。"② 那种将西晋灭亡归咎于某一女人的认识是肤浅的，并没有看到问题的本质。干宝是西晋灭亡与东晋建立这一历史过程的亲身经历者，对西晋朝政的腐败与风气的"淫僻"有着切身的感受。他总结西晋灭亡的原因与教训，揭示其灭亡的必然性，目的是为东晋统治者治国兴邦提供

---

① 干宝：《晋纪总论》，萧统编，李善注：《文选》卷第四十九，第2176—2188页。

② 同上书，第2189—2190页。

鉴戒。

总而言之，从曹魏取代东汉到西晋的短暂统一，从西晋的崩溃到东晋的建立，在这一百余年的时间里，存在着深刻的冲突，经历过剧烈的动荡，统治集团内部斗争异常惨烈，曹魏政权与西晋政权先后覆灭。曹冏的《六代论》、陆机的《辩亡论》、干宝的《晋纪总论》这三篇探讨兴衰成败的史论，融以历史观照现实与从现实反思历史于一体，在陆贾的《新语》与贾谊的《新书》融史论与政论为一体的基础上，实现了论评现实与考察历史在更高层次上的结合。"三论"作者在秦汉统一的中央集权的专制王朝崩溃之后，针对动荡不安的社会现实反思历史盛衰兴替，虽然赞赏与肯定先秦的分封制，反对与批判秦汉时期的郡县制，因而存在着某些认识上的偏颇，从思想上来说是保守的；但认定治乱兴亡决定于人事，指出治理天下必须重视人事，把君主行为视为攸关天下盛衰的关键，揭示出郡县制的某些弊端，这是具有积极意义的。"三论"强调实现国家的长治久安，首先君主必须深根固本，居安思危，应有忧患意识；其次君主应该广搜人才，切实重用贤才；再次君臣应该同心同德，上下齐心合力；最后君主必须端正朝政，形成良好的"民情风教"。这些从历史总结中概括出来的规律性认识，对于治国兴邦有着重要的理论价值，标志着中国古代的历史盛衰总结，已经上升到新的思想高度。我们应该从魏晋时期的社会背景出发，深刻理解其探求治国方略的意蕴。

四 政治环境与历史认识

魏晋南北朝时期的历史兴亡考察，总是与现实的政治环境密切相关。即使对于同一史实、同一人物，史家的认识也往往存在着巨大差异，甚至形成截然不同的看法。这些认识的差异或者不同的看法，一方面与史家主体的知识水平、认识能力、生平经历、学术渊源等有着密切关系；另一方面又与史家生活的时代背景、政治环境的不同直接相关。魏晋南北朝时期政治环境，具有多变性的特点。因为社会分裂动荡，政权更迭频繁，不同史家生活于不同政治环境之下，甚至同一史家一生的政治环境也会出现许多变化。政治环境的差异决定史家对于历史问题认识的差异，政治环境的变化必然带来史家对于历史问题认识的变化。

政治环境决定史家考察历史的立场与角度。我们从左思与陈寿对于三国正统问题的认识，即可看到政治环境对史家的影响。左思本为魏人，在司马氏代魏建立西晋后入晋。他在西晋实现统一以后，作《三都赋》，以魏为三国的正统。清代学者王鸣盛言："左思于西晋初，吴、蜀始平之后，作《三都赋》，抑吴都、蜀都，而申魏都，以晋承魏统耳。"[①] 陈寿出生于蜀汉，在蜀汉生活了三十一年，后来在曹魏生活了二年，最后在西晋生活了三十三年。他在西晋统一以后搜集史料编撰《三国志》，以西晋人的主体地位总结三国的历史，而西晋由曹魏禅让而来的政治环境，迫使陈寿必然以曹魏作为三国时期的正统。《三国志》为曹魏的君主立纪，而蜀、吴的君主则立传；曹魏的君主称为"帝"，蜀、吴的君主则称"主"；曹魏君主的"纪"居前，蜀、吴君主的"传"则分置于《蜀书》《吴书》之首；曹魏君主之死称"崩"，蜀汉君主之死称"殂"，孙吴君主之死则称"薨"；在《魏书》中，对蜀、吴君主即位称帝皆无其年号，而在《蜀书》《吴书》中，蜀、吴君主即位则必记魏的年号。清代学者赵翼深刻地指出，"正统在魏，则晋之承魏

---

① 　王鸣盛：《十七史商榷》卷五十一《三江扬都》，中国书店 1987 年版。

为正统，自不待言，此陈寿仕于晋，不得不尊晋也"。① 左思与陈寿虽然前半生生活经历不同，分别生活于魏、蜀两个不同的政权之下，但他们后半生却都有由魏入晋的经历，都是作为晋人来思考与总结三国历史的。他们对曹魏正统地位的认同，是其由魏入晋的生活经历，特别是晋由魏禅让而来，其所处的西晋社会的政治环境决定的，肯定魏的正统地位就是肯定晋的正统地位。南北朝时期史家的历史记载也说明，因为所处的政治环境各不相同，所以对于正统的认同迥然不同。南北朝的史家都把为本朝争正统，作为自己神圣的责任：如沈约的《宋书》立《索虏传》以记北魏，将其置于国人类传之末，外国列传之前，对其继承黄帝土德之说，则一概予以否认，不承认其正统地位。萧子显的《南齐书》立《魏虏传》以载北魏，指斥北魏为"虏"而否认其历史地位。魏收的《魏书》则以北魏为正统，将东晋称为"僭晋"，称宋、齐、梁为"岛夷"，对东晋与南朝政权大加贬斥。② 这些史家所处的政治环境不同，决定了其考察历史的角度不同，因此导致了对正统认同的差异。

政治环境决定史家对于历史问题的看法与认识。西晋时因为官修晋史的上限问题，朝廷发生激烈争论。荀勖主张晋史上限应该追溯到魏齐王曹芳正始（240—249）年间；王瓒认为应该始于司马懿于249年（即正始十年，嘉平元年）兵变专权，故嘉平以下朝臣应该入晋史；贾谧则主张晋史应该以泰始受禅（即265年晋武帝受禅）为断。我们应该从不同角度分析这些意见。对前两种意见，一方面应该看到，司马懿在曹魏正始年间专断朝政，奠

---

① 赵翼著，王树民校证：《廿二史劄记校证》卷六《三国志书法》，第122页。

② 沈约：《宋书》卷九十五《索虏传》；萧子显：《南齐书》卷五十七《魏虏传》；魏收：《魏书》卷九十六《僭晋司马睿传》，卷九十七《岛夷桓玄、海夷冯跋、岛夷刘裕传》，卷九十八《岛夷萧道成、岛夷萧衍传》。

定了西晋政权的基础，而其儿子司马师、司马昭虽未称帝，但始终主宰朝政，因而以司马懿及其儿子司马师、司马昭（即所谓晋三祖）入晋史，尊重了历史实际。因此前两种意见贯穿着从历史实际出发，追根溯源，原始察终的精神。陈寿的《三国志》为曹操立纪，同样体现了这种精神。另一方面必须看到，前两种意见又违背了历史实际，因为司马懿及其儿子司马师、司马昭父子虽然专断朝政，但并未称帝，而将其入晋史，寓含着美化司马氏，抬高其历史地位，为其歌功颂德的政治动机。对后一种意见，一方面应该看到，这种意见包含深层政治考量，因为司马懿及其儿子司马师、司马昭生前均为魏臣，并未为帝，根据君臣等级名分，他们的事迹不应该入晋史。晋史应该从晋武帝司马炎受禅称帝开始，这样可以切断晋三祖的事迹，回避对于他们历史地位的评价，有利于维护君臣大义。另一方面又应该看到，这种意见也包含着忠于史实，据实直书的思想。因为晋三祖虽然是西晋政权奠基者，但毕竟不是君主，将其入晋史与事实并不相符。从本质上说，关于晋史上限不同主张之间的争论，在维护西晋王朝正统地位这个根本问题上是相同的，其分歧在于怎样记载西晋开国历史，才能达到维护西晋王朝正统地位这一目的，引发论争的原因则是考察晋史上限时各自强调不同侧面所致，从中可以看出西晋史家政治理念与历史意识的差异。陆机、张华、王衍、乐广、嵇绍、谢衡等皆从贾谧之议，而荀藩（荀勖之子）、荀畯（荀勖之孙）、华混（华峤侄）等则主荀勖之议，荀熙、刁协则从王瓒之意。因为贾谧拥有显赫的政治权势，专断西晋朝政，政治现实环境决定其主张成为朝廷对于编纂晋史上限的官方意见。政治权势决定西晋本朝史的上限，史学成为西晋政治的婢女。贾谧的支持者多为不通史学的玄学名士，政治与玄学结合起来。南朝沈约历仕宋、齐、梁三代，政治环境决定他对这三朝历史更替的认识。

南齐永明五年，他奉诏修撰《宋书》，一方面此前曾身事刘宋，另一方面当时又仕宦萧齐，故既要替刘宋忌讳，又要为萧齐回护，篡夺被说成"禅让"，对有关人物的功过是非与成败得失的分析评判，所谓"反"、"叛"、"功"、"义"等，一切唯主之意是从。萧子显以萧齐宗室的身份仕宦于萧梁，其所编撰的《南齐书》，既要颂扬父祖建树的功德，又要对萧梁君主的行为夸饰隐讳。《高帝纪》盛夸曾祖萧承之、祖父萧道成的业绩，书宋齐革易之际的史实，则载宋废帝苍梧王之恶，全不见篡夺之迹。这是由萧子显所处的政治环境所决定的。

政治环境的变化导致史家对历史问题认识的变化。陈寿、袁宏、习凿齿对于汉魏传承正统的认识，从一个侧面反映出西晋前期、东晋前期、东晋中后期政治环境的变化。袁宏生活于东晋前期，其所面临的内外政治环境，迥异于陈寿所生活的西晋时期，决定了他对于三国正统的认同，必然与陈寿不同。《后汉纪》记汉魏之际的政权更替，以刘备的蜀汉为继承东汉的正统，而对于曹氏父子篡汉切齿痛恨，这是由政治环境的变化所决定的。习凿齿生活于东晋中后期，从外部政治环境来说，五胡乱华，中原沦丧，统一的中央集权的封建王朝已不复存在。偏据东南一隅的东晋政权，类似于东汉崩溃、曹丕代汉以后，东汉宗室刘备建立的偏据西南一隅的蜀汉政权。西晋与东晋的政治环境的差异，决定陈寿与习凿齿对三国正统问题认同的差异。习凿齿撰《汉晋春秋》这一编年体史，以蜀汉作为三国时期的正统，实际上是为东晋政权争正统。故《四库全书总目》的作者指出：陈寿撰《三国志》"以魏为正统，至习凿齿作《汉晋春秋》，始立异议。自朱子以来，无不是凿齿而非寿。然以理而论，寿之谬万万无辞。以势而论，则凿齿帝汉顺而易，寿欲帝汉逆而难。盖凿齿时晋已南渡，其事有类乎蜀，为偏安者争正统，此孚于当代之论者也。寿则身为晋武之臣，而晋武承魏之统，伪魏是伪晋矣，其能行于当代哉"。① 这一论述说明，习凿齿以蜀汉为正统首先是由东晋中后期面临的外部政治环境所决定的。其次习凿齿以蜀汉为正统，这又与其面临的内部政治环境直接相关。东晋时期皇权衰落，权臣干政。桓温专权，意欲夺取东晋政权，这种状况与汉末曹操颇为类似。在习凿齿看来，曹操虽然是汉臣，但其行天子之事，乱君臣纲常，实为僭越篡逆行为；刘备乃汉室之胄，虽然无定天下之功，但仍应属正统之流序，故蜀汉应为正统之所在。故其《汉晋春秋》以蜀汉为正统，将曹魏视为僭伪，根据君臣大义裁正史事，力图达到尊晋抑桓的政治目的。他说："若以魏有代王之德，则其道不足；有静乱之功，则孙、刘鼎立。道不足则不可谓制当年，当年不制于魏，则魏未曾为天下之主；王道不足于曹，则曹未始为一日之王矣。"又说："自汉末鼎沸五六十年，吴、魏犯顺而强，蜀人杖正而弱，三家不能相一，万姓旷而无主。夫有定天下之大功，为天下之所推，孰如见推于暗人，受尊于微弱？"又言："魏武超越，志在倾主，德不素积，义险冰薄。"② 习凿齿对曹魏僭逆的指责与对蜀汉正统的认同，有着尊晋抑桓的政治目的。故习凿齿以蜀汉为正统而以曹魏为僭伪，是由东晋中后期内外政治环境所决定的。如果说陈寿的《三国志》以曹魏为正统，这种认识是由其所生活的政治环境所决定的，在很大程度上是在迫不得已的条件下，为魏晋政权统治的合法性提供历史的依据；那么习凿齿的《汉晋春秋》以蜀汉为正统，这种认识则是由东晋面临的政治环境所决定的，既有在自愿的基础上为东晋政权的存在提供历史依据的政治

---

① 纪昀等：《四库全书总目》卷四十五《史部·正史类》一，《三国志》条，中华书局 1965 年版，第 403 页。

② 房玄龄：《晋书》卷八十二《习凿齿传》，第 2156 页。

色彩，又是一种斥责僭越行为以匡正君臣大义的政治道德说教。

总而言之，魏晋南北朝政治环境的差异性，决定了这一时期史家对于历史认识的差异性。各种类型的史学著作，无一不是某种特定政治环境下的产物，无一不是作者服务于现实社会的手段与工具。我们只有将魏晋南北朝的历史兴亡考察，置于具体的政治环境中认识，才能对各类史著的历史内容，纷繁复杂的史学思想，作出正确的分析与说明，进而把握这一时期史学发展的时代特色。

综上所述，魏晋南北朝山河破碎、分裂动荡的社会环境，使思想家、史学家不再关注通古今之变，而是重视对于历史兴亡的原因进行总结。这一时代的历史兴亡考察有两个重要特点：其一是对历史演变动因思考具有二重性，一方面将历史演变的动因归结为天命，另一方面则又强调人事决定国家兴衰。这种二重性的特点是由汉代史家历史考察二重性的影响，以及现实社会环境的局限所决定的。其二是历史兴亡考察与现实政治密切联系在一起。一方面表现在历史兴亡考察中，对于治乱兴衰的经验教训的总结，与对于治国兴邦之道的思考紧密结合起来，目的是为统治者施政提供鉴戒；另一方面则表现在历史兴亡考察中，对于历史问题的认识与政治环境密切相关，政治环境的变化往往导致历史认识的变化。魏晋南北朝时期历史兴亡考察的这些特点，值得我们深入探讨与认真总结。

论贞观年间的历史鉴戒思潮

　　唐代是中国封建社会继汉代之后的又一盛世。这一盛世的形成与贞观君臣重视历史总结，注意以史为鉴，有着直接的关系。中国封建社会的历史虽然是向前发展而不可重复的，但在其曲折前进的过程中，某些现象却又存在惊人的相似之处。如果说隋的统一结束了魏晋南北朝时期数百年的分裂局面，类似于秦的统一结束了春秋战国时期数百年的分裂局面；那么隋炀帝的暴政引起的隋末动乱与统一不久的隋朝的崩溃，则又类似于秦二世的暴政导致秦末的动乱与统一不久的秦朝的崩溃。如果说唐太宗李世民及其大臣魏徵等对隋末动乱及隋亡历史教训的总结，类似于汉初思想家陆贾与贾谊对秦亡汉兴的历史总结；那么随着唐初君臣以史为鉴而形成的贞观之治，则又类似于随着汉初思想家的历史总结而形成的文景之治。从表面上来看，历史鉴戒思想在唐代前期的政治生活与社会发展中发挥的作用，类似于秦亡汉兴的历史总结对西汉前期的治国方略与施政举措发挥的作用；然而从实质上来看，李世民、魏徵等贞观君臣不仅继承了以史为鉴的传统思想，而且通过大规模修撰前代史，整理经籍及其他文献，将以史为鉴发展到新的思想高度。贞观年间历史鉴戒思潮风靡天下，对于统治者治国施政发挥了巨大的效应，产生了深远的影响。

一 设馆修史,取鉴资治

在中国古代历史上,由朝廷组织人力修撰史书,这是从东汉开始的。汉明帝时诏令班固等修撰《光武本纪》及诸臣列传,其后经过刘珍等人续修,成纪传体断代史《东观汉记》。北魏设立修史局,由宰相监修国史。北齐改修史局而为史馆,史馆之名自此始。隋实现南北统一以后,朝廷虽然设立史馆,设置著作郎、著作佐郎等史官,隶属于秘书省,但其设置仍具有随意性,尚未形成定制。唐初统治者亲身经历隋唐递嬗这一历史巨变,深刻认识到"以古为镜",① "鉴前代成败事,以为元龟",② 即从前代兴衰成败中总结经验教训,尤其是总结隋亡唐兴的历史教训,对于治国兴邦、开创新世,实现国家的长治久安,具有极为重要的意义。在唐朝政权逐渐稳定之后,统治者即着手组织人力,在前代的基础上正式建立史馆,广泛搜集有关史料,对唐朝以前的历史进行大规模的编修工作。

唐高祖武德年间是提出大规模修撰前代史书并开始准备的阶段。唐朝政权初建即将前代史的编修提上日程,令狐德棻于武德四年上疏宣称:"近代以来,多无正史",梁、陈、北齐,"犹有文籍",而周、隋则文献"多有遗阙"。"当今耳目犹接,尚有可凭,如更十数年后,恐事迹湮没。""如文史不存,何以贻鉴今古?如臣愚见,并请修之。"③ 令狐德棻从保存文献,收集史料,贻鉴未来的角度,指出为南北朝各代修史的迫切性。

①　刘昫:《旧唐书》卷七十一《魏徵传》,中华书局 1975 年版,第 2561 页。
②　吴兢:《贞观政要》卷六《论悔过第二十四》,岳麓书社 2000 年版,第 216 页。
③　刘昫:《旧唐书》卷七十三《令狐德棻传》,第 2597 页。

唐高祖对于令狐德棻编修前代历史的上疏极为重视，次年即下《命萧瑀等修六代史诏》，强调修撰前代史的意义，认为："经典序言，史官纪事，考论得失，究尽变通，所以裁成义类，惩恶劝善，多识前古，贻鉴将来。"他总结南北朝各代的更替，指出其历史地位，"自有晋南徙，魏乘机运，周、隋禅代，历世相仍，梁氏称邦，跨据淮海，齐迁龟鼎，陈建宗祊：莫不自命正朔，绵历岁祀，各殊徽号，删定礼仪。至于发迹开基，受终告代，嘉谋善政，名臣奇士，立言著绩，无乏于时"。唐高祖不仅阐明了总结南北朝各代历史的必要性，而且还直接组织有关史官着手实施。他命萧瑀等修北魏史，陈叔达等修北周史，封德彝等修隋史，崔善为等修梁史，裴矩等修北齐史，窦琎等修陈史，要求史官"务加评核，博采旧闻，义在不刊，书法无隐"。[①] 唐高祖武德年间这一修撰前代史的工作，虽然后来因故未能实现，但说明统治者认识到修前代史书的必要性与迫切性，为后来史馆制度的建立与大规模修史工作的展开，直接奠定了基础。

唐太宗贞观年间是大规模修史工作展开与史馆制度建立的阶段。贞观三年，唐太宗下诏重提修撰"六代史"的问题，随后确定编修梁、陈、北齐、北周、隋五代史。唐朝政府"于中书置秘书内省，以修五代史"，[②] 以令狐德棻修北周史，李百药修北齐史，姚思廉修梁史、陈史，魏徵修隋史，以房玄龄、魏徵为监修。在唐太宗亲自组织并直接过问之下，史官们经过七年时间的努力，于贞观十年顺利修成五代史。在设立秘书内省

---

① 李渊：《命萧瑀等修六代史诏》，宋敏求编：《唐大诏令集》卷八十一，中华书局 2008 年版，第 466—467 页。

② 王溥：《唐会要》卷六十三《史馆上·修前代史》，中华书局 1998 年版。

修撰《五代史》的同时，唐太宗在禁中设立了修史的常设机构——史馆。他下诏宣称："前代史书，彰善瘅恶，足为将来之戒。"唐太宗认识到，秦、隋两代短命而亡，与其君主不懂史籍的鉴戒作用有关，"秦始皇奢淫无度，志存隐恶，焚书坑儒，用缄谈者之口。隋炀帝虽好文儒，尤疾学者，前世史籍，竟无所成，数代之事，殆将泯绝"。因此他强调："将欲览前王之得失，为在身之龟镜"，"盛业鸿勋，咸使详备"，① 力图从五代尤其是从隋代的危、乱、亡的惨痛教训中，寻求使唐朝得到安、治、存的有益启示。贞观十五年，唐太宗因为《五代史》只有纪传而无史志，又命于志宁、李淳风、韦安仁、李延寿等修《五代史志》，由令狐德棻、长孙无忌监修，经过十五年时间，至高宗显庆元年，修成《礼仪》《音乐》《律历》等十志共三十卷。《五代史志》的内容以隋为主，其成书之时五代史均已单行，故附于五代史的最后一部《隋书》之下，因而又称《隋志》。贞观二十年，唐太宗下《修晋书诏》，指出："大矣哉，史籍之为用也"，"彰善瘅恶，激一代之清芬；褒吉惩凶，备百王之令典"。然而自晋至南北朝成书的二十余家晋史，或"烦而寡要"，或"滋味同于画饼"，或"不预于中兴"，或"莫通于创业"，或"其文既野，其事罕有"，可谓"才非良史，事亏实录"，② 因而有必要加以重修。根据唐太宗的安排与布置，《晋书》修撰以房玄龄、褚遂良、许敬宗"掌其事"，以令狐德棻、敬播等"详其条例，量加考正"，③ 参加修撰者二十余人。唐朝史馆经过前后三年时间修成了《晋书》，唐太宗亲自撰写

---

① 王钦若等编：《册府元龟》卷五百五十四《国史部·恩奖》，中华书局1960年版。

② 李世民：《修晋书诏》，宋敏求编：《唐大诏令集》卷八十一，第477页。

③ 王溥：《唐会要》卷六十三《史馆上·修前代史》。

了其《宣帝纪》《武帝纪》《陆机传》《王羲之传》四篇的史论。在唐朝史馆修成南北朝各代纪传体断代史之后，参与修撰《隋书》《五代史志》及《晋书》的李延寿，在其父李大师计划编撰编年体南北朝史的基础上，分别根据《宋书》《南齐书》《梁书》《陈书》南朝四史，以及《魏书》《北齐书》《周书》《隋书》北朝四史，参考其他文献一千余卷，仿效司马迁《史记》的编写体例，经过十六年准备，十六年撰述，于高宗显庆四年完成《南史》与《北史》两部纪传体史，保存了许多南北朝时期有价值的史料。贞观年间《梁书》《陈书》《北齐书》《北周书》《隋书》《晋书》《南史》《北史》八部纪传体史的修撰，使魏晋南北朝时期数百年历史得以保存下来，为后人深入研究提供了大量的材料。这些史书的数量占中国封建社会二十四部纪传体正史的三分之一，在中国古代史学史上堪称为空前绝后的工作，几乎没有任何一个朝代可与之相比。

设馆修史不仅是贞观君臣总结历史的重要工作，而且极大地促进与推动贞观年间历史鉴戒思潮的发展。关注前代的盛衰成败，总结兴亡治乱的经验教训，既注意从盛世中寻求成功的经验，更重视从亡国中吸取失败的教训，进而以历史经验教训作为治国施政的借鉴，这是贞观君臣深刻反思南北朝的分裂，总结隋末大规模的动乱，建立史馆修撰前代史的目的。设馆修史说明贞观君臣对历史总结的高度重视，反映其以史为鉴的施政理念，显示对修史大权控制的空前加强，历史鉴戒之风随之而弥漫于天下。从《五代史》的修撰到《南北史》的修成，纪传体前代史的修撰权完全由官府控制。史馆由朝廷宰相担任监修，下设修撰、司直等，从事具体的编纂工作。贞观十四年，唐太宗欲观当代国史，房玄龄遂删略国史为编年体，修撰高祖、太宗实录各二十卷，表上之。高宗显庆元年《五代史志》

修成之时，监修长孙无忌奏上《武德贞观两朝史》。这些表明即使在贞观年间，前代史的修撰为史馆的主要工作之际，国史修撰也同样受到重视；而在前代史修撰完成以后，修撰当朝国史则成为史馆的主要工作。史馆从此成为中央朝廷的一个常设机构，历代君主都在朝廷设立史馆，由宰相担任史馆的监修。史馆既修前代史，又修当朝国史，紧紧控制着史书的修撰大权，成为历史的定制。

设馆修史是深刻影响史学发展与统治者治国施政的制度创新。从史学发展的角度考察，史馆制度的确立具有双刃剑的作用：一方面因为统治者不懂史学，其加强对于史书修撰的控制，存在着不利于史学发展的消极作用。刘知幾将此归纳为五个问题：一是藉以众功，旷费时日；二是史料难求，不免阙略；三是学风不正，易生忌畏；四是监修者众，无所适从；五是指授不明，遵奉无准。① 这些概括虽然不无道理，但仍然处于表面层次。我认为，最根本的问题是史馆制度的建立，使统治者的思想禁锢与精神控制得到强化，使史官只能仰承君主的鼻息，进一步丧失人格的尊严与独立的精神，因而扼杀与窒息了史学发展的思想动力。另一方面也因为统治者能够利用政权的力量，便于组织人力物力集中修史，故而有利于史料的搜集与保存，有利于大型的历史典籍的修撰。史馆制度的建立虽然使学术与政治紧密结合在一起，史学更加沦为封建统治的婢女，不利于其学术性的发挥；但其蕴涵着后代有责任为前代修史的深刻理念，对于历史的传承与文化的延续发挥着重要的作用。从治国施政的角度考察，设馆修史的思想核心是取鉴资

---

① 刘知幾著，张振珮笺注：《史通笺注》外篇卷二十《忤时第十三》，贵州人民出版社 1985 年版，第 703—721 页。

治，即总结治乱兴衰的经验教训，为治国施政提供历史鉴戒，谋求国家与社会的长治久安。因为史馆与国家治理联系在一起，所以修史、取鉴、资治三者紧密结合起来，通过修史使取鉴、资治走向常态化与制度化，形成一种自觉的、固定的机制，使历史的借鉴资治作用得到更好的实现。有学者指出："修史、取鉴、资治三者紧密联系在一起，使中国古代史学的鉴戒功用步入一个新的发展阶段。"① 在史馆制度正式确立以后，君主与朝廷直接控制史馆，统一修撰前代史与当代史，有利于统治者强化思想禁锢，建立统一的社会意识形态，进而维护国家的稳定，巩固中央集权的专制统治。这对于增进民族认同，实现天下长治久安，发挥了重要作用，产生了深远影响。

二　总结历史，大兴文治

贞观年间设馆修史以取鉴资治，与历史鉴戒思潮的兴起直接相关。然而君臣上下对于历史总结工作高度关注，不仅表现在对于魏晋南北朝各代盛衰成败的总结非常重视，而且表现在对于汉代以后到唐代以前的儒家经学与重要史著研究的总结倾心竭力，对于唐代以前的文献典籍进行了全面的整理与系统的总结。这些工作将盛衰总结与思想总结融为一体，已经大大超越了局限于魏晋南北朝治乱兴亡的狭窄视角，扩展到对唐朝以前的盛衰成败的深刻反思，涉及对思想文化的全面清理与系统认识。贞观君臣总结历史呈现出广泛性与多层次性的特点，显示出宽广磅礴的胸襟与恢宏博大的气度，适应了时代的要求与社会的需要。

---

① 谢保成：《中国隋唐五代思想史》，人民出版社 1995 年版《中国全史》本，第 24 页。

贞观君臣对历史盛衰兴亡的反思与总结，既包括朝廷设立史馆修成八部纪传体正史，也体现在君臣上下对历代成败的深入思考。唐太宗有着极为强烈的历史鉴戒意识，其在位期间经常与群臣总结历代盛衰兴亡，探讨君主治国兴邦之道，或与大臣共观经史，终及日昃，终宵不寐；或独自观经读史，披览忘倦，切磋领悟，每达宵分；或与侍臣论议历代兴亡，探讨前王得失。这类记载充斥于史料之中：如太宗初践祚，"以听朝之隙引入内殿，讨论坟典，商略政事，或至夜分乃罢"。① 贞观之初，唐太宗与侍臣论议评说周秦盛衰，认为："周既克殷，务弘仁义；秦既得志，专行诈力。非但取之有异，抑亦守之不同。"② 他赐给李大亮一部《汉纪》，指出："此书叙致即明，论议深博，极为治之体，尽君臣之义"，要求李大亮在公事之闲，"宜加寻阅"。③ 这实质上是强调阅读《汉纪》，可以从中得到处理政事的鉴戒，通过史书的记载可以体察治国兴邦的道理。贞观六年，唐太宗对侍臣说："周则惟善是务，积功累德，所以能保八百之基。秦乃恣其奢淫，好行刑罚，不过二世而灭。"④ 贞观九年，唐太宗与魏徵探讨北齐后主及后周宣帝失国的原因，声言："顷读周、齐史，末代亡国之主为恶多相类也。齐主（指北齐后主——引者注）深好奢侈，所有府库用之略尽，乃至关市无不税敛。朕常谓此犹馋人自食其肉，肉尽必死。人君赋敛不已，百姓既弊，其君亦亡，齐主即是也。然天元（指后周宣帝——引者注）、齐主若为优劣？"魏徵对曰："二主亡国虽同，其行则别。齐主懦弱，政出多门，国无纲纪，遂至

---

① 吴兢：《贞观政要》卷七《崇儒学第二十七》，第 227 页。
② 吴兢：《贞观政要》卷八《辨兴亡第三十四》，第 274 页。
③ 刘昫：《旧唐书》卷六十二《李大亮传》，第 2388 页。
④ 吴兢：《贞观政要》卷三《论君臣鉴戒第六》，第 89 页。

亡灭。天元性凶而强，威福在己，亡国之事，皆在其身。"① 诸
如此类，举不胜举。贞观君臣津津乐道的话题，是历代的盛衰
成败，尤其是隋代覆亡的教训。其诏书、上疏、文章、议论，
表现出强烈的历史沧桑之感，充满着深沉的忧患意识，隐含着
从历史的角度思考问题，对历史高度负责的态度。虞世南博通
经史，唐太宗"重其博识，每机务之隙，引之谈论，共观经
史"。"每论及古先帝王为政得失，必存规讽，多所补益。"② 虞
世南著《帝王略论》，采用问答体的形式，记帝王之事略，论
帝王之贤愚，探讨三代至隋的兴亡治乱之故，无论是对历史的
见解还是论述的方法，都具有重要的思想价值。李百药撰《封
建论》，总结数千年分封制的得失。他指出："祚之长短，必在
天时，政或盛衰，有关人事。""然则得失成败，各有由焉。"
他指责那些著述之家，盲目崇尚古代，"多守常辙，莫不情亡
今古，理蔽浇淳，欲以百王之季，行三代之法"。如果效法上
古实行封建制，"天下五服之内，尽封诸侯；王畿千乘之间，
俱为采地。是以结绳之化行虞、夏之朝，用象刑之典治刘、曹
之末，纪纲既紊，断可知焉"。③ 这些史论包含对前代成败的深
入思考，对于现实的精辟见解。从吴兢的《贞观政要》探讨的
四十个专题中，我们可以看到贞观君臣的政治活动及其以史论
政，其思想核心是总结盛衰成败，探讨历史意蕴，强调以史为
鉴，思考治国方略，追求长治久安。作者在该书序言中指出：
"克遵前轨，择善而从，则可久之业益彰矣，可大之功尤著矣，
岂必祖述尧、舜，宪章文武而已哉！"④

---

① 吴兢：《贞观政要》卷八《辨兴亡第三十四》，第276—277页。
② 刘昫：《旧唐书》卷七十二《虞世南传》，第2566页。
③ 刘昫：《旧唐书》卷七十二《李百药传》，第2573页。
④ 吴兢：《贞观政要序》，第7页。

　　贞观君臣一方面总结魏晋南北朝时期的儒家经学，一方面继承与深化对前代历史典籍的研究。从儒家经学的清理与总结来说，魏晋南北朝时期长期动荡、分裂对立的社会环境，使儒家经学先出现了郑学与王学的对立，后形成了南学与北学的分裂。唐朝实现政治统一以后，统治者迫切需要总结魏晋南北朝时期的儒家经学，使长期分裂对立的经学实现统一，重建全国的社会意识形态。儒家经学的清理与总结存在两大困难：一是因为年代久远，经籍文字多有讹谬；二是从汉代以来，师出多门，章句繁杂，笺注不明，经义纷纭。唐太宗深切认识到，儒家经学对维护思想统治具有重要意义，他"大征天下名儒为学官，数幸国子监"，[①] 并于贞观四年下诏颜师古、孔颖达等修撰《五经义疏》，以求实现儒家经义的统一。颜师古根据唐太宗要求，考订《五经》，编成《五经定本》。史称"太宗复遣诸儒重加详议，于时诸儒传习已久，皆共非之。师古辄引晋、宋已来古今本，随言晓答，援据详明，皆出其意表，诸儒莫不叹服"。[②] 孔颖达主持修撰《五经正义》，由数儒分治一经，各取前代一家注释为底本，根据遵循旧文，疏不破注的原则，对于先儒经注进行疏解，以汉魏古注作为权衡，考定经说是非。《五经正义》采摭旧说，包罗古文，论列是非，阐发义理，在诠释经注的同时，或辨章异同，或考证名物，或解释词语，或讲明语法修辞。《五经正义》的修撰实现了各派经说的统一，形成了经学史上的一统局面。陆德明撰著《经典释文》，收有《易》《书》《诗》《周礼》《仪礼》《礼记》《春秋左传》《公羊》

---

　　① 司马光：《资治通鉴》卷一百九十五《唐纪》十一，太宗贞观十四年，中华书局1956年版，第6153页。

　　② 刘昫：《旧唐书》卷七十三《颜师古传》，第2594页。

《穀梁》《孝经》《论语》《老子》《庄子》《尔雅》十四种书。作者强调指出："研精六籍，采撷九流，搜访异同，校之《苍》《雅》，辄撰集《五典》《孝经》《论语》，及《老》《庄》《尔雅》等音"，"古今并录，括其枢要，经注毕详，训义兼辩"。① 《五经定本》的编定，《五经正义》的修成，《经典释文》的撰著，代表了贞观年间经学总结取得的主要成果。从史籍注解诠释来说，在魏晋南北朝时期史注发展的基础上，唐朝前期取得了许多新的成果。其中成就较大者有颜师古的《汉书注》、李善的《文选注》、李贤的《后汉书注》、司马贞的《史记索隐》、张守节的《史记正义》等。这些史注既继承前人，又超越前人。如颜师古的《汉书注》集唐代以前的学者研究《汉书》成果之大成，在东汉至隋二十多家《汉书》旧注的基础上，或吸取，或矫正，或批评，或补充，或另注，"上考典谟，旁究《苍》《雅》，非苟臆说，皆有援据"。② 李善的《文选注》征引书籍达二十三类，共一千六百八十九种。③ 作者既诠解语词，训诂名物，又考辨史事，评价人物，可谓事义兼释，淹贯古今，故《文选注》的价值不在《文选》本身之下。这类史注对于前代典籍的诠解作出了新的总结，为人们阅读与研究这些典籍提供了条件。

贞观君臣在积极弘扬儒学的基础上，又融会各派学说，吸纳各家精华，为国家治理提供理论借鉴，这是一种思想的批判与总结。魏晋南北朝时期，社会动荡，南北对立，政权更迭频繁，儒家思想的一统天下被打破，意识形态领域呈现出多元化

---

① 陆德明：《经典释文序》，中华书局 1983 年版，第 1 页。

② 颜师古：《汉书叙例》，中华书局 1962 年版《汉书》卷首。

③ 中国青年出版社编：《中国古典文学名著题解》，中国青年出版社 1980 年版，第 126 页。

的发展格局。玄学在魏晋之际兴起，在两晋时期风靡一时；道教从东汉后期开始流行，南北朝时期不断扩展自己的阵地；佛教在两晋时期迅速传播，南北朝时期影响迅速扩大。虽然玄学、道教、佛教在思想领域有着巨大影响，但由于其自身的局限性，始终无法取代儒学而成为统治思想。南北经学的分裂影响到儒学发挥统治思想的功能，唐的统一为经学的复兴提供了可能与条件。贞观君臣从历史教训中深刻体会到，儒家思想对于治理国家具有极端重要性。他们十分重视儒学的作用，强调以儒学治理国家。贞观二年，唐太宗言："梁武帝父子志尚浮华，惟好释氏、老氏之教；武帝末年，频幸同泰寺，亲讲佛经，百僚皆大冠高履，乘车扈从，终日谈论苦空，未尝以军国典章为意。及侯景率兵向阙，尚书郎以下，多不解乘马，狼狈步走，死者相继于道路。武帝及简文卒被侯景幽逼而死。孝元帝在于江陵，为万纽于谨所围，帝犹讲《老子》不辍，百僚皆戎服以听。俄而城陷，君臣俱被囚挚。"在唐太宗看来，这是一件"足为鉴戒"的事情。他宣称所好者，"惟在尧、舜之道，周、孔之教，以为如鸟有翼，如鱼依水，失之必死，不可暂无耳"。[①] 贞观君臣认为，圣人之道是"不可暂无"的思想原则，是君主施政治国的理论依据。从这种认识出发，组织学者对儒家经典进行了全面整理。贞观君臣虽然重视儒家思想的作用，但以一种开放的心态看待其他思想流派，广泛吸纳各家学说的精华为治国兴邦服务。他们强调诸子思想的价值，认为圣人之教有偏，圣人之政各异，宣称"诸子为经籍之鼓吹，文章乃政化之黼黻，皆为治之具也"。[②] "儒、道、小说，圣人之教也，

---

① 吴兢：《贞观政要》卷六《慎所好第二十一》，第 205 页。
② 魏徵：《隋书》卷三十二《经籍志序》，中华书局 1973 年版，第 909 页。

而有所偏。兵及医方，圣人之政也，所施各异。世之治也，列在众职，下至衰乱，官失其守。或以其业游说诸侯，各崇所习，分镳并骛。若使总而不遗，折之中道，亦可以兴化致治者矣。"① 在贞观君臣看来，诸子思想与儒家思想对于国家治理都有重要意义，"杂者，兼儒、墨之道，通众家之意，以见王者之化，无所不冠者也。古者，司史历记前言往行，祸福存亡之道。然则杂者，盖出史官之职也"。② 公正客观、不偏不倚地清理各家学说，做到兼容并蓄，实现取长补短，是治国兴邦的迫切需要。这首先反映在整理各家思想，编撰"网罗治体"的类书《群书治要》。贞观五年，唐太宗以"六籍纷纶，百家蹐驳，穷理尽性，则劳而少功；周览泛观，则博而寡要"，要求魏徵"采撮群书，翦裁浮放"，"存乎政术，缀述大略"，编撰一部有助治国经邦的类书。魏徵等人遵循唐太宗的旨意，"爰自六经，讫乎诸子，上始古帝，下尽晋年"，"欲令见本知末，原始要终。并弃彼春华，采兹秋实。一书之内，牙角无遗；一事之中，羽毛咸尽。用之当今，足以殷鉴前古；传之来叶，可以贻厥孙谋。引而申之，触类而长"。③《群书治要》通过吸收各种思想理论，融会各家思想学说，为治国兴邦提供理论借鉴。其次反映在魏徵主持编撰《隋书·经籍志》这部文献目录，贯穿着以儒为主而兼取各家的治国理念。在魏徵看来，"圣人之教"的儒家学说"有所偏"，其他流派则"所施各异"，治理国家应该以儒为主，兼取众家，"总而不遗，折之中道"。这种既从"祸福存亡之道"中吸取鉴戒，又重视"众家之意，以见王者

---

① 魏徵：《隋书》卷三十四《经籍志三·子部后序》，第1051页。
② 魏徵：《隋书》卷三十四《经籍志三·杂者后序》，第1010页。
③ 魏徵：《群书治要·序》，鹭江出版社2004年版。

之化”的思想，已经超越了传统的专宗儒家圣人之言的思想教条的禁锢，突破了仅仅从兴衰成败中总结经验的思维方式的束缚，反映出贞观君臣历史鉴戒思想的“兼容性、开放性”，^① 折射出贞观时期思想领域海纳百川、有容乃大的盛世景象，表现出一种深沉理性的务实精神，说明了历史鉴戒思想的发展已经达到新的高度。

贞观君臣搜集与整理唐代以前的各种文献，尤其重视魏晋南北朝以来的各类典籍，推崇文献典籍对于天下的教化作用。他们从实现天下大治、创建一代盛世的现实需要出发，对于图书典籍进行大规模搜集与编订工作。唐高祖武德年间，开始大量搜集隋朝藏书。其时长安嘉则殿有隋朝的藏书八万余卷，秦王李世民平定隋东都洛阳后，将隋东都洛阳收藏的图书典籍以船运赴长安，途经黄河砥柱沉没，图书损失十之八九，残存八千余卷。唐高祖以令狐德棻为秘书丞，执掌典籍，“方是时，大乱后，经籍亡散，秘书湮缺，德棻始请帝重购求天下遗书，置吏补录。不数年，图典略备”。^② 唐太宗贞观年间，以魏徵为秘书监，总管经籍、图书。魏徵以“丧乱之后，典章纷杂”，奏请校定，“数年之间，秘府图籍，粲然毕备”。^③《旧唐书》述及自隋至唐典籍情况说：“及隋氏建邦，寰区一统，炀皇好学，喜聚逸书，而隋世简编，最为博洽。及大业之季，丧失者多。贞观中，令狐德棻、魏徵相次为秘书监，上言经籍亡逸，请行购募，并奏引学士校定，群书大备。”^④ 在搜集与整理典籍的过

---

① 谢保成：《中国隋唐五代思想史》，第 33 页。

② 欧阳修、宋祁：《新唐书》卷一百二《令狐德棻传》，中华书局 1975 年版，第 3983 页。

③ 刘昫：《旧唐书》卷七十一《魏徵传》，第 2548 页。

④ 刘昫：《旧唐书》卷四十六《经籍志序》，第 1961—1962 页。

程中，令狐德棻、房玄龄、魏徵等贡献尤多。令狐德棻于唐高祖武德年间主持搜采图书的工作，参与编撰欧阳询主持的类书《艺文类聚》；又于太宗贞观年间修撰《周书》，并参与过多种典籍的编撰。房玄龄与魏徵、高士廉等编修大型类书《文思博要》，又主持《晋书》的修撰。魏徵主持五代史的修撰，主编《群书治要》，参与修撰《大唐仪礼》《文思博要》等著作。他主持修成《隋书·经籍志》这一重要的文献目录，对于唐代以前的文献典籍进行全面总结。该志继承魏晋南北朝时期文献目录的编纂成就，将图书归纳为经、史、子、集四大部类，每一部类之下又分为若干小类，这种分类法一直持续到中国近代。文献典籍的大量搜集，图书目录的统一编定，对于唐代社会的稳定与文化的繁荣，发挥了巨大的作用，产生了深远的影响。

　　贞观君臣不仅将历史的总结与思想的总结融为一体，使两者紧密结合而相得益彰；而且推崇文教，提倡国学，大兴文治之风。文治之风不仅反映一个时代的文化水平，显示一个社会的精神文明程度；而且攸关天下的治理，影响国家的盛衰。唐高祖"建义太原，初定京邑，虽得之马上，而颇好儒臣"。唐太宗为秦王时，于秦王府开文学馆，"广引文学之士"；其即位以后，于正殿之侧置弘文馆，"精选天下文儒之士"，以本官兼署学士；又兴国学，"是时四方儒士，多抱负典籍，云会京师"，甚至高丽、百济、新罗、高昌、吐蕃的君主，"亦遣子弟请入于国学之内"。贞观君臣大兴文治，繁荣文化，形成了国学昌盛的局面，"鼓箧而升讲筵者，八千余人，济济洋洋焉，儒学之盛，古昔未之有也"。[①] 贞观年间文治之风的兴盛，与这一时期历史鉴戒思潮的流行密切相关。文治之风对历史总结有着重要的促进作用，对学

---

① 刘昫：《旧唐书》卷一百八十九上《儒学传序》，第4941页。

术的发展与文化的繁荣有着极大的推动作用。

概括起来，贞观君臣对于历史的总结，大体可以归纳为三个层次：其一是对唐代以前尤其是魏晋南北朝各代兴衰成败的总结，为唐统治者治理国家提供经验与借鉴；其二是对汉魏以来的经学发展与史籍研究作出总结，建立统一的意识形态，为巩固唐中央集权的专制统治奠定思想基础；其三是搜集与整理唐代以前遗留下来的文献典籍，为兴文治、隆政教、敦教化、美风俗，建设一代盛世，提供文化环境。我认为，贞观君臣总结历史，大兴文治，促进了思想的统一，有利于社会的稳定，对于唐朝前期的盛世局面的形成，发挥了重要作用。

三　铭记史鉴,治国兴邦

贞观年间以社会的稳定与经济的繁荣，被称为国泰民安的盛世而载入史册。唐太宗是中国古代历史上，既有高超的政治智慧与文韬武略，又有深沉的大局意识与长远眼光的君主之一。他关注历代盛衰兴亡，重视历史资治鉴戒作用，不仅善于从明君圣主的业绩中，总结出治理天下的成功经验，作为正面榜样而加以借鉴；而且注意从淫君乱主的行为中，概括出社稷沦丧的惨痛教训，作为反面典型而引为鉴戒。贞观君臣铭记"鉴形莫如止水，鉴败莫如亡国"，[①] 注意以史资治，同心协力，治国兴邦，建树了名垂千古的辉煌业绩。汇集贞观君臣论政言论的《贞观政要》，大量载录君臣对治国兴邦历史经验的重要论述，我们可从中体察其铭记史鉴的施政理念。

---

① 司马光：《资治通鉴》卷一百九十五《唐纪》十一，太宗贞观十一年，第6129页。

贞观君臣从历朝历代国泰民安的盛世中，从圣君明主治国兴邦的业绩中，总结出某些治国施政的成功经验。崇尚儒术是贞观君臣从历代盛世中总结出来的治国经验之一。贞观二年，唐太宗与王珪探讨"近世为国者益不及前古"的问题。王珪提出"汉世尚儒术，宰相多用经术士，故风俗淳厚；近世重文轻儒，参以法律，此治化之所以益衰也"。唐太宗肯定了王珪的观点。① 根据汉代四百余年统治的历史经验，认识到以经治国，"人识礼教"，即可"治致太平"；而"儒风既亏"，则将"淳风大坏"。② 从这种历史认识出发，他组织学者对儒家经典进行整理，对魏晋南北朝的儒家经学进行总结。施行仁政是贞观君臣从历代盛世中总结出来的治国经验之二。贞观元年唐太宗指出："古来帝王以仁义为治者，国祚延长，任法御人者，虽救弊于一时，败亡亦促。既见前王成事，足是元龟。"③ 马周于贞观十一年向唐太宗上疏，指出"三代及汉，历年多者八百，少者不减四百，良以恩结人心，人不能忘故也"。在南北朝时期，有的朝代"多者六十年，少者才二十余年，皆无恩于人，本根不固故也"。从西汉前期的文、景二帝在位期间的情况来看，由于其以"恭俭养民"，因而"武帝承其丰富之资，故能穷奢极欲而不至于乱。向使高祖之后即传武帝，汉室安得久存乎？"④ 这就是说，西汉文、景二帝在位，因为施行仁义，"恩结人心"而百姓怀念；因为"恭俭养民"，积累了大量物质财富。这些奠定了西汉一代国运长期延续的基础，也是武帝穷奢极欲而国家并没有陷入动荡崩溃的

---

① 司马光：《资治通鉴》卷一百九十三《唐纪》九，太宗贞观二年，第6058页。

② 吴兢：《贞观政要》卷一《论政体第二》，第15页。

③ 《贞观政要》卷五《论仁义第十三》，第158页。

④ 司马光：《资治通鉴》卷一百九十五《唐纪》十一，太宗贞观十一年，第6132页。

原因所在。居安思危是贞观君臣从历代盛世中总结出来的治国经验之三。唐太宗认为，晋武帝"见土地之广，谓万叶而无虞；睹天下之安，谓千年而永治。不知处广以思狭，则广可长广；居治而忘危，则治无常治"。① 许多朝代之所以国运长久，其原因就是因为君主居安思危，施恩于百姓，奠定了政权稳定的根基；那些国祚短暂的朝代，则是因为君主荒淫无道，无恩于百姓，政权根基不固所致。因此治理国家应如同西汉的文、景二帝一样，居安思危，体恤百姓，这样才能"隆禹、汤、文、武之业，为子孙立万代之基"。② 贞观君臣将从盛世中总结出来的崇尚儒术、施行仁政、居安思危等治国经验，落实到自己的施政治国的实践中，促进了唐朝前期社会的稳定与经济的繁荣。

贞观君臣从那些被推翻的短命朝代中，从那些身死匹夫之手的亡国之君的行为中，归纳出某些治国兴邦的反面教训。要兼听而不要偏信是贞观君臣从历代亡国史实中引出的重要教训之一。贞观二年，唐太宗与魏徵探讨"明君"与"昏君"的问题。魏徵提出，"兼听"即为明君，而"偏信"则为暗君。他分析说："秦二世则隐藏其身，捐隔疏贱而偏信赵高，及天下溃叛，不得闻也。梁武帝偏信朱异，而侯景举兵向阙，竟不得知也。隋炀帝偏信虞世基，而诸贼攻城剽邑，亦不得知也。"这些昏君暗主宠信奸佞，导使社稷沦丧的惨痛教训，说明"下情必得上通"的重要性，而"偏信"是不能实现下情上通的。唐太宗"甚善其言"，得出了君主应"兼听纳下"③ 的深刻认识。要虚心纳谏而不可骄

① 房玄龄：《晋书》卷三《武帝纪论》(《武帝纪》的史论为唐太宗所撰)，第81页。

② 司马光：《资治通鉴》卷一百九十五《唐纪》十一，太宗贞观十一年，第6132页。

③ 吴兢：《贞观政要》卷一《论君道第一》，第3页。

矜自用是贞观君臣从历代亡国史实中引出的重要教训之二。魏徵于贞观二年向唐太宗上言："炀帝恃其俊才，骄矜自用，故口诵尧、舜之言，而身为桀、纣之行，曾不自知以至覆亡也。"唐太宗强调说："前事不远，吾属之师也。"[①] 他认识到，君昏必然臣暗，君主"骄矜自用"，这是隋丧国的重要原因，于贞观五年对侍臣言："唯炀帝无道，其臣亦不尽忠。君臣如此，何得不亡！"[②] 故其重视以此为鉴，虚心纳谏。贞观十年，因魏王泰有宠于唐太宗，或言三品以上多轻魏王，唐太宗引三品以上作色让之。魏徵向唐太宗进言说："隋文帝骄其诸子，使多行无礼，卒皆夷灭，又足法乎！"唐太宗闻之，意识到自己"以私爱忘公义"，这是"理屈"。[③] 其在位期间始终吸取隋文帝废嫡立庶、自乱纲纪的教训。要节己顺人而不可穷奢极欲是贞观君臣从历代亡国史实中引出的重要教训之三。他们从秦、隋的历史教训中深切体会到：君主如穷奢极欲，百姓将陷于困境；百姓困穷，必然沦为盗贼，国家必然灭亡。贞观二年，王珪对唐太宗上言："昔秦皇、汉武，外则穷极兵戈，内则崇侈宫室，人力既竭，祸难遂兴"，"亡隋之辙，殷鉴不远"。唐太宗称其言"是也"。[④] 贞观七年，唐太宗将幸九成宫，姚思廉进谏说："离宫游幸，此秦皇、汉武之事，故非尧、舜、禹、汤之所为也。"唐太宗"甚嘉"其意。[⑤] 穷兵黩武，大兴宫室，秦朝因此二世而亡，汉武差一点走

---

① 司马光：《资治通鉴》卷一百九十二《唐纪》八，太宗贞观二年，第6053页。

② 司马光：《资治通鉴》卷一百九十三《唐纪》九，太宗贞观五年，第6091页。

③ 司马光：《资治通鉴》卷一百九十四《唐纪》十，太宗贞观十年，第6123—6124页。

④ 吴兢：《贞观政要》卷八《论务农第三十》，第253页。

⑤ 吴兢：《贞观政要》卷二《论纳谏第五》，第67页。

上亡秦的老路，这是非常深刻的历史教训。因此，唐太宗施政，"本怜百姓，每节己以顺人"。[①] 贞观十一年，魏徵因唐太宗欲作"飞山宫"，上疏谏阻。他总结隋亡的教训："炀帝恃其富强，不虞后患，穷奢极欲，使百姓困穷，以至身死人手，社稷为墟。陛下拨乱返正，宜思隋之所以失，我之所以得，撤其峻宇，安于卑宫。"[②] 马周向唐太宗上疏强调："自古以来，百姓愁怨，聚为盗贼，其国未有不亡者，人主虽欲追改，不能复全。……盖幽、厉尝笑桀、纣矣，炀帝亦笑周、齐矣，不可使后之笑今如今之笑炀帝也！"马周又指出："自古以来，国之兴亡，不以畜积多少，在于百姓苦乐。"这一上疏对唐太宗的思想，产生了极大的震撼，使其"称善久之"。[③] 这些说明历代亡国尤其是秦、隋灭亡的教训，对于贞观君臣治国兴邦的实践，发挥了重要的鉴戒作用。

贞观君臣既重视从历代盛世中总结成功的经验，更注意从古今亡国中概括失败的教训。魏晋南北朝时期，南北对立，社会分裂，政权更替频繁，值得深入总结之处颇多。这数百年动荡分裂的历史，从时间上说与唐朝相距不远，通过考察与探讨这一时期的治乱兴衰，可以总结许多治国施政的教训。秦、隋二代是贞观君臣最为关注的朝代，一方面因为这两代都是凭借强大的军事力量结束了数百年分裂割据局面，都在统一之后进行过一系列制度建设与创新，都在历史发展过程中留下了极为重要的地位；另一方面又因为这两代的君主都好大喜功、穷奢极欲、横征暴敛、残民以逞，以致二世而亡，都包含着极为深刻的历史教训而值得人

---

① 吴兢：《贞观政要》卷六《论俭约第十八》，第 194 页。

② 司马光：《资治通鉴》卷一百九十四《唐纪》十，太宗贞观十一年，第 6125 页。

③ 司马光：《资治通鉴》卷一百九十五《唐纪》十一，太宗贞观十一年，第 6132、6133 页。

们引以为戒。因此考察秦、隋两朝之"失"，总结其反面教训，成为贞观君臣"取鉴于亡国"的重点。隋既是贞观君臣亲身经历的朝代，又是其亲见灭亡的朝代，"取鉴于亡隋"更是重中之重，故特别强调"取鉴于亡隋"，经常铭记隋亡的历史教训。魏徵指出："鉴形之美恶，必就于止水；鉴国之安危，必取于亡国。"他又说："愿当今之动静，必思隋氏以为殷鉴，则存亡治乱，可得而知。若能思其所以危，则安矣；思其所以乱，则治矣；思其所以亡，则存矣。"① 这些论述包含深刻的哲理，说明盛衰成败彼此依存而又相互转化。因为唐继隋而起，无论是政治制度，还是思想文化，唐必然继承隋，甚至可以说没有隋就没有唐。唐在重建隋末动乱而遭到破坏的国家机器之后，迫切需要解决维护统一与巩固统治的问题。如果不能深入总结隋朝灭亡的教训，从这些教训中引出有益的启示，以此作为巩固唐朝统治的鉴戒，就不能避免隋朝历史悲剧重演，更不能确保天下的长治久安。在贞观君臣看来，"自古失国之主，皆为居安忘危，处治忘乱，所以不能长久"。隋为唐的前车之鉴，隋主"身死匹夫之手"，② 说明匹夫的力量确实可怕。这种意识如同挥之不去的梦魇，经常萦绕在贞观君臣心头，对唐朝的治国兴邦有着特殊的重要意义。

　　贞观君臣考察隋由盛而衰的历史，探讨其崩溃灭亡的原因。他们既看到隋承北周实现统一以后的强盛，又看到隋迅速走向崩溃。隋疆域辽阔，人口众多，经济繁荣，甲兵强盛，为何在短短的十余年时间里，竟然"率土分崩"，"子孙殄灭"？③ 这一由盛而衰的过程蕴涵哪些深刻的教训？不能不引起贞观君臣的深思。

①　吴兢：《贞观政要》卷八《论刑法第三十一》，第263页。
②　吴兢：《贞观政要》卷一《论政体第二》，第19页。
③　刘昫：《旧唐书》卷七十一《魏徵传》，第2550—2551页。

贞观君臣通过对隋全面考察认识到，隋虽然亡于炀帝，但其"乱亡之兆"在文帝之时即已出现。隋文帝固然顺应了历史时势，"乘兹机运，遂迁周鼎"，"劬劳日昃，经营四方"，致使"金陵失险"，"单于款塞"，建立起"职方所载，并入疆理，禹贡所图，咸受正朔"① 的一统天下。在其治理之下，"七德既敷，九歌已洽，要荒咸暨，尉候无警。于是躬节俭，平徭赋，仓廪实，法令行，君子咸乐其生，小人各安其业，强无凌弱，众不暴寡，人物殷阜，朝野欢娱。二十年间，天下无事，区宇之内晏如也。考之前王，足以参踪盛烈"。② 但在隋文帝统治时期繁荣昌盛的背后，已潜伏与深藏着崩溃灭亡的因素。首先他"不明而喜察，不明则照有不通，喜察则多疑于物，事皆自决，不任群臣"。③ 这是隋二世而亡的原因之一。其次隋文帝"素无术学，不能尽下，无宽仁之度，有刻薄之资"，又"雅好符瑞，暗于大道"，特别是"听哲妇之言，惑邪臣之说，溺宠废嫡，托付失所。灭父子之道，开昆弟之隙，纵其寻斧，剪伐本枝。坟土未干，子孙继踵屠戮，松槚才列，天下已非隋有"。④ 这就是说隋文帝狠毒刻薄，尤其是违背君臣父子之道，杨勇立为太子，"房陵分定久矣，高祖一朝易之，开逆乱之源，长觊觎之望"。"自古废嫡立庶，覆族倾宗者多矣，考其乱亡之祸，未若有隋之酷。"⑤ 这是隋二世而亡的原因之二。隋文帝既不能任贤纳谏，又背离君臣父子之道，这些已经埋下覆亡的祸根。隋的崩溃绝非偶然因素所致，其兴盛之日就

---

① 魏徵：《隋书》卷二《高祖纪后论》，第 55 页。
② 同上。
③ 司马光：《资治通鉴》卷一百九十三《唐纪》九，太宗贞观四年，第 6080 页。
④ 魏徵：《隋书》卷二《高祖纪后论》，第 55 页。
⑤ 魏徵：《隋书》卷四十五《文四子列传论》，第 1247 页。

是各种乱亡因素潜伏之时，而最后灭亡就是这些因素逐步发展的结果。因此隋"衰怠"、"乱亡"虽然成于炀帝，但其"所由来远矣，非一朝一夕"。① 这种认识基于对隋由盛而衰的全面考察，揭示出隋的灭亡的必然性，不仅符合历史事实，而且是非常深刻的。

贞观君臣运用比较的方法，总结君主必须铭记的教训。他们将隋文帝与隋炀帝比较，思考"以开皇之初，比于大业之盛，度土地之广狭，料户口之众寡，算甲兵之多少，校仓廪之虚实，九鼎之譬鸿毛，未喻轻重，培塿之方嵩岱，曾何等极！论地险则辽隧未拟于长江，语人谋则勾丽不侔于陈国。高祖扫江南以清六合，炀帝事辽东而丧天下。其故何哉？"② 这就是说，隋文帝时期土地与人口远不及隋炀帝时期多，国力也远不如隋炀帝时期强大。然隋文帝发动灭陈的战争，结果实现了国家统一；而隋炀帝发动攻打朝鲜的战争，结果却导致国家崩溃。为什么出现两种截然不同的结果呢？这是由于两者"所为之迹同"，而"所用之心异也"。隋文帝灭陈，"十有余载，戎车屡动，民亦劳止，不为无事。然其动也，思以安之；其劳也，思以逸之。是以民致时雍，师无怨讟，诚在于爱利，故其兴也勃焉"。隋炀帝继位，"嗣承平之基，守已安之业，肆其淫放，虐用其民，视亿兆如草芥，顾群臣如寇仇，劳近以事远，求名而丧实。兵缠魏阙，跕危弗图，围解雁门，慢游不息。"这就是"高祖之所由兴，而炀帝之所以灭"的原因所在。贞观君臣不仅以隋文帝与隋炀帝进行比较，而且以秦朝作为隋朝的参照系进行比较，把隋亡唐兴的政权更替置于更

---

① 魏徵：《隋书》卷二《高祖纪后论》，第56页。
② 魏徵：《隋书》卷七十《杨玄感、李子雄、赵元淑、斛斯政、刘元进、李密、裴仁基传后论》，第1636页。

广阔的历史时空中考察，指出："隋之得失存亡，大较与秦相类。始皇并吞六国，高祖统一九州，二世虐用威刑，炀帝肆行猜毒，皆祸起于群盗，而身殒于匹夫。原始要终，若合符契矣。"①

贞观君臣立足现实而反思历史，铭记史鉴以治国兴邦。唐太宗概括自己"勤行三事"，第一件就是"鉴前代成败事，以为元龟"。② 他所说的"前代成败事"，既包括前代成功的治国业绩，更包括前代政权覆灭的惨痛教训。其即位之初面对社会萧条破败的局面，曾发出"大乱之后，其治难乎？"的慨叹。魏徵则从历史盛衰中，得出"乱后易教，犹饥人易食"的结论，指出："若圣哲施化，上下同心，人应如响，不疾而速，期月而可，信不为过，三年成功，犹谓其晚。"③ 唐太宗根据魏徵的建议，从历代大乱之后实现大治的经验出发，实行"偃革兴文，布德施惠，中国既安，远人自服"的施政方略，经过数年"力行不倦"，收到了"天下大宁，绝域君长，皆来朝贡，九夷重译，相望于道"之效。④ 他强调说："为国之道"，必须以"安静为务"。其所言"安静"，指的是因应时势，顺乎民心，不好大喜功，不随意兴作，不扰乱民生。贞观时期施政以安静为务，将历史鉴戒与治国兴邦结合起来。

概括起来，贞观君臣这一以唐太宗为最高统治者，包括令狐德棻、房玄龄、魏徵等人为核心成员组成的统治群体，有着极为强烈、极其深刻的历史意识，其治国兴邦的施政理念是铭记历史，以史为鉴：这一方面是注意从历代盛世中总结治国的经验，

---

① 魏徵：《隋书》卷七十《杨玄感、李子雄、赵元淑、斛斯政、刘元进、李密、裴仁基传后论》，第 1636 页。

② 吴兢：《贞观政要》卷六《杜谗邪第二十三》，第 216 页。

③ 吴兢：《贞观政要》卷一《论政体第二》，第 20 页。

④ 吴兢：《贞观政要》卷五《论诚信第十七》，第 191 页。

从古今亡国中概括失败的教训；另一方面则是在施政实践中借鉴盛世的经验，吸取亡国的教训，特别是重视思考与探讨隋朝灭亡的原因，切实以秦、隋二世而亡为鉴。我认为，贞观君臣对于盛世成功经验的总结，对于亡国失败教训的概括，对于隋朝灭亡原因的分析，关于以安静为务的治国方略，将以史为鉴与治国兴邦结合起来，不仅有着现实的政治意义，而且有着深刻的理论意义。

四　拨乱反正,创建盛世

贞观时期，居安思危，以隋为鉴，铭记历史，开创未来，成为君臣上下的共同意志，支配其思想与行为。这主要体现在深刻认识与具体分析隋朝的历史，在施政实践中以隋朝二世而亡作为鉴戒，针对隋炀帝的暴政实行拨乱反正，遵循以安静为务的方略治理国家，顺应民心所向与时势发展要求，创建天下太平、经济繁荣的一代盛世，在中国古代历史上写下了光辉灿烂的一页。如果说贞观君臣治国兴邦的施政理念，是铭记史鉴，清静为务；那么这种施政理念的形成，是时势的需要，是历史的选择，是对于隋末暴政的拨乱反正的必然要求。

贞观君臣经常铭记隋炀帝统治时期赋役繁重的教训。隋末赋役繁重既包括因为好大喜功，率性兴作而大兴徭役；也包括由于轻启边衅，随意用兵而滥兴兵役。这些使"百姓欲静而徭役不休，百姓凋残而侈务不息，国之衰弊，恒由此起"。[1] 史称隋炀帝时期"六军不息，百役繁兴"，致使"行者不归，居者失业，

---

①　吴兢：《贞观政要》卷一《论君道第一》，第5页。

人饥相食，邑落为墟"，"流离道路，转死沟壑，十八九焉"，①
教训极其深刻。《隋书》不仅详细记载隋代历史上那些大规模的
征发，如"发河南诸郡男女百余万，开通济渠"，"发河北十余郡
丁男开凿太行山"，"发丁男百余万筑长城"，而"死者十五六"，
"发河北诸郡男女百余万开永济渠"，发一百一十三万多兵卒远征
高丽，馈运者倍之；②而且具体说明了赋役繁重给社会带来的巨
大灾难，指出："军国多务，日不暇给"，"六军不息，百役繁兴，
行者不归，居者失业。人饥相食，邑落为墟"，③隋炀帝的穷兵
黩武，使百姓丧失生计，被迫流离失所，"所在皆以征敛供帐军
旅所资为务，百姓虽困，而弗之恤也"。④在这种情况下，社会
秩序遭到严重破坏，生产活动无法正常进行，人们难以照常生活
下去，只得铤而走险。《隋书》指出：炀帝的暴政使"区宇之内，
盗贼蜂起"，"百姓无辜，咸受屠戮。黎庶愤怨，天下土崩"，⑤
国家崩溃灭亡。唐太宗生长于民间，"民之疾苦情伪，无不知
之"。⑥其即位之初即强调："君依于国，国依于民。刻民以奉
君，犹割肉以充腹，腹饱而身毙，君富而国亡。故人君之患，不
自外来，常由身出。夫欲盛则费广，费广则赋重，赋重则民愁，
民愁则国危，国危则君丧矣。"⑦这些简洁而朴实的语言，反映
出唐太宗对于君与民关系的深刻理解，对于民惟邦本的深刻
认识。

---

① 魏徵：《隋书》卷四《炀帝纪下》及后论，第95—96页。
② 魏徵：《隋书》卷三《炀帝纪上》、卷四《炀帝纪下》，第63、70页。
③ 魏徵：《隋书》卷四《炀帝纪下》，第95页。
④ 魏徵：《隋书》卷二十四《食货志》，第688页。
⑤ 魏徵：《隋书》卷四《炀帝纪下》，第95页。
⑥ 司马光：《资治通鉴》卷一百九十四《唐纪》十，太宗贞观七年，第6104页。
⑦ 《资治通鉴》卷一百九十二《唐纪》八，高祖武德九年，第6026页。

唐太宗鉴于隋炀帝"内恃富强，外思广地，以骄取怨，以怒兴师"，[①] 率性而为，滥用民力，致使天下溃畔，提出"人君简净乃可致也"的观点。[②] "简静"指的是简单安静，清心寡欲，不随意兴作，不滥启边衅；"可致"指的是可由此实现天下大治，构建太平盛世。唐太宗认识到减省徭役、不扰民生的必要性，贞观之初即言："隋炀帝广造宫室，以肆行幸。自西京至东都，离宫别馆，相望道次，乃至并州、涿郡，无不悉然。驰道皆广数百步，种树以饰其傍。人力不堪，相聚为贼。逮至末年，尺土一人，非复己有。以此观之，广宫室，好行幸，竟有何益？"这些都是他"耳所闻"与"目所见"，故其在施政中经常"深以自诫"，"不敢轻用人力，惟令百姓安静，不有怨叛而已"。[③] 大禹凿山治水而民无怨言，就是因为这一工作对民有利。秦始皇营建宫室而民怨恨反叛，就是因为这件事情害民利己。"夫靡丽珍奇，固人之所欲，若纵之不已，则危亡立至。"其即位以后所居住的是隋朝所建的宫殿，因为已经破旧，虽然想建造一殿，"材用已具"，但想到秦滥用民力而亡的教训，便不再兴建了。[④] 因为唐太宗患有"气疾"，所以不宜在潮湿的住所居住，公卿奏请"营一阁以居之"。唐太宗说："朕有气疾，岂宜下湿，若遂来请，糜费良多"，"而所费过之，岂为人父母之道也？"虽然群臣请求再三，唐太宗"竟不许"。贞观四年他又对群臣说："崇饰宫宇，游赏池台，帝王之所欲，百姓之所不欲。帝王所欲者放逸，百姓所不欲者劳弊"，要求"劳弊之事，诚不可施于百姓"。[⑤] 贞观五年

---

① 魏徵：《隋书》卷八十一《东夷传》，第 1829 页。
② 吴兢：《贞观政要》卷八《论务农第三十》，第 253 页。
③ 吴兢：《贞观政要》卷十《论行幸第三十七》，第 302 页。
④ 司马光：《资治通鉴》卷一百九十二《唐纪》八，太宗贞观元年，第 6041 页。
⑤ 吴兢：《贞观政要》卷六《论俭约第十八》，第 194 页。

唐太宗再次强调："治国如治病，病虽愈，犹宜将护，傥遽自放纵，病复作，则不可救矣。"① 唐太宗以富民为己任，避免劳民伤财的事情，声称"今省徭赋，不夺其时，使比屋之人，恣其耕稼，此则富矣"。② 他鉴于隋炀帝大兴土木，穷奢极欲，采取许多措施，"去奢省费，轻徭薄赋，选用廉吏，使民衣食有余"。③ 贞观年间"遂得徭役不兴，年谷丰稔，百姓安乐"，④ 得以安心地从事生产。

贞观君臣深刻总结隋炀帝统治时期横征暴敛的教训。隋文帝虽然举措失当，特别是废嫡立庶破坏了纲常伦理，但与隋亡直接相关的则是隋炀帝的暴政，或者说是因为隋炀帝的暴政引发大规模社会动乱，从而导致隋的崩溃灭亡。贞观君臣从隋的崩溃瓦解的整个过程中，亲眼目睹隋炀帝横征暴敛的严重后果。贞观二年，唐太宗强调："隋开皇十四年大旱，人多饥乏。是时仓库盈溢，竟不许赈给，乃令百姓逐粮。隋文不怜百姓而惜仓库，比至末年，计天下储积，得供五六十年。炀帝恃此富饶，所以奢华无道，遂致灭亡。炀帝失国，亦此之由。凡理国者，务积于人，不在盈其仓库。古人云：'百姓不足，君孰与足？'但使仓库可备凶年，此外何烦储蓄？后嗣若贤，自能保其天下；如其不肖，多积仓库，徒益其奢侈，危亡之本也。"⑤ 这一事例使唐太宗深刻认识到，百姓衣食得到满足对国家治理极为重要，隋的灭亡就是因为君主穷奢极欲，不顾民的死活所致。贞观四年，唐太宗又言，隋朝的灭亡并非因为"甲仗不足"，而是由于"仁义不修"，"群

① 司马光：《资治通鉴》卷一百九十三《唐纪》九，太宗贞观五年，第 6091 页。
② 吴兢：《贞观政要》卷八《论务农第三十》，第 255 页。
③ 司马光：《资治通鉴》卷一百九十二《唐纪》八，高祖武德九年，第 6026 页。
④ 吴兢：《贞观政要》卷一《论政体第二》，第 25 页。
⑤ 吴兢：《贞观政要》卷八《辨兴亡第三十四》，第 275 页。

下怨叛"。① 魏徵指出，隋炀帝横征暴敛，是导致社会动乱与国家灭亡的主要原因。他对唐太宗说："隋炀帝志在无厌，惟好奢侈，所司每有供奉营造，小不称意，则有峻罚严刑。上之所好，下必有甚，竞为无限，遂至灭亡。"② 贞观十一年，魏徵上疏说：隋炀帝"恃其富强，不虞后患。驱天下以从欲，罄万物而自奉，采域中之子女，求远方之奇异。宫苑是饰，台榭是崇，徭役无时，干戈不戢。外示严重，内多险忌，谗邪者必受其福，忠正者莫保其生。上下相蒙，君臣道隔。民不堪命，率土分崩"。③ 在《隋书》的史论中，魏徵强调指出：隋炀帝"负其富强之资，思逞无厌之欲，狭殷、周之制度，尚秦汉之规摹，恃才矜己，傲狠明德，内怀险躁，外示凝简，盛冠服以饰其奸，除谏官以掩其过。荒淫无度，法令滋章，教绝四维，刑参五虐，锄诛骨肉，屠剿忠良，受赏者莫见其功，为戮者不知其罪。骄怒之兵屡动，土木之功不息，频出朔方，三驾辽左，旌旗万里，征税百端，猾吏侵渔，人不堪命。乃急令暴条以扰之，严刑峻法以临之，甲兵威武以董之，自是海内骚然，无聊生矣"。④ 隋炀帝严刑峻法，穷兵黩武，荒淫无度，残民以逞，使"人不堪命"；那些本无"陈涉亡秦之志，张角乱汉之谋"，并不了解"旌旗什伍之容"、"行师用兵之势"的百姓，"皆苦于上欲无厌，下不堪命，饥寒交切，救死萑蒲"，被迫揭竿而起，铤而走险；因而"人自为战，众怒难犯"，社会矛盾激化，致使"群盗并兴，百殃俱起，自绝民神

---

① 吴兢：《贞观政要》卷五《论仁义第十三》，第159页。
② 吴兢：《贞观政要》卷六《论俭约第十八》，第195页。
③ 吴兢：《贞观政要》卷一《论君道第一》，第6页。
④ 魏徵：《隋书》卷四《炀帝纪后论》，第95—96页。

之望，故其亡也忽焉"。① 魏徵根据从荀子到贾谊反复阐发的观点，提醒唐太宗注意"君，舟也；人，水也。水能载舟，亦能覆舟"的道理。②

唐太宗鉴于隋末因为民不聊生而天下瓦解，故其治国施政注意关爱百姓，顺应民心。他宣称："凡事皆须务本，国以人为本，人以衣食为本，凡营衣食，以不失时为本。"君主"若兵戈屡动，土木不息，而欲不夺农时，其可得乎？"在唐太宗看来，以民为本治国兴邦，必须满足民的衣食需要，关键是君主"抑情损欲，克己自励"，③ 对民"轻徭薄敛，使之各治生业"，以百姓"家给人足"为乐。④ 他认识到自古以来国之兴亡，"在于百姓之苦乐"。⑤ 因此，"为君之道，必须先存百姓"。⑥ 君主因顺自然，做到"简净"，尤其是"不夺农时"，就可以"存百姓"，而"存百姓"则能使社会稳定，天下长治久安。唐太宗认为，隋炀帝"东征西讨，穷兵黩武，百姓不堪，遂至亡灭"，⑦ 实行拨乱反正，注意节省民力，避免征战之事。因为"一与虏战，必有死伤"，而"结怨于我，为患不细"。⑧ 这些认识不仅继承了自先秦形成而在汉代得到进一步发展的民本思想，而且凝聚着贞观君臣总结历代治国

---

① 魏徵：《隋书》卷七十《杨玄感、李子雄、赵元淑、斛斯政、刘元进、李密、裴仁基传后论》，第1635—1636页。
② 吴兢：《贞观政要》卷一《论政体第二》，第19页。
③ 吴兢：《贞观政要》卷八《论务农第三十》，第253页。
④ 司马光：《资治通鉴》卷一百九十六《唐纪》十二，太宗贞观十六年，第6181页。
⑤ 司马光：《资治通鉴》卷一百九十五《唐纪》十一，太宗贞观十一年，第6133页。
⑥ 吴兢：《贞观政要》卷一《论君道第一》，第2页。
⑦ 吴兢：《贞观政要》卷一《论政体第二》，第25页。
⑧ 刘昫：《旧唐书》卷一百九十四上《突厥传上》，第5158页。

经验，尤其是隋亡教训的思想成果，在落实到贞观时期的施政实践以后，直接促成了国泰民安的盛世局面。

贞观君臣注意吸取隋炀帝因为滥施淫威，摧残人才，导致国家崩溃的教训。隋炀帝专横暴虐，以致众叛亲离。这从反面说明，君主重视人才，广揽贤才，对于实现天下稳定，具有极为重要的意义。在《隋书》的史论中，魏徵通过大量历史事例，揭示"吉凶由人"的道理。君主治国施政，必须重用良吏，广施仁政，实行教化。他指出："有无能之吏，无不可化之人。""古之善牧人者，养之以仁，使之以义，教之以礼，随其所便而处之，因其所欲而与之，从其所好而劝之。"他称赞梁彦光等循吏"立严察之朝，属昏狂之主，执心平允，终行仁恕，余风遗爱，没而不忘，宽惠之音，足以传之来叶"；肯定其"内怀直道，至诚待物，故得所居而化，所去见思"。① 隋炀帝"自以威行万物，顾指无违，又躬为长君功高曩列"，"振古以来，一君而已"。② 然其"丧身灭国，未有若斯之盛也"。③ 隋的盛衰兴亡表明，"大厦云构，非一木之枝；帝王之功，非一士之略。长短殊用，大小异宜，楷枿栋梁，莫可弃也"。④ 唐太宗从隋炀帝摧残人才，致使天下崩溃，切实感受到治理天下，应该发现人才，选拔人才，重用人才，发挥人才的作用。他晚年总结自己"才不逮古人而成功过之"的原因，认为"自古帝王多疾胜己者，朕见人之善，若己有之。人之行能，不能兼备，朕常弃其所短，取其所长。人主往往进贤则欲置诸怀，退不肖则欲推诸壑，朕见贤者则敬之，不肖者则怜之，贤不肖

---

① 魏徵：《隋书》卷七十三《循吏传》，第1688页。
② 魏徵：《隋书》卷七十《后论》，第1635页。
③ 吴兢：《隋书》卷四《炀帝纪下》，第96页。
④ 吴兢：《隋书》卷六十六《后论》，第1567页。

各得其所。人主多恶正直，阴诛显戮，无代无之，朕践阼以来，正直之士，比肩于朝，未尝黜责一人。自古皆贵中华，贱夷、狄，朕独爱之如一，故其种落皆依朕如父母。此五者，朕所以成今日之功也"。① 唐太宗所说五个方面，前四个方面概括起来就是重视人才的作用。

　　唐太宗鉴于隋炀帝专逞淫威摧残人才，把"用人"与"致治"联系起来，注意广纳贤才，发挥他们的作用。贞观元年唐太宗指出："致治之本，惟在于审。量才授职，务省官员。"② 贞观二年他又说："致安之本，惟在得人"，深感自己"居深宫之中，视听不能及远，所委者惟都督、刺史，此辈实治乱所系，犹须得人"，要求群臣"广开耳目，求访贤哲"。③ 又言："为政之要，惟在得人，用非其才，必难致治"，强调今所任用，必"以德行、学识为本"。④ 为了任用贤才，唐太宗特别注意"防微杜渐，用绝谗构之端"。贞观中期，监察御史陈师合上《拔士论》，毁谤房玄龄、杜如晦"思虑有限，一人不可总知数职"。唐太宗对吏部尚书戴胄说："朕以至公治天下，今任玄龄、如晦，非为勋旧，以其有才行也。"陈师合"妄事毁谤，止欲离间我君臣"，于是以谗人之罪罪之，"流陈师合于岭外"。⑤ 其晚年还把"进善人，共成政道"，作为实现天下大治的三条经验之一。⑥ 在唐太宗网罗的各类人才中，既有秦王府的"勋旧"，如房玄龄、杜如晦、长孙无忌等；又有太子东宫的"昔仇"，如魏徵、王珪等；既有出

---

　　① 司马光：《资治通鉴》卷一百九十八《唐纪》十四，太宗贞观二十一年，第 6247 页。

　　② 吴兢：《贞观政要》卷三《论择官第七》，第 98 页。

　　③ 吴兢：《贞观政要》卷三《论择官第七》，第 100、101 页。

　　④ 吴兢：《贞观政要》卷七《崇儒学第二十七》，第 231—232 页。

　　⑤ 吴兢：《贞观政要》卷六《杜谗邪第二十三》，第 214 页。

　　⑥ 欧阳修、宋祁：《新唐书》卷一百五《褚遂良传》，第 4025 页。

自寒微的"贤才"，如马周、刘洎、戴胄等；又有高祖时期的"遗老"，如令狐德棻、萧瑀、封德彝等，这样形成了一个优势互补的人才群体。史称其"拔人物则不私于党，负志业则咸尽其才"，"终平泰阶，琼由斯道"。① "所谓猛将谋臣，知机识变，有唐之盛，斯实赖焉。"② 赵翼指出，唐太宗因为"亲见炀帝之刚愎猜忌，予智自雄，以致人情瓦解而不知，盗贼蜂起而莫告，国亡身弑，为世大僇。故深知一人之耳目有限，思虑难周，非集思广益，难以求治，而饰非拒谏，徒自召祸也"。③ 这些反映出唐太宗针对隋炀帝刚愎自用而践踏人才，注意拨乱反正，广揽各类人才，实行任人唯贤，创建了一代盛世。

唐太宗吸取隋炀帝"好自矜夸，护短拒谏"的教训，注意兼听众言，虚心纳谏。他认为"人欲自见其形，必资明镜；君欲自知其过，必待忠臣。苟其君愎谏自贤，其臣阿谀顺旨，君既失国，臣岂独全！"④ 他看到"自古帝王多任情喜怒，喜则滥赏无功，怒则滥杀无罪。是以天下丧乱，莫不由此"。"若人主所行不当，臣下又无匡谏，苟在阿顺，事皆称美，则君为暗主，臣为谀臣，君暗臣谀，危亡不远。"因此，唐太宗要求群臣"尽情极谏"，而他自己则"开怀抱，纳谏诤"。⑤ 魏徵是贞观年间最突出的直谏者，从唐太宗即位，至魏徵去世，在前后十七年时间里，先后陈谏二百余事，成为"犯颜正谏"，"可以

---

① 刘昫：《旧唐书》卷三《太宗纪下》，第 63 页。

② 刘昫：《旧唐书》卷六十八《尉迟敬德、秦叔宝、程知节、段志玄、张公谨列传》，第 2508 页。

③ 赵翼著，王树民校证：《廿二史劄记校证》卷十九《贞观中直谏者不止魏徵》，第 395 页。

④ 司马光：《资治通鉴》卷一百九十二《唐纪》八，太宗贞观元年，第 6040 页。

⑤ 吴兢：《贞观政要》卷二《论求谏第四》，第 55、57、60 页。

明得失"，① "不可一日离左右"② 的一面镜子。如贞观三年为
中男入军之事，饬文连下三四次，魏徵执奏不可，以至太宗发
怒，再出饬旨，魏徵仍坚持不可，黄门侍郎王珪"不肯署饬"，
太宗召二人质问，魏徵正色作答，指出太宗即位以来"大事三
数件，皆是不信，复何以取信于人？"③ 在魏徵、王珪的谏阻
下，太宗最终停止简点中男入军，并对魏徵、王珪加以赏赐。
在唐太宗导之使谏，虚心纳谏的鼓励下，贞观年间谠言直谏成
为一种风气，切谏有功者，通常都会得到物质鼓励。新、旧
《唐书》的列传中有大量的记载。如薛收谏猎，太宗赐金四十
锭；温彦博谏长安令杨纂失察，罪不当死；虞世南谏田猎、谏
山陵之制不宜过厚、谏勿以功高自矜、谏勿以太平自息；马周
谏大安宫宜崇奉、宗庙宜祭祀、乐工王长通等不宜赐官，太宗
购大宅值二百万以赐马周；王珪谏出庐江王瑗姬、谏祖孝孙不
宜令教女乐；姚思廉谏幸九成宫，太宗赐帛五十匹；高季辅指
陈时政得失，太宗赐钟乳一两；张玄素谏修洛阳宫，太宗赐帛
二十匹；褚遂良谏宠魏王泰太过、谏告成东岳即罢封禅；张行
成言天子以四海为家，不宜以东西为限，太宗赐马一匹、钱十
万、衣一袭；刘洎力谏不宜与群臣论难，恐致阻进言之路等。④
这些直言谏净针对唐太宗的行为，根据历史的教训纠正其错
误，对于贞观之治的盛世局面的形成，发挥了重要作用。

综上所述，历史的进步总是以历史的灾难作为前提，隋亡

---

① 刘昫：《旧唐书》卷七十一《魏徵传》，第 2559、2561 页。

② 司马光：《资治通鉴》卷一百九十四《唐纪》十，太宗贞观七年，第 6105
页。

③ 吴兢：《贞观政要》卷二《论纳谏第四》，第 76 页。

④ 赵翼著，王树民校证：《廿二史劄记校证》卷十九《贞观中直谏者不止魏
徵》，第 394—395 页。

的教训使贞观年间历史鉴戒思潮广泛流行。贞观君臣满怀深沉的忧患意识，大兴历史总结之风，既从不同的方面总结历代盛衰，尤其是隋亡的深刻教训；又在自己的治国兴邦实践中，铭记历史鉴戒而实现拨乱反正。重视历史，考察盛衰，以史为鉴，拨乱反正，这是贞观君臣治国施政的主要特点。其具体措施则是实行轻徭薄赋，重视劝课农桑，注意虚怀纳谏，强调励精图治，推动着国家从动荡走向稳定，经济由衰败逐渐繁荣，形成了天下风移俗变、社会欣欣向荣的盛世景象。贞观之治的盛世局面的形成，与历史鉴戒思潮有着深刻的内在联系，是贞观君臣将以史为鉴贯彻到施政实践中，针对隋炀帝的暴政实行拨乱反正的结果。

杜佑的"征诸人事,将施有政"思想发微

"征诸人事,将施有政",这两句话出自中唐史学家杜佑的《通典自序》。杜佑在前代学者强调以史为鉴与以史明义的基础上,将历史总结与社会现实直接结合起来,提出了"征诸人事,将施有政"的主张。他宣称:"不达术数之艺,不好章句之学。""所纂《通典》,实采群言,征诸人事,将施有政。"[1] 又言:"《通典》之所纂集,或泛存沿革,或博采异同,将以振端末,备顾问者也。"[2] 杜佑称其编撰《通典》,目的是"将施有政,用乂邦家"。[3] 这些论述表明,杜佑继承前人对于典章制度研究的成果,在历代纪传体史的书、志,以及从《周礼》到刘秩的《政典》等政书的基础上,系统考察从上古到唐朝的天宝年间,典章制度发展沿革的过程,编撰《通典》这一典制体通史,总结历代统治者治国兴邦的经验教训,不仅直接为唐朝统治者施政理民服务,而且为后代统治者治理国家提供借鉴与方法。"征诸人事,将施有政"的治史主张,强调历史总结不应该简单地局限于资鉴或者明义,而应着眼于从历代

---

① 杜佑:《通典》卷一《自序》,中华书局1984年版,第9页。
② 杜佑:《通典》卷四十一《礼序》,第233页。
③ 刘昫:《旧唐书》卷一百四十七《杜佑传》,第3983页。

盛衰成败的考察中，总结出施政理民的经验教训，期待统治者能将这些经验教训运用于治国实践中，达到直接服务于现实社会的目的。这不仅反映出时代对史学提出了更高的要求，而且说明传统的以史为鉴与以史明义思想，已经发展到以史资治与以史经世的思想阶段，对史学的发展有着深远的影响。

一 从以史为鉴到以史经世

杜佑提出"征诸人事，将施有政"的治史主张，是先秦以来以史为鉴的思想长期发展的结果。中国史学从其产生之日起，就立足现实而关怀人生，担负着总结历史经验、为治国兴邦提供借鉴的功能，因而与现实政治结下了不解之缘。孔子编撰《春秋》，上以遵周公之遗训，下以明将来之法，为后世的治国兴邦提供历史的借鉴，表达了深刻的以史入世的理念。我们考察孔子以后中国史学的发展过程，历代思想家与史学家总是根据所处的环境，反思盛衰成败，总结历史经验，从以史为鉴发展到以史明义，再从以史明义发展到以史资治，以史经世的史学思想逐渐形成。

秦亡汉兴的历史更替，使汉代学者深切地认识到以史为鉴的必要性。他们强调以史为鉴的重要意义，深入思考历代盛衰成败，将历史总结与为现实服务结合起来。贾谊写《过秦论》总结秦二世而亡的历史教训，指出"前事不忘，后事之师"，要求以前人行事作为后人行为的鉴戒。司马迁言："居今之世，志古之道，所以自镜也。"[①] 他自称"网罗天下

---

① 司马迁：《史记》卷十八《高祖功臣侯者年表序》，第 878 页。

放失旧闻，考之行事，稽其成败兴坏之理"，① 编撰《史记》这一纪传体通史，为的是总结经验，通过史鉴，针砭时事，垂法后人。司马迁认为从历史盛衰考察中，不仅可以认识发展大势，进而把握古今盛衰规律；而且可以探求治理国家的原则，寻求实现长治久安的方法。他指出："周室既衰，诸侯恣行，仲尼悼礼废乐崩，追修经术以达王道，匡乱世反之于正。见其文辞，为天下制仪法，垂六艺之统纪于后世。"② 汉代罢黜百家，独尊儒术，通经致用，以儒治国，儒家经学与治国兴邦的直接结合，推动史学家以自己的研究为现实服务，促使史学与经国济世结合起来。班固以儒家思想考察西汉历史，断汉为书，"综其行事，旁贯五经，上下洽通"，目的是"准天地，统阴阳，穷人理，该万方"，"备其变理，为世典式"。③ 他经学家与史学家一身二任，一方面极力宣扬"汉绍尧运"，突出汉的地位，表彰汉的业绩，神化汉的统治；另一方面则通过总结西汉一代的历史，"以通古今，备温故知新之义"，④ 要求"究其终始强弱之变，明监戒焉"。⑤ 荀悦指出，撰史必须实现五志："一曰达道义，二曰彰法式，三曰通古今，四曰著功勋，五曰表贤能。"⑥ 他强调"明主贤臣，规模法则，得失之轨"，强调治国施政，应该"有鉴乎此"，⑦ 吸取前人教训，避免重蹈覆辙。汉代学者的这些论述，不仅阐明了总结历史盛衰与探求兴亡之道的关系，而且揭示了历史

---

① 班固：《汉书》卷六十二《司马迁传》，第2735页。

② 司马迁：《史记》卷一百三十《太史公自序》，第3310页。

③ 班固：《汉书》卷一百下《叙传下》，第4235、4271、4267页。

④ 班固：《汉书》卷十九上《百官公卿表序》，第722页。

⑤ 班固：《汉书》卷十四《诸侯王表序》，第396页。

⑥ 荀悦：《汉纪》卷一《高祖皇帝纪第一》，中华书局2002年版，第1页。

⑦ 荀悦：《汉纪·叙录》，第547页。

经验对于施政治国的重要意义，说明了历史借鉴思想已经发展到新的思想高度。

魏晋南北朝动荡分裂的社会环境，使以史为鉴与以史入世的理念更加深化，成为思想家、史学家的自觉追求；总结盛衰成败以谋求天下长治久安，成为他们治史的精神寄托。曹冏针对曹魏皇权面临的严重威胁，总结夏、殷、周、秦、汉的历史，指出：如果不借鉴前代的经验教训，"非所以安社稷、为百代之业也"。① 陈寿编撰《三国志》记载魏、蜀、吴三国的历史，总结其盛衰兴亡与成败得失，被称为"辞多劝戒，明乎得失，有益风化"。② 《三国志》的"劝戒"之辞，"得失"之议，渗透着总结历史经验教训，为未来治国施政服务的深刻意蕴。常璩强调："天人之际，存亡之术，可以为永鉴也。"他又说："显贤能，著治乱，亦以为奖劝也。"③ 其所撰《华阳国志》以史为鉴、彰善奖劝的意识极为强烈。范晔修撰《后汉书》，总结东汉一代的盛衰兴亡，无论是该书篇目的设置，还是"因事就卷内发论"的方法，都反映出"正一代得失"的修史大旨，④ 寄托着其以史鉴今的深刻理念。沈约认为记载历史过程，总结历史经验，可以而且应该成为后人行事的鉴戒。他将"式规万叶，作鉴于后"，⑤ 作为撰史的目的。刘勰指出，记载善恶，为的是"彰善瘅恶，树之风声"；总结历史，"表征盛衰"，目的是"殷鉴兴废"。⑥ 在刘勰看来，考察古今盛衰兴亡的历史，不仅能够树立良好的社会风气，而且可以总

---

① 曹冏：《六代论》，萧统编，李善注：《文选》卷第四十二。

② 房玄龄：《晋书》卷八十二《陈寿传》，第2138页。

③ 常璩著，刘琳校注：《华阳国志校注》卷十二《序志》，第901、902页。

④ 沈约：《宋书》卷六十九《范晔传》，第1831页。

⑤ 沈约：《宋书》卷一百《自序》，第2467页。

⑥ 刘勰著，周振甫今译：《文心雕龙今译·史传第十六》，中华书局1986年版，第141、149页。

结出后世施政的借鉴。何之元认识到，"兴亡之运，盛衰之迹，足以垂鉴戒，定褒贬"，① 主张统治者从前代的盛衰成败中，吸取治理国家的经验教训，作为施政安民的鉴戒。柳虬强调史家的责任，"非但记事而已，盖所以为监诫也"，即通过历史总结，"彰善瘅恶，以树风声"。② 这些论述说明，魏晋南北朝时期的思想家与史学家，已经不是简单地强调以史为鉴，而是从所处社会与时代环境出发，把历史的总结与国家的盛衰联系起来。他们将历史的总结与以史为鉴及以史资治融为一体，主张统治者在治国施政实践中，应该注意借鉴历史的经验，发挥历史的资治与教化作用。

隋唐之际，社会动荡，天下崩溃。贞观君臣亲历政权更替，对于天下盛衰，有着深刻的感受与认识。总结前代历史，注意以隋为鉴，实现拨乱反正，谋求长治久安，凝聚为贞观君臣的共同意志，汇合为影响广泛的社会思潮，为治国施政提供了许多经验与教训。刘知幾总结从上古到唐代中国史学一千多年的发展过程，既继承从孔子到南朝的刘勰与北朝的柳虬等人提出的，关于历史具有彰善瘅恶的伦理教化功能的思想，指出："盖史之为用也，记功司过，彰善瘅恶，得失一朝，荣辱千载。"③ 他又强调历史对于治国兴邦的鉴戒作用，声称："史之为务，申以劝诫，树之风声。其有贼臣逆子、淫君乱主，苟直书其事，不掩其瑕，则秽迹彰于一朝，恶名被于千载。"④ 他还指出："史之为用，其利甚博，乃生民之急

---

① 姚思廉：《陈书》卷三十四《何之元传》，中华书局1973年版，第466页。
② 令狐德棻：《周书》卷三十八《柳虬传》，中华书局1971年版，第681页。
③ 刘知幾著，张振珮笺注：《史通笺注》内篇卷七《曲笔第二十五》，第268页。
④ 刘知幾著，张振珮笺注：《史通笺注》内篇卷七《直书第二十四》，第249页。

务，为国家之要道。有国有家者，其可缺之哉！"① 魏徵与刘知幾等唐朝前期的思想家与史学家，从所处时代与社会的现实环境出发，在魏晋南北朝时期以史为鉴与以史教化的思想的基础上，将历史的总结与民族的命运及天下的盛衰紧密联系起来，强调人们应该以历史的经验教训作为社会实践的鉴戒。他们的论述虽然还没有明确提出以史经世的主张，但已经包含了强烈的反思历史，总结盛衰，以史为鉴，以史资治的思想旨趣。

从以上的考察中可以看到，关注天下的治乱兴亡，通过盛衰总结为现实服务、强调史家社会责任的传统，倡导历史总结为社会服务的治史理念，成为杜佑以史经世的史学思想的渊源。杜佑提出"征诸人事，将施有政"的主张，在以史为鉴与以史资治的基础上，明确地要求以历史经验为社会服务。其《通典》将历史总结、取鉴资治、经国济世三者紧密结合起来，通过考察历代典章制度沿革，探讨其利弊与得失，为统治者治国施政提供方法与原则，开辟了一条总结数千年的盛衰成败，取鉴于历代的典章制度，实现匡时济世的政治理想的治史途径。典制体通史的创建是杜佑对中国史学的伟大贡献，他虽然没有像后人那样直接标榜"经世致用"的旗帜，但其主张"将施有政"的本质，就是突出经世致用的史学目的，期盼历史经验对于后人治国施政发挥指导作用。以史为鉴与以史明义的治史理念经过长期发展，逐渐形成以史资治与以史经世的史学思想，经世致用成为史家总结历史盛衰的目的，这是中国史学从现实主义发展到实用主义的必然结果。

---

① 刘知幾著，张振珮笺注：《史通笺注》外篇卷十一《史官建置第一》，第391页。

二　施政总结与时代要求

　　杜佑提出"征诸人事,将施有政"的治史主张,既是对他自己施政理民经验的精要概括,又是对于自己史学实践的深刻总结。一方面作为身历玄宗、肃宗、代宗、德宗、顺宗、宪宗六朝,从县丞到宰相仕宦六十年的政治家,杜佑有着广泛的社会阅历、丰富的从政经验与深刻的政治见解,对于国家的各种典章制度的发展沿革非常了解,对于其利弊得失非常熟悉;另一方面作为精通中国传统文化、熟悉历史变迁的史学家,杜佑有着宽广的视野和贯通古今的历史眼光,深通"原始察终"与"见盛观衰"、融会天人而"通古今之变"的治史之道。这种集政治家与史学家于一身的主观条件,使他形成了独特的思想素质与知识结构:一方面,因为"敦厚强力,尤精吏职","为政弘易",政治经验丰富,思想意识深刻,所以对于各种典章制度的实际作用及其在治国施政中的利弊得失,有着切实的体会与独到的感受;另一方面,又因为其性"嗜学",博览群书,"该涉古今,以富国安人之术为己任",^① 所以从高度的社会责任感与历史使命感出发,强调总结历代的盛衰兴亡为治国兴邦服务。杜佑认识到贯通古今考察典制沿革,从中体察各种制度的利弊得失,对于经国济世具有重要的意义,故在其为官仕宦之余以数十年的时间和精力,深入探讨从上古以来直到唐朝天宝年间各种典制的源流与演变。从《通典》对历代典制沿革的记载中,人们可以把握"礼乐刑政之源",了解施政安民之道,

---

　　① 刘昫:《旧唐书》卷一百四十七《杜佑传》,第3982页。

即使历经千载也能够"如指诸掌"，[①]为后代统治者治理国家提供了理道依据。我们考察《通典》的内容可以看到，杜佑根据自己长期施政的实践经验，从经邦济世、富国安民的要求出发，设立《食货》《选举》《职官》《礼》《乐》《兵》《刑》《州郡》《边防》九门，每事以类相从而举其始终，实现了历史的总结和逻辑的概括两者的统一。《通典》全书篇目的确定与顺序的排列，以及有关内容的选择，尤其是将《食货》置于全书之首，由经济而政治而伦理而兵刑，凝聚着杜佑对自上古至唐代的社会基本结构的认识，显示出他对治国施政的各种典章制度内在逻辑的深刻理解，反映出他的思想体系、价值观念、性格特征与施政风格，蕴涵着总结历史以服务国家的强烈政治责任感。"其分门起例，由食货以讫边防，先养而后教，先礼而后刑，设官以治民，安内以驭外，本末次第，具有条理，亦恢恢乎经国之良模矣"。[②]《四库全书总目》称赞：《通典》"凡历代沿革，悉为记载，详而不烦，简而有要，元元本本，皆为有用之实学，非徒资记问者可比。"[③]瞿林东先生将杜佑探讨历代典章制度，编撰《通典》这一典制体通史，称为"史学与政治结合的艺术"[④]，这些概括是符合《通典》的实际的。

杜佑提出"征诸人事，将施有政"的治史主张，反映了时代的要求与史学思潮的变化。其为官仕宦的中唐时期，社会黑暗，朝政腐败，生灵涂炭，民不聊生，朝官与宦官、朝廷与藩

---

① 刘昫：《旧唐书》卷一百四十七《杜佑传》，第3983页。

② 乾隆：《重刻通典序》，中华书局1984年版《通典》卷首。

③ 纪昀等：《四库全书总目》卷八十一《史部政书类一》，《通典》条，第694页。

④ 瞿林东：《杜佑评传——创典制通史，汇治国良模》，广西教育出版社1996年版，第116页。

镇，以及藩镇与藩镇之间、唐王朝与周边民族之间，存在着深刻的矛盾，经历了激烈的冲突。在社会经济遭到破坏，国家财政陷入困境，各种矛盾错综复杂，政治变乱接连不断的环境中，唐王朝呈现出衰微破败的没落景象。为了挽救濒临崩溃的唐王朝的命运，兴起了一股以重视经济、关注民生为主要特征，着眼社会现实而撰史论史的史学思潮，涌现出大批以经世致用为治学宗旨的学者。这些学者已经不满足于以往的历史借鉴与以史资治，而力图通过自己的学术研究，直接为统治者挽救时弊、施政治国提供切合实际的服务。杜佑作为这一时期经世思潮的巨擘，适应社会的激烈动荡与时代的深刻变化，强调治史"经邦"、"致用"的目的，关注历史经验在现实社会中的实际运用。《通典》不录空言而"包罗数千年事"，着力于"探讨礼法刑政"。① 许多见解与主张都是非常深刻的，具有高度的准确性和切实的针对性，有着直接为现实政治服务的作用和价值。唐中期学者李翰深切体察《通典》寓含的经世理念，对其撰述旨趣给以高度评价。他指出："君子致用，在乎经邦，经邦在乎立事，立事在乎师古，师古在乎随时。"《通典》以制度分门立目，"每事以类相从，举其始终，历代沿革废置及当时群士论议得失，靡不条载，附之于事"。"参今古之宜，穷始终之要，始可以度其古，终可以行于今，问而辩之，端如贯珠，举而行之，审如中鹄。""故施于文学，可为通儒；施于政事，可建皇极。"② 在李翰看来，《通典》的内容对君主经国济世，不仅具有现实的针对性，而且有着切实的功效。有学者指出：《通典》"记食货，则重田制而抑兼并；述军事，则崇强干而倡

---

① 王应麟编：《玉海》卷五十一，四库全书本。
② 李翰：《通典序》，中华书局1984年版《通典》卷首。

弱枝；议国体，则尚郡县而贬封建；评国防，则和四邻而黜用兵；考治乱，则重人谋而轻天意"。[1] 这些内容的选择蕴涵着追求实用，讲究实效，注重实际，摈弃虚浮的精神。

杜佑认为，儒家经典"皆父子君臣之要道，十伦五教之宏纲，如日月之下临，天地之大德，百王是式，终古攸遵。然多记言，罕存法制。""略观历代众贤著论，多陈素失之弊，或阙匡拯之方。"他提出"征诸人事，将施有政"的治史主张，关注点是各种典章制度的利弊得失，着眼点是将"往昔是非"作为"来今龟镜"，[2] 表现出以史资鉴与以史入世的高度自觉性。《通典》虽然在学术渊源上一方面直接继承纪传体史记载典章制度的书志，另一方面则又融会贯通从《周礼》到刘秩的《政典》及开元年间编撰的《唐六典》之类的政书；但杜佑融会两者之长，舍弃两者所短，互为补充，创为一体，创立了典制体通史。这既反映出杜佑深刻的政治见解与创新精神，又显示出史学适应时代需要、为社会服务的客观要求。杜佑进而"详古今之要，酌时宜可行"，辑录《通典》的要点，另成《理道要决》，"颇探政理，窃究始终，遂假问答，方冀发明"。[3] 这些从《通典》中归纳出来的"理道"，其实质是从历代典章制度利弊得失的总结中，从数十年为官仕宦的深刻反思中，概括出来的治国施政之道。"征诸人事，将施有政"是唐朝中后期经世致用的社会思潮的一个侧面，反映出经世学者为治国安民总结历史的共同理念，不仅说明史学已成为切切实实的经国济世的手段与工具，而且为史学与政治在更高

---

① 王锦贵：《试论〈通典〉的问世及其经世致用思想》，《北京大学学报》1987 年第 4 期。

② 刘昫：《旧唐书》卷一百四十七《杜佑传》，第 3983 页。

③ 杜佑：《进〈理道要决〉表》，《玉海》卷五十一，江苏古籍出版社、上海书店 1987 年版。

程度上的结合开辟了广阔的道路。

三　理论意义与哲学思维

杜佑提出"征诸人事,将施有政"的治史主张,把对于历史盛衰的总结与治国施政的实践直接联系起来,有着重要的理论指导意义。所谓"征诸人事",并不是一般地考察或探讨人与人之间的关系,也不是简单地把过去的历史沿革记载下来了事,而是全面反思自古以来至唐代的天宝年间,历代典章制度的沿革过程与利弊得失,尤其是关注那些有关国计民生,经过实践检验的施政理民的经验教训,对于历代盛衰及成败得失作出深刻的思考与理性的总结。"将施有政"则期盼着统治者能够理性地看待各种典制的利弊得失,将历史考察中得出的、有关施政理民的经验与教训,在治国兴邦的具体实践中加以借鉴与运用。在我看来,"征诸人事"与"将施有政"是一个整体,两者的关系是手段与目的的关系:一方面,"征诸人事"要求通过总结前人的经验,反思过去的教训,为后人的社会实践提供借鉴,期待在后代的施政中加以运用,反映出史家反思历史盛衰的高度自觉性与神圣责任感。这种历史总结只是一种手段,不是为总结而总结,而是从历代盛衰总结中探讨治道,表现出为"将施有政"提供服务的高度责任意识;另一方面,"将施有政"则是总结历史的目的,施政治国建立在"征诸人事"得出的深刻认识的基础之上,如果不能有效借鉴前人成功的经验,不能认真吸取前人失败的教训,就难免遭遇到挫折,甚至可能遭到失败。"征诸人事,将施有政"着眼于历史盛衰总结与治国施政现实之间的内在联系,不仅反映出审视昨天是为了认识今天、研究古代是为了服务当代、征诸前人是为了造福后人的主观意愿;而且充满着对现实社会的思考与关注，对未来发展的憧憬与期待，对太平盛世的向往与追求。"征诸人事，将施有政"的提出表明，中唐时期人们对于历史总结与史学功能的认识，已经不是简单地提倡及主张以史为鉴与以史明义，而是在以史资鉴与以史明义的基础上，更多地突出并强调以史入世与以史经世，实现了史学与政治的更加紧密的、更高程度上的结合。

杜佑提出"征诸人事，将施有政"的治史主张，寓含深刻的哲学思维，有着重要的思想价值。首先，"征诸人事"虽然包含强烈的"师古"的思想，但"师古"不是为了发思古之幽情，也不是简单地效法或者借鉴过去，更不是沉迷于前代的盛世而自我陶醉；"师古"强调的是对前代历史的反思与批判，在对历代典章制度理性总结的基础上，以经过实践检验的、前代成功的治国经验为师，其立足点在于"将施有政"，即为了治国兴邦的政治需要，着眼点在未来社会的发展要求。这就是从现实社会出发，为了未来社会更好地顺利地向前发展，自觉地总结过去的历史经验，将历史经验运用于治国施政的实践中，引导人们向前看而不是向后看。我认为，将前代历史中总结出来的、得到实践检验的经验教训，在后人的施政实践中加以借鉴与运用，这种开放的、向前看的思维方式，是符合唯物主义的认识论要求的。其次，"征诸人事，将施有政"包含丰富的历史进化思想。杜佑考察中国古代历史的发展，将其视为从野蛮走向文明的过程，认为中华远古曾经历过野蛮落后的时代，后来随着社会的发展，逐渐走向文明与进步。他指出："古者人至老死不相往来，不交不争，自求自足。""古之中华多类今之夷狄，有居处巢穴焉。"[①] 三代以前，天下列国更相征

---

① 杜佑：《通典》卷一百八十五《边防序》，第985页。

伐,未尝暂宁。自秦氏罢侯置守,两汉及隋、大唐,户口皆多于周室之前矣。在他看来,历史的发展,后代胜于前代,后人超越前人。因此,治国施政的举措发生变化,这不是君主"制置异术",而是"古今殊时",① "欲行古道,势莫能遵"。② 再次,"征诸人事,将施有政"蕴涵深刻的通变意识,强调君主治国安民,不能拘泥陈规,而应该以时间、地点、条件为转移。杜佑认识到从上古到唐代,各种制度经历了由简到繁、由落后到进步的发展过程。任何制度都是一定社会环境下的产物,因此随着时间的推移与社会的发展,原来适应时代要求的制度必然弊端丛生,对于陈旧的、过时的制度应该适时变革,才能顺应社会发展与时代进步的客观要求。杜佑批判固执僵化的思维方法,反对泥古不化,要求"便俗适时",反对"非今是古",③ 提倡"渐革鄙风"。④ 他强调君主应该"随时立制,遇弊变通,不必因循",⑤ 主张"随时拯弊,因物利用"。⑥ 他提出:"酌古之要,通今之宜,既弊而思变,乃泽流无竭。"⑦如人们反复争论的分封制与郡县制的优劣问题,杜佑将其归纳为"法古"与"是今"之争。他指出:"法古者多封建之制,是今者贤郡县之理。"⑧ 在杜佑看来:"天生烝民,树君司牧。人既庶焉,牧之理得;人既寡焉,牧之理失。""汉、隋、大唐,海内统一,人户滋殖,三代莫俦。"他进而得出结论:"建

---

① 杜佑:《通典》卷一百七十四《州郡四》,第 924 页。
② 杜佑:《通典》卷三十一《王侯总序》,第 177 页。
③ 杜佑:《通典》卷七十四《礼三十四》,第 403 页。
④ 杜佑:《通典》卷四十八《礼八》,第 279 页。
⑤ 杜佑:《通典》卷四十引《省官议》,第 231 页。
⑥ 杜佑:《通典》卷一百八十五《边防序》,第 985 页。
⑦ 杜佑:《通典》卷十二《食货十二》后论,第 71 页。
⑧ 杜佑:《通典》卷三十一《职官十三》,《王侯总叙》,第 177 页。

国利一宗，列郡利万姓，庶焉损益之间，较然可知。"① 郡县制优于分封制。因为社会不断走向进步，所以恢复封建制、井田制是不可能的。杜佑对历代典章制度变迁沿革的探讨，反映出一种发展进化的历史观，主张考察历史，"宜斟酌繁省，详考损益，欲求致理"。② 他所追求的"致理"，实为施政安民的"致治之理"，即从古今历史演变中，总结治国兴邦的基本方法与重要原则，这种思想成为贯穿于《通典》全书的思想主线。

总之，认知历史，体会历史，从治乱兴衰中总结成功的经验，吸取失败的教训，这是自古以来有政治智慧与历史远见的统治者实现长治久安的重要途径。杜佑提出"征诸人事，将施有政"的治史主张，继承并发展了以史为鉴的思想，反映了时代与社会的要求，将以史为鉴施政治国的理念推进到新的高度。杜佑强调史学作为经世手段的功能，要求从历史盛衰总结中，探讨治理国家的原则与方法，把历史经验运用到治国施政的实践之中，表现出强烈的现实主义的精神。中国古代史学从起源之日开始，把总结历史经验、为治国兴邦服务作为目的。汉代随着儒家经学统治的确立与封建正统史学的形成，从强调以史为鉴到突出以史经世，史学从现实主义走向实用主义，经世史学逐渐形成。经世致用史学目的论虽非杜佑首创，但他提出"征诸人事，将施有政"的主张，促进政治与史学进一步结合起来，寻求治世之方与为政之道，借鉴前代经验为现实服务，对后代史学发展产生了深远的影响。我认为，经世史学具有双刃剑的作用：一方面强调为现实社会服务，有利于统治者治国施政，有利于国家的稳定和社会的进步，史学的政治功能与社会价值得到淋漓尽致的发挥；另

① 杜佑：《通典》卷三十一《职官十三》，《王侯总叙》，第 177 页。
② 杜佑：《通典》卷四十《职官二十二》后论，第 231 页。

一方面又因为突出史学的政治功能，对史学发展产生实用性、功
利性的诱导，使史学呈现出政治化与实用化的趋势，其学术性功
能被减弱，甚至导致无视史学自身价值的倾向。梁启超强调，
"就纯粹的学者之见地论之，只当问成为学不成为学，不必问有
用与无用，非如此则学问不能独立，不能发达"。① 在梁启超看
来，过分强调实际致用的功利观念，必然成为史学发展的障碍。
陈寅恪先生言："士之读书治学，盖将以脱心志于俗谛之桎梏，
真理因得以发扬。"② 经世致用虽然有着忽视史学的学术价值，
导致史学沦为政治的附庸，阻碍其学术品位的提高，影响其学术
价值的提升等负面作用；但强调史学与政治的结合，促使史学家
关注国计民生，热心国家治理，总结历史经验，服务现实社会，
其正面作用是主要的。

① 梁启超：《清代学术概论》十三，中国人民大学出版社 2004 年版，第 175 页。
② 陈寅恪：《清华大学王观堂先生纪念碑铭》，《金明馆丛稿二编》，上海古籍出
版社 1980 年版，第 216 页。

论宋代学者历史总结的旨趣

"据古鉴今，以立时治"，这是宋仁宗对欧阳修等修撰的《新唐书》的评价，见于马端临的《文献通考》。① 马端临引述宋仁宗所说的"据古鉴今，以立时治"这两句话，不仅反映出对《新唐书》鉴戒功能的高度赞誉，对其经世作用的推崇与肯定；而且说明了马端临本人治史的目的，表达了宋代学者历史总结的目的与旨趣。我认为，不能将"据古鉴今，以立时治"仅仅看成宋仁宗对于《新唐书》的评价，而应该将其与理学对史学的影响联系起来，作为宋代学者历史总结的目的与旨趣来加以分析。我国史学界对理学与史学的关系，虽然作过一些探讨与研究，但通常局限于个别学者，如欧阳修、朱熹、吕祖谦等人的理学与史学，缺乏对宋代学者治史旨趣的深入分析。在我看来，"据古鉴今，以立时治"的历史总结的旨趣，包含以下三层含义：第一，历史总结的范围不应该局限于某一时代、某一朝代，或者是某一人物、某一事件，以史为鉴应该纵贯古今，融会天人，将自然界与人类社会作为一个整体加以审视，进行系统的、整体的、全面的考察；第二，历史总结的出发点是现实社会，盛衰考察应该与国家

---

① 马端临：《文献通考》卷一百九十二《经籍考》十九，中华书局 1986 年版，第 1628 页。

治理的要求紧密结合起来，目的是通过古今历史的系统考察，从中探求治国兴邦的经验教训，为创造繁荣统一的盛世服务；第三，历史总结虽然是为了经世致用，但不能仅仅强调历史经验的实际功用，不能局限于以史为鉴与以史经世，而应该从对历史盛衰总结中，"观治乱之由"，[①] 察沿革之迹，着眼于其所体现的"大伦理、大机会、大治乱得失"，[②] 概括与把握治国兴邦之道。"据古鉴今，以立时治"的旨趣说明，宋代学者贯通古今总结历代盛衰，不是一般地强调以历史作为鉴戒，不是简单地追求历史经验的实际运用，而是将以史经世与以史明道结合起来，表现出对历史演变趋势的理性思考，显示出宽广的视野与博大的气象，实现了对于传统的历史鉴戒思想的超越。

一 纵观古今成败，探寻沿革之迹

"据古鉴今"以明确的语言，直接强调以"古"为"今"之"鉴"。这一方面说明宋代学者继承传统的历史鉴戒思想，以史为鉴的意识极为强烈；另一方面又说明宋代学者以史为鉴的思想，已经突破以某一朝代或某一时代的历史为施政鉴戒的局限，不是简单地强调前人的某些行为的鉴戒作用，而是表现出一种前所未有的纵贯古今、识古论今的通识。通识这一概念虽然最先是由明末清初的王夫之提出来的，宋代学者还没有明确提出这一概念，但对于通识的追求已经蕴涵于史学研究之中。通识既是对古往今来历史沿革之迹的系统认识，具有全面

---

① 朱熹编：《二程遗书》卷二十四《伊川先生语十》，上海古籍出版社 2000 年版，第 371 页。

② 黎靖德编：《朱子语类》卷十一，中华书局 1986 年版，第 196 页。

性；又包含许多突破前人历史盛衰总结局限的独得之见，具有
新颖性。通识的形成同思想意识形态领域中理学的兴起与流
行，有着直接的关系。理学围绕"由知天而知人"的命题，强
调"天理当然"、"自然合理"、"理一分殊"、"体用一源"等，
阐发人伦纲常、孔孟之道、先王之治等。理学家主张"明天理
之根源，究万物之终始"，① 以理欲心性为论学对象，故其学称
为性理学，简称理学；又因以继承孔孟道统自居，故其学亦称
道学。理学继承思孟学派的性命义理之学，吸收与融合了某些
玄学、佛教、道教的思想成分，从宇宙本体出发揭示天理性
命，将天理视为自然界与人类社会的本源与主宰，阐明人伦纲
常、孔孟之道、先王之治在宇宙之间有其必然根由，正是本自
于、根源于那永恒的宇宙，人类社会之理源自宇宙自然之理。
二程认为，"理则天下只是一个理，故推至四海而准，须是质
诸天地，考诸三王不易之理"。② 又强调："天人之理，自有相
合。人事胜则天不为灾，人事不胜则天为灾。""人事常随天
理，天变非应人事。"③ 又指出："考古今，察物情，揆人事，
反复研究而思索之，求止于至善。"④ 朱熹认为，宇宙之间，天
下万物，都是一理，理一分殊。"格物穷理"要求从各类具体
事物中，探讨各式各样的具体之理。他指出："未有天地之先，
毕竟也只是理，有此理，便有此天地；若无此理，便亦无天
地，无人无物。"在朱熹看来，"有理，便有气流行，化育万

---

① 脱脱：《宋史》卷四百二十七《周敦颐传》，中华书局1977年版，第
12712页。

② 朱熹编：《二程遗书》卷二上《二先生语二上》，第89页。

③ 程颢、程颐：《河南程氏外书》卷五，《二程集》，中华书局1981年版，第
374页。

④ 程颢、程颐：《河南程氏粹言》卷一《论学篇》，《二程集》，第1191页。

物"。① 他又说："上而无极、太极，下而至于一草、一木，一昆虫之微，亦各有理。一书不读，则缺了一书道理；一事不穷，即缺了一事道理；一物不格，则缺了一物道理。"② 在理学家看来，天理既是天下万物的形上存在，又是人们必须遵循的道德伦理原则。既然天下万物之理统一于天理，人类社会之理是天理的具体体现，那么研究历史就是格物致知、认识天理的重要途径，对历史的考察与对天理的把握融为一体。因为朝代盛衰与先王事迹，莫不具于经训史册之中，所以欲穷天下之理，必须广泛地阅读经典史籍，将古今天人豁然贯通，进行系统的、整体的考察。宋代社会内忧外患的现实环境与错综复杂的社会矛盾，使学者文人满怀着深沉的忧患意识。他们不满意天人感应之类的迷信思想，以及谶纬神学之类的历史解说，注意从人事来考察历代的盛衰，认为"治乱之在国，不可归于命"，③ 主张"斟酌古今而去取之"，④ 融会古今各种现象，探讨天地万物之理，进而把握历史的进程，认识社会的发展变化。在宋代学者看来，综观历代的兴衰成败，审视历史演进过程，把握古今治乱之道，能够端正纲常伦理，求得为人君、为人臣、为人子之道。二程强调，"时极道穷，理当必变"，"因事之当然，顺理而应之"，"时乃事之端，圣人随时而已"。⑤ 宋代史坛流行会通的学术风气，折射出贯通古今以考察盛衰兴亡，总结治国兴邦根本道理的治史旨趣。郑樵推崇司马迁的通古今之变，贬斥班固的断汉为书、立志会天下之书为一书，强

---

① 黎靖德编：《朱子语类》卷一，第 1 页。
② 黎靖德编：《朱子语类》卷十五，第 295 页。
③ 程颢、程颐：《河南程氏粹言》卷一，《二程集》，第 1218 页。
④ 同上书，第 1186 页。
⑤ 同上书，第 1220—1221 页。

调治学必须做到会通。会就是要会聚各种文献，包容各类典籍，综括有关史事，融会各种思想，从横的方面把各种书籍和学术内容汇集于一书；通就是贯通古今，穷源至委，前后连接，时代相续，分析前因后果，考究普遍法则，从纵的方面把社会历史的发展连贯成为一个整体。会通不仅把历史作为前后相续的过程，而且将历史视为包罗万象的整体，探究其结构层次与演变轨迹，说明其变化的具体动因与终极缘由。即纵贯古今历史变化，探求盛衰兴亡之理，作为施政理民的历史借鉴。在郑樵看来，这就是"极古今之变"。① "据古鉴今"一方面说明宋代学者铭记以史为鉴，其历史鉴戒思想非常强烈；另一方面反映他们力图从古今盛衰变化中，探寻历史沿革之迹，总结治国兴邦的根本道理的通识。

"据古鉴今"既表明了宋代学者继承中国古代史家的传统，把历史作为连续不断的整体，对古今发展沿革进行认识，对历代盛衰演变进行考察；又说明了理学渗入到宋代史学思想之中，使宋代的史学思想与方法出现了前所未有的新的变化。从春秋后期的孔子、战国时期的诸子到西汉前期的贾谊，对于历史的认识都反映出综论古今纵向考察的思路。司马迁把古今历史看成是一个整体，提出考察历史要"通古今之变"。其《史记》对于上起传说中的黄帝，下到汉武帝在位的太初、天汉年间，上下三千年的历史"原始察终"，将系统的、整体的方法运用于史著编撰之中。班固编撰《汉书》虽然断代为史，但他"历古今之得失，验行事之成败，稽帝王之世运"，② 以体现汉朝的正统地位。刘勰强调史书的撰著，"必贯乎百氏，被之千

---

① 郑樵：《通志总序》，浙江古籍出版社 1988 年版卷首。
② 班固：《汉书》卷一百上《叙传》上，第 4212 页。

载"，"使一代之制，共日月而长存；王霸之迹，并天地而久大"。① 这些说明史著必须纵贯古今，综论千载，才能发挥其社会价值，传之久远。杜佑要求"详古今之要"，从中探讨致治之理。《通典》对上古至唐代的典章制度沿革，进行系统的、整体的考察，以便统治者"将施有政"。"据古鉴今"强调的是贯通古今，将历史沿革作为一个整体进行认识，继承了从孔子到杜佑历代史家系统的整体的纵向考察盛衰兴亡的方法。然宋代以前的史家虽然重视古今之间的纵向联系，要求贯通百家之书，司马迁强调反思历史，要做到"究天人之际"，其《史记》构建出历代盛衰的立体图像；但对于各种历史现象之间的横向联系，仍然存在着重视不够的偏颇。理学的基本观点及其思维方式，影响到人们对历史问题的认识，影响到对历史现象所作的解喻，进而影响到史书的编撰，影响到人们对史学社会价值的认识。在宋代学者看来，史家通过贯通古今，考察盛衰，目的是总结治道，为治国兴邦服务。邵雍认为："夫古今者，在天地间犹旦暮也；以今观今，则谓之今矣；以后观今，则今亦谓之古矣。以今观古，则谓之古矣；以古自观，则古亦谓之今矣。是知古亦未必为古，今亦未必为今，皆自我而观之也。"② 在邵雍看来，古今虽然是相对的，但又是相通的；只有把握古今的标准，理解两者之间的辩证关系，才能贯通古今历史，考察治乱兴亡，得出正确的认识。其《皇极经世》贯通古今，融会天人，探讨历史过程，考察盛衰演变的规律。司马光的《资治通鉴》记载历史，着重探讨君臣事迹与治乱之迹，揭示出盛

① 刘勰著，周振甫今译：《文心雕龙今译·史传》第十六，第149页。
② 邵雍：《皇极经世书》卷十一《观物篇》五十五，九州出版社2003年版。

衰兴亡的历史轨迹。朱熹提出，要"多读经史，博通古今"。①
郑樵的《通志》，袁枢的《通鉴纪事本末》，朱熹的《通鉴纲
目》，马端临的《文献通考》等史著，虽然编撰体例不同，但
都是将古今历史融为一体，都是把历史作为连续不断的过程来
考察，都反映出纵贯古今、探求治道的治史旨趣。理学将万物
的本源与主宰归结于天理，认定天下万物都受天理的支配，强
调"理本一贯"②，使人们得以突破前代史家的系统的纵向考察
历史方法的局限。郑樵立志会天下之书为一书，其所撰纪传体
通史《通志》，涉及古人行事、治乱兴衰、典章经制、学术文
化、华夏王朝、周边政权、自然现象等，"总天下之大学术而
条其纲目"，"百代之宪章，学者之能事，尽于此矣"。③ 这种系
统的整体的纵向考察的方法，不仅主张纵贯古今，要求会通天
人；而且强调"融会错综"，重视"原始要终"。④ 我认为，宋
代学者将系统的纵向审视与横向的全面考察结合起来，显示出
一种海纳百川的广阔胸襟与博大气象，对历史的整体认识与系
统考察发展到总结治道的阶段。

二 总结治国之道，服务施政兴邦

"以立时治"明确主张历史总结必须为现实社会的治理服
务，直接继承了唐代杜佑经世致用的史学思想。在我看来，杜
佑虽然提出了"征诸人事，将施有政"，表达了鲜明的经世致
用的治史理念，但还只是期待着历史总结能够"将施有政"，

---

① 朱熹：《晦庵集》卷五十四《答江梦良》，四库全书本。
② 黎靖德编：《朱子语类》卷二十七，第678页。
③ 郑樵：《通志总序》，浙江古籍出版社1988年版《通志》卷首。
④ 马端临：《文献通考总序》，中华书局1986年版《文献通考》卷首。

并没有直接主张以历史总结为治理国家服务。宋代学者则在杜佑提出"征诸人事，将施有政"的基础上，以清晰明确的语言更为直接地、更加强烈地表达了以史经世的要求，主张将历史经验运用于治国施政实践之中，经世致用的史学思想极为突出、极其鲜明。二程指出："治今之世，则当酌古以处时。"①期待君主"稽先圣之言，察人事之理"。② 司马光编撰《资治通鉴》，"专取关国家盛衰，系生民休戚，善可为法，恶可为戒者，为编年一书，使先后有伦，精粗不杂"。在司马光看来，"监前世之兴衰，考当今之得失，嘉善矜恶，取是舍非，足以懋稽古之盛德，跻无前之至治"。③ 司马光的历史总结并非仅仅为君主"资治"，亦非简单地为"资治"而"通鉴"，而是根据"自古以来，治世至寡，乱世至多，得之甚难，失之甚易"，着重揭示"夫道有失得，故政有治乱；德有高下，故功有小大；才有美恶，故世有兴衰。上自生民之初，下逮天地之末，有国家者，虽变化万端，不外是矣"。④《资治通鉴》这一书名虽然是宋神宗所敕，但是准确揭示了作者总结历史盛衰的深刻理念。在我看来，"通鉴"这一概念具有双重含义：一是指贯通，即贯通古今历史，总结盛衰成败，以此作为施政治国的鉴戒；二是指永远，即从历史总结中得出的经验教训，对于后人治国兴邦具有永恒的价值与意义，值得后代君主不断地引以为鉴。司马光一方面关注明圣仁武的君主，精明能干的宰相，敢于谏争的忠臣，记载他们施政理民的嘉言懿行；另一方面则又重视

① 程颢、程颐：《河南程氏遗书》卷一，《二程集》，第 1216 页。
② 程颢、程颐：《河南程氏文集》卷一《论王霸劄子》，《二程集》，第 451 页。
③ 司马光：《资治通鉴》，中华书局 1956 年版卷末附《进书表》。
④ 司马光：《稽古录》卷十六，北京师范大学出版社 1988 年版，第 180 页。

淫君乱主、奸佞贼臣、贪官污吏的倒行逆施，揭露他们祸国殃民的种种罪行，尤其关注像秦亡汉兴、隋亡唐兴这样的朝代更替，把历史的总结与治道的探讨有机地结合起来，将通鉴、资治、经世三者融为一体，反映出深刻的以史入世、以史经世的思想，蕴涵着追求历史盛衰之道的理性精神。胡三省认为，《通鉴》的价值就在于为后人行事提供永恒的借鉴，为治国兴邦提供历史的经验教训。他指出："为人君而不知《通鉴》，则欲治而不知自治之源，恶乱而不知防乱之术。为人臣而不知《通鉴》，则上无以事君，下无以治民。为人子而不知《通鉴》，则谋身必至于辱先，作事不足以垂后。"如果"不知迹古人之所以得，鉴古人之所以失，则求胜而败，图利而害，此必然者也"。[①] 其《资治通鉴音注》倾注着对于故国深沉的热爱，渗透着强烈的"治史以治世"的精神。马端临认为，历史发展是后代继承前代，"汉之朝仪官制，本秦规也；唐之府卫租庸，本周制也"。他在杜佑《通典》的基础上，系统考察历代典章制度，审视其从上古至南宋中期沿革，"增益其事迹之所未备，离析其门类之所未详"，编撰《文献通考》这一典制体通史。马端临对历代典章制度沿革的考察，立足于现实而又着眼于未来，盼望着能为后代"经邦稽古者"[②] 总结治道，提供借鉴。这些说明宋代学者的历史盛衰总结，不是简单地为了经世致用，而是将以史明道与经世致用紧密结合起来。

"以立时治"突出以史资治与以史经世，寓含从历史盛衰总结中探求治道，为社会现实与国家治理服务的深刻意蕴。宋

---

① 胡三省：《新注〈资治通鉴〉序》，中华书局 1956 年版卷首附。
② 马端临：《文献通考总序》，中华书局 1986 年版《文献通考》卷首。

初学者张昭即言："博识安危之理，深知成败之由。"① 胡瑗研习《春秋》，注意阐明微言大义，开创以《春秋》之旨服务当代的风气。孙复著《春秋尊王发微》，"以考时之盛衰，而推见王道之治乱"。② 石介著《唐鉴》《政范》等，"极陈古今治乱成败，以指切当世，贤愚善恶，是是非非"。③ 宋初三先生胡瑗、孙复、石介的学术研究，重视《春秋》，强调伦理，立足现实，关注当代，其治学旨趣对于宋代学者的史学研究，产生了直接的影响。宋代社会重视文治，以学术相尚，学者文人勤于著述。《宋史》称："考论声明文物之治，道德仁义之风，宋于汉、唐盖无让焉。"④ 又曰："考其治化之污隆，风气之离合，虽不足以拟伦三代，然其时君汲汲于道艺，辅治之臣莫不以经术为先务，学士搢绅先生，谈道德性命之学，不绝于口，岂不彬彬乎进于周之文哉！"⑤ 理学的兴起并逐渐成为宋代社会中居于主导地位的意识形态，深刻影响到两宋史学的发展。理学对于现实社会纲常伦理的关注，对于治乱兴衰原因的探讨，与鉴戒史学、经世史学的传统结合起来，使人们深入地思考与执著地探求治道。首先，理学关注伦理纲常，重视现实社会，使宋代学者将唐、五代史与宋本朝史作为研究重点。这一方面因为唐、五代在时间上接近宋代，"人臣引古规戒，当近取前代，则事势相接，言之者有证，听之者足以监"。⑥ 所以研究唐、五

---

① 脱脱：《宋史》卷二百六十三《张昭传》，第 9087 页。
② 欧阳修：《居士集》卷二十七《孙明复先生墓志铭》，《欧阳修全集》上册，中国书店 1986 年版，第 194 页。
③ 欧阳修：《居士集》卷三十四《徂徕石先生墓志铭》，《欧阳修全集》上册，第 239 页。
④ 脱脱：《宋史》卷三《太祖纪三》，第 51 页。
⑤ 脱脱：《宋史》卷二百二《艺文志序》，第 5031 页。
⑥ 洪迈：《容斋随笔》卷十六《前代为监》，江苏广陵古籍刻印社 1984 年版。

代史，从纲常伦理探讨历史演变的原因，透过社会治乱认识天理的作用，直接服务于封建道德与社会秩序的重建。另一方面因为宋本朝史与社会现实直接相关，研究宋本朝史非但可使忠臣义士、乱臣贼子的善恶之迹，千载万世之下不得湮没；而且能彰显纲常伦理，昭示天理纲常对于社会治乱的作用。尖锐的民族矛盾与深刻的社会矛盾，始终吸引着宋代学者的目光，要求他们以天理评判本朝历史上的人物，促进现实社会的道德重建。宋代的唐、五代史以及宋本朝史研究发达，就是从历史总结中探求治道的表现之一。其次，从宋代编年体史的流行及各种新史体的创制，也说明了把握天理与探讨治道的有机结合。从编年体史的流行来看：宋代学者将《春秋》视为百王之法度，万世之准绳。据统计，宋代研究《春秋》的著作达二十七家三十四种之多。[①] 因为国家之治乱，源自人君行为；天下之本，在于陛下之心。编年体以帝王为中心，按照年代顺序记载历史运演的过程，可以洞察人君之心与社会治乱的关系，进而认识社会治乱存亡之本源，辨善恶而序亲疏，端正纲常伦理，彰显君臣大义。程颐言："上古之时，自伏羲、尧、舜，历夏、商以至于周，或文或质，因袭损益，其变既极，其法既详，于是孔子参酌其宜，以为百王法度之中制，此其所以《春秋》作也。"[②] 人们从编年体按照年代顺序记载的历史事实中，可以深刻地体察与认识天理的存在。欧阳修撰史，效仿孔子的《春秋》笔法。他指出："《春秋》于大恶之君不诛绝之者，不害其褒善贬恶之旨也，惟不没其实以著其罪，而信乎后世，与其为

---

① 何耿镛：《经学概说》，湖北人民出版社 1984 年版，第 104—105 页。

② 朱熹编：《二程遗书》卷十八《伊川先生语四》，第 297—298 页。

君而不得掩其恶，以息人之为恶。"① 胡三省言："夫道无不在，散于事为之间。因事之得失成败，可以知道之万世亡弊。"② 胡三省所说的"道"实为天理，以及由天理演绎而来的治道。君主因此把握盛衰治乱之源，人臣从中懂得事君治民之法，这就是宋代以《春秋》为代表的编年体盛行史坛的原因所在。从纪事本末体的创制来看：袁枢对于《通鉴》裁截编排，选择二百三十九件大事，分别汇集有关材料，因事命篇，不拘常格，形成以事件为中心的纪事本末体史《通鉴纪事本末》。袁枢关注乱世，瞩目军事政治，书中所记载的那些表面上彼此孤立的历史事件，都寄寓着他关注现实社会的治理，总结经验、教训、方法的深意。《通鉴纪事本末》虽然史料价值不高，但其标题的用字极为讲究，渗透着探讨历史以求治道的深刻意蕴。故宋孝宗对《通鉴纪事本末》"读而嘉叹"，"以赐东宫及分赐江上诸帅，且令熟读，曰：'治道尽在是矣。'"③ 从纲目体的创制来看：朱熹认为，《通鉴》对于历史的记载，不尽合乎《春秋》惩劝之法，其编排形式又因眉目不清而难以检寻，故将其改编为纲目体史《通鉴纲目》。《通鉴纲目》表岁以首年，因年以著统，大书以提要，分注以备言，使"岁年之久近，国统之离合，事辞之详略，议论之同异，通贯晓析，如指诸掌"。④ 纲目体既能体现历史演变在时间上的连续性，又能体现并彰显天理决定一切，使史学能有效地为治国兴邦服务。宋代学者编撰的别史、杂史，以及类书、丛书，十分繁盛，从不同层面反映出

---

① 欧阳修：《新五代史》卷二《梁本纪第二·太祖纪下》，中华书局1974年版，第22页。

② 胡三省：《新注〈资治通鉴〉序》，中华书局1956年版卷首附。

③ 脱脱：《宋史》卷三百八十九《袁枢传》，第11934页。

④ 朱熹：《资治通鉴纲目序例》，四库全书本《资治通鉴纲目》附。

总结历史、探讨治道的意蕴。最后，从宋代学者的古史研究中，也可以看到把握天理与探讨治道的紧密结合。一方面郑樵《通志》、张栻《经世纪年》、黄震《古今纪要》、马端临《文献通考》等通史著作，追溯上古历史，考察文明起源；另一方面出现了如苏辙的《古史》、胡宏的《皇王大纪》、罗泌的《路史》、司马光的《稽古录》、刘恕的《通鉴外纪》、金履祥的《资治通鉴前编》等古史专著。理学强调天理为宇宙本源的思想，推动宋代学者极力探讨远古蒙昧时代的初民社会，认识天理，把握治道，立足现实，预测未来。从宋代学者史学领域及史著体例中，可以体察其贯通古今，融会天人，总结历史，探求治道的旨趣。

三 察究治乱之原,因应盛衰之运

"据古鉴今，以立时治"的历史总结的旨趣的核心，是立足现实，着眼未来，察究治乱之原，因应盛衰之运。周秦诸子强调历史具有鉴戒、惩劝作用与教化、明道作用；汉代的贾谊与司马迁则指出历史的资治功能与预测未来的作用；唐代史家杜佑提出"征诸人事，将施有政"，主张从历史演变中寻求"致理"。宋代以前的思想家与史学家强调以史明道，主要包括两重含义：其一，通过历史总结，认识现实社会，顺应时代潮流，预测未来发展；其二，从历代盛衰兴亡中，总结施政的经验，吸取失败的教训，为治国兴邦提供借鉴。理学成为宋代占据主导地位的思想意识，给社会带来双重影响：一方面，作为封建主义的意识形态，理学"对封建制度、封建纲常的论证，对封建制度的巩固发挥了巨大的作用"；另一方面，理学对社会现实与历史盛衰的探讨，使人们的思辨能力提高了，理论思维水平深化了，"悄悄地孕育着一种与封建制度、封建纲常相抗争的理性精神，从而成为反封建的早期民主启蒙思想的逻辑先导"。① 在理学思潮影响下，"格物穷理"成为宋代学者普遍追求的价值取向。贯通天地万物，思考社会历史，探求治国之道，总结盛衰之理，成为宋代学者考察历史、研究历史的旨趣。在我看来，理学促使宋代学者追求以史明道，表现出对于从以史为鉴到以史经世传统继承与超越的双重特质：一方面，贯通古今，考察历史，探讨治道，从历史总结中寻求治国施政的借鉴，进而把握未来社会的发展趋势，发挥史学为现实统治服务的功能，直接继承传统的以史为鉴的思想，将杜佑的以史经世的思想推进到新的阶段。另一方面，"治乱之道，古今一贯"；② 治乱之原，古今同体，考察历史演进过程，从历代盛衰兴亡中，深刻理解天理之义，总结出万世永恒之道，形成对于历史演变的规律性认识，进而因应天下治乱兴亡之运，历史总结超越了狭隘的追求以史为鉴与以史经世的目的。

在宋代学者看来，盛衰兴亡虽然是历史演变中经常出现的现象，但其中蕴涵着极为深刻的治乱之道。邵雍指出：探讨治乱兴衰，要"以一心观万心，一身观万身，一物观万物，一世观万世"，"上识天时，下尽地理，中尽物情，通照人事"，"弥纶天地，出入造化，进退古今，表里人物"，"察其心，观其迹，探其体，潜其用，虽亿万千年，亦可理知之也"。③ 二程认为，"有天地之盛衰，有一时之盛衰，有一月之盛衰，有一辰

---

① 王育济：《走出中世纪——理学、实学、朴学的嬗演及其启蒙意义》，《中州学刊》1994 年第 1 期。

② 司马光：《稽古录》卷十六，第 178 页。

③ 邵雍：《皇极经世书》卷十二《观物内篇》之二。

之盛衰"。①"盛衰之运，卒难理会"。"以历代言之，二帝、三王为盛，后世为衰。一代言之，文、武、成、康为盛，幽、厉、平、桓为衰。以一君言之，开元为盛，天宝为衰。""然有衰而复盛者，有衰而不复反者。若举大运而言，则三王不如五帝之盛，两汉不如三王之盛，又其下不如汉之盛。至其中间，又有多少盛衰。如三代衰而汉盛，汉衰而魏盛，此是衰而复盛之理。譬如月既晦则再生，四时往复来也。若论天地之大运，举其大体而言，则有日衰削之理。如人生百年，虽赤子才生一日，便是减一日也。形体日自长，而数日自减，不相害也。"②在二程看来，历史盛衰演变自有其深刻的原因，"治则有为治之因，乱则有致乱之因"。③人们应该"以圣人之训为必当从，以先王之治为必可法，不为后世驳杂之政所牵滞，不为流俗因循之论所迁改"。④因此，考察历史，"不徒要记事迹，须要识治乱、安危、兴废、存亡之理"。⑤"法先王之治，稽经典之训，笃信而力行之，救天下深沈固结之弊，为生民长久治安之计。"⑥欧阳修指出："盛衰之理中，号曰天命，岂非人事哉！"他从唐庄宗得而复失天下乃至身死国灭的惨痛教训中，得出"忧劳可以兴国，逸豫可以亡身"，"祸患常积于忽微，而智勇多困于所溺"，⑦这些都是足以垂戒千古的至理名言。朱熹把

---

① 程颢、程颐：《河南程氏粹言》卷二，《二程集》，第1241页。
② 程颢、程颐：《河南程氏遗书》卷十八，《二程集》，第199—200页。
③ 程颢、程颐：《河南程氏粹言》卷一，《二程集》，第1214页。
④ 程颢、程颐：《河南程氏粹言》卷二，《二程集》，第1251页。
⑤ 朱熹编：《二程遗书》卷十八《伊川先生语四》，第283页。
⑥ 程颢、程颐：《河南程氏外书》卷五，《二程集》，第522页。
⑦ 欧阳修：《新五代史》卷三十七《伶官传序》，中华书局1974年版，第397页。

"考存亡治乱之迹",^① 作为研究历史的目的，认为读《史记》应该从中把握："秦之所以失者如何？汉之所以得者如何？楚汉交争，楚何以亡？汉何以兴？其所以为是非得失成败盛衰何故？"^② 这些论述不仅阐明了贯通古今天人、考察盛衰兴亡之道的极端重要性，而且说明了在理学的影响下，以史明道已经被赋予新的意义。宋代学者虽然强调"借鉴"与"资治"，但不是局限于传统意义上的以史为鉴或经世致用，而是极为关注历代治乱兴衰的缘由所在，反映出追求真理、把握根本的精神。

总之，马端临引述宋仁宗"据古鉴今，以立时治"之语，既充分肯定了欧阳修的《新唐书》的史学价值，又反映出理学的影响使宋代学者的治史旨趣发生了深刻变化。如果把"据古鉴今，以立时治"的治史旨趣视为一个整体，那么前者是手段，后者则是目的。它不仅要求通过纵贯古今的历史考察，总结治国施政的鉴戒；而且主张从古往今来的盛衰兴亡中，体察与认识天理，把握盛衰兴亡之道。"据古鉴今，以立时治"的治史旨趣，一方面反映出宋代学者对传统的以史为鉴与以史经世思想的继承和发展；另一方面则又显示出在理学思想的影响下，历代盛衰总结已经超越追求历史经验的实际功用的狭隘目的，进入到追求对历史演变的理性认识、对治国之道进行深入探讨的新阶段。

---

① 黎靖德编：《朱子语类》卷十一，第 188 页。
② 黎靖德编：《朱子语类》卷五十五，第 1318 页。

论明清之际历史总结的
批判精神

　　明清之际，天崩地解，喧嚣动荡。从社会矛盾来看，明朝后期陷入深重的内忧外患之中，阶级矛盾异常尖锐，民族矛盾逐渐激化，统治集团内部矛盾空前激烈，这些矛盾错综复杂，彼此交织。在深刻的阶级斗争与激烈的民族冲突冲击下，腐朽的明王朝崩溃瓦解，满洲贵族依靠军事暴力统一了全国，建立了清王朝。清王朝在镇压各地的农民起义，消灭南明的残余势力，重建封建统治秩序的过程中，伴随着残酷的民族压迫，激起了此起彼伏的抗清斗争，使清初社会呈现出动荡不安的局面。从学术思潮来看，明朝后期西方传教士的东来与西学东渐，中西文化之间开始了早期的沟通与交流。以李贽、徐光启等为代表的晚明思想家，批判空疏学风，倡导经世实学，主张学以致用。明朝灭亡的惨痛结局与明清之际的社会动荡，使这一时期的黄宗羲、顾炎武、王夫之等思想家反思明亡的教训，程朱理学与陆王心学空谈心性义理，被视为明朝亡国原因之所在，因而努力研究关系国计民生的实学，形成了总结历史的风气。我认为，明清之际的思想家以批判理学与倡导实学为治学宗旨，通过总结历史，探讨国家兴亡，考察民族盛衰，关注民生命运，追求明著法戒，力图垂训未来。他们的历史盛衰总结已经超越了中国古代在政权更替之后对前代的历史反思，蕴涵着以独立思考为特征、以批判现实为内容的文化精神，显示出新的时代即将到来的气象，有着重要的思想价值。

一 动荡的环境，崩解的社会

明清之际的中国社会，经历了剧烈的动荡，发生着深刻的裂变。这既是一个天下大乱、社会动荡的时期；又是一个新旧交替、快速变化的时期。在这动荡的环境与崩解的社会中，思想家经受着极大的震撼，形成了反思历史、总结历史的思潮。为什么众多的思想家致力探讨社会变化，热心考察历史盛衰？这种历史总结又有哪些新的特点？我认为，明清之际思想家的历史总结，作为这一时期的社会存在在观念形态上的反映，既包含对历代治乱的冷静反思，也蕴涵对现实社会的深刻批判，还体现对美好未来的热忱期待。我们只有从明清之际中国社会的实际出发，认识并把握这个特殊时期的基本特征，才能对这一时期的历史总结作出合理的解释，对于其所蕴涵的批判精神作出科学的说明。

经济结构的变化是明清之际的基本特征之一。中国封建社会经过两千多年的发展，至此逐渐进入其晚期阶段。因为生产力水平的提高，生产关系领域中出现了许多新的变化，资本主义生产方式的萌芽开始产生：在农业生产领域中，出现了一些雇人经营并亲自过问生产事宜的经营地主，甚至还出现了先向地主租佃土地，然后再雇工经营的"佃富农经济"。雇主重视提高雇工的生产积极性，雇佣关系中的人身依附性削弱了。在手工业生产领域中，无论丝织、棉织、矿冶，还是榨油、陶瓷、造纸等，兴起了带有资本主义生产关系性质的手工作坊。

如明代后期的纺织业中，出现了"机户出资，织工出力"[①] 的雇佣劳动关系。苏州的民间机户至少在三万家以上，雇佣的织匠数量相当可观。有的机房的工序划分很细，有络工、拽工、织工、牵经工，以及刷边、运经、縶扣、接头等工，采用流水作业的操作方法，带有资本主义手工工场的经营色彩。[②] 宋应星描述明代后期长途贩运的盛况说："滇南车马，纵贯辽阳；岭徼宦商，衡游蓟北。"[③] 江南地区、东南沿海地区、运河沿岸地区，成为商贾云集之地。如扬州"人烟浩穰，游手众多"，"四民自士、农、工、贾而外，惟牙侩最多"。[④] 在商业流通领域中，形成了空前繁荣的景象，商人的足迹及至全国各地甚至海外。明中后期随着社会经济的发展，许多工商业市镇发展起来。如松江府、苏州府等地出现不少棉织业市镇，太湖流域与杭州、嘉兴、湖州等地出现不少丝织业市镇，呈现出一派繁荣兴旺的景象。这些现象说明，中国封建社会的经济结构出现了前所未有的变化，在向近代社会转型的道路上迈出了最初的步伐。

君主专制的腐朽是明清之际的基本特征之二。明朝后期，君主荒淫，奸佞当道，纲纪废弛，朝政腐败。随着经济结构的变化与社会的发展进步，延续近两千年的封建君主专制制度，逐渐丧失其存在的合理性与积极因素，已经成为摧残民智、禁锢思想的政治枷锁，阻碍社会的发展与历史的进步。明清之际

---

① 《明神宗实录》卷三百六十一，台北："中研院"历史语言研究所1962年影印版。

② 林金树、高寿仙、梁勇：《中国明代经济史》，人民出版社1994年《中国全史》合订本，第172页。

③ 宋应星：《天工开物序》，中国社会出版社2004年版，第1页。

④ 万历《扬州府志》卷二十《风物志》，书目文献出版社1998年版。

的思想家们既经历了明朝的衰落与灭亡，又看到了清朝的专横与暴虐。他们从历史的反思与现实的审视中，对君主专制的腐朽有着深刻的认识。黄宗羲认为："今也天下之人怨恶其君，视之如寇仇，名之为独夫，固其所也。"① 君主已经成为天下人千夫所指，亿万百姓怨恶的仇敌。在王夫之看来，天下"非一姓之私"。② 然而君主"亲爱而以疑，则亲非其亲；尊贤而以疑，则贤非其贤；爱众而以疑，则众非其众"。他从历代盛衰成败的考察中，得出君主"以疑而能不召乱亡之祸者无有"的结论。③ 唐甄指出："君者，利之源也，奸之的也。人皆的之，皆欲中之。"因为君主至高无上的地位，"于是佞以忠进，诈以诚进"。④ 这就是说，君主专断天下，高高在上，各种奸佞小人，竞相献媚争宠，迎合君主心意。黄宗羲、王夫之、唐甄等人的言论，表达了这一时代的思想家们共同的心声。他们看到君主专制制度禁锢心智，摧残人性，已经成为社会发展的严重桎梏，因而站在时代的前列，顺应历史的潮流，痛斥君主的荒淫与腐朽，揭露君主的暴虐与专横，将君主视为陷百姓于痛苦之中的"独夫"，甚至是造成天下各种灾难的大害，对君主专制展开尖锐的批判，明确地表达了变革君主专制的要求。

社会矛盾的激化是明清之际的基本特征之三。因为传统的社会结构遭到破坏，整个社会经历着激烈动荡，使各社会阶层逐渐分化。资本主义生产方式萌芽的产生与初步发展，使中国社会上出现了新的市民阶层。市民阶层的力量虽然非常弱小，但反映了新的资本主义生产方式的要求，代表着未来社会的发

① 黄宗羲：《明夷待访录·原君》，中华书局 1981 年新 1 版，第 2—3 页。
② 王夫之：《读通鉴论》卷末《叙论一》，中华书局 1975 年版，第 950 页。
③ 王夫之：《读通鉴论》卷十一《晋九》，第 305 页。
④ 唐甄：《潜书》下篇上《任相》，中华书局 1963 年版。

展方向。农民阶级与地主阶级的矛盾异常激烈，统治集团内部矛盾日益尖锐，汉族的广大人民与满洲贵族之间的矛盾空前激化。这些矛盾彼此交织，错综复杂，纲纪伦常土崩瓦解，统治秩序遭到破坏，社会危机不断加深，出现"天崩地解"的危险局面。无论是程朱理学，还是陆王心学，在治学方法上都是寻章摘句、支离繁琐，在思想理论上都是空谈心性、迂腐疏阔，既无力回答这个动荡不安时代的各种现实问题，更不能为这些问题的解决提供有价值的方案。社会现实迫使思想家们偏离长期占据统治地位的理学，寻求医治社会弊病与重构未来理想的治国方案。他们或否定与批判重农抑商的传统理念，宣扬关于强国富民的思想主张，甚至要求耕者有其田；或抨击与指责数千年来的君主专制制度，认为市井小夫也可以治国平天下，致力于实现天下共济的社会理想；或反对与批判文化专制主义，指责与否定一切封建奴性，要求冲破旧礼教与禁欲主义的束缚，尊重人性自然，强调个性解放，甚至主张实现思想自由。这些观点反映出随着资本主义生产方式的萌芽，逐渐形成的市民阶层的愿望与要求，包含着深刻的批判精神，具有鲜明的近代意义。

异端思想的萌发是明清之际的基本特征之四。在思想文化领域长期占据统治地位的程朱理学与陆王心学，随着社会的发展与历史的进步而走向衰落，代表新的时代要求的异端思想开始萌发。《四库全书总目》的作者评论明朝后期学术发展时说："万历以后，心学横流，儒风大坏，不复以稽古为事。"[①] 明中后期思想家李贽宣称："夫学者既以多读书识义理障其童心矣，

---

① 纪昀等：《四库全书总目》卷一百二十三《子部·杂家类七》，《少室山房笔丛》条，第 1064 页。

圣人又何用多著书立言以障学人为耶？童心既障，于是发而为言语，则言语不由衷；见而为政事，则政事无根柢；著而为文辞，则文辞不能达。""欲求一句有德之言，卒不可得。"他又说："《六经》《语》《孟》，乃道学之口实，假人之渊薮也。"①在《藏书》《焚书》等著作中，李贽对传统与现实展开激烈批判。我认为，李贽对于现实世界荒谬性的深刻认识，折射出异端与思想启蒙。思想启蒙的本质是批判封建意识，破除迷信愚昧，突破封闭思维，打碎精神枷锁，反对君主专制与正统观念，概括起来就是走出中世纪，走向新时代，为近代社会的到来开辟道路。如果说怀疑主义已经包含着启蒙思想的种子，那么对世界荒谬性本质的揭示则已经成为真正的启蒙思想了。如果现实世界是合理的，是非分明，公理昭著，那就不需要启蒙，当然更不可能有启蒙了。李贽的言论，"至少震动了人们对千百年来的传统观念的信任，刺激了人们那早已麻木的思想神经，引起了人们对世界是非的重新思考"。②《四库全书总目》的作者评论李贽及其《藏书》云："贽书皆狂悖乖谬，非圣无法。惟此书排击孔子，别立褒贬，凡千古相传之善恶，无不颠倒易位，尤为罪不容诛。"③《四库全书总目》的这一评价，从反面说明李贽及其思想的进步性，表明其与明清之际启蒙思想萌发之间，有着密切的关系。

总的来说，明清之际既是经济结构发生巨大变化，社会矛盾空前激化的时期，又是君主专制走向僵化，日渐腐朽没落的

---

① 李贽：《焚书》卷三《童心说》，中华书局1975年版，第98、99页。

② 葛荣晋主编：《中国实学思想史》中卷，首都师范大学出版社1992年版，第340页。

③ 纪昀等：《四库全书总目》卷五十《史部·别史类存目》，《藏书》条，第455页。

时期；既是思想文化领域经历剧烈动荡，发生深刻变革的时期，又是迫切需要新的思想，并逐渐从传统思想中萌发出新的思想的时期。我认为，随着明清之际经济结构的深刻变化，社会文化心理与人文哲学思潮出现了前所未有的新气象。这是一个呼唤思想巨人而又产生了大批思想巨人的历史时期，在激烈的新旧冲突与深刻的思想裂变中，涌现出如李贽、徐光启、李之藻、方以智、黄宗羲、顾炎武、王夫之、唐甄等思想家。这些思想家肩负历史的责任，站在时代的前列，批判空疏无用的理学，总结盛衰兴亡的经验教训，主张经国济世的实学，为未来社会开辟前进的道路。

二　天下大害，"君而已矣"

从明末封建统治的崩溃到清初封建秩序的重建，明清之际的中国社会经历了接连不断的动荡与冲突。这一历史演进的过程延续了一个多世纪，纲纪伦常和文化传统遭到巨大冲击与严重挑战。时代需要认真反思数千年的历史盛衰成败，尤其是考察明朝从衰落到灭亡的过程，深入总结历代治国兴邦的经验，特别是明朝衰败灭亡的历史教训。明清之际的思想家立足现实，考察社会与总结历史：一方面关注天下治乱，关心民生安危；另一方面审视数千年来的君主专制，思考古今盛衰的历史轨迹，为国家治理提供历史借鉴。黄宗羲把君主视为天下之大害，对君主专制存在的合理性提出质疑。他指出："为天下之大害者，君而已矣。向使无君，人各得自私也，人各得自利也。呜呼，岂设君之道固如是乎？"① 批判君主专制成为明清之

---

① 黄宗羲：《明夷待访录·原君》，第2页。

际历史总结的思想核心，既同这一时期的思想家对黑暗现实的思考与批判直接相关，又与他们对明后期衰落灭亡的过程乃至整个封建社会历史的反思联系在一起。

明清之际的思想家根据现实而总结历史，深刻揭露君主专制的腐朽与黑暗，甚至将君主视为万恶之源。他们阐发源远流长的民本思想，对君主专制展开猛烈批判。李贽首先提出"天子庶人，壹是无别"的观点。他又说："大圣人亦人耳，既不能高飞远举，弃人间世，则自不能不衣不食，绝粒衣草而自逃荒野也，故虽圣人，不能无势利之心。"[1] 在李贽看来，圣人与庶人没有区别。何心隐提出君民平等的观点，指出君与民并无本质区别，宣称："人必君，则人也。君必位，则君也。臣民亦君也。君者，均也。君者，群也。"[2] 在何心隐看来，君与民在本质上是相同的。黄宗羲阐发古代的民本思想，引前人之语称："天之立君，以为民也；君之求臣，以行保民之政也；臣之事君，以行其安民之术也。"[3] 他又称："今也以君为主，天下为客，凡天下之无地而得安宁者，为君也。"君主专制"使天下之人不敢自私，不敢自利"。君主将天下"传之子孙，受享无穷"，"屠毒天下之肝脑，离散天下之子女，以博我一人之产业"；"敲剥天下之骨髓，离散天下之子女，以奉我一人之淫乐"。[4] 黄宗羲把朝代与天下加以区别，认为朝代的兴亡与天下的治乱不能混淆，指出既然"天下为主，君为客"，那么"天

① 李贽：《道古录》卷上《第五章》；卷上《第十章》，《李贽文集》第七卷，社会科学文献出版社 2000 年版，第 353、358 页。
② 何心隐：《何心隐集》第二卷《论中》，中华书局 1960 年版。
③ 黄宗羲：《诸敬槐先生八十寿序》，《黄宗羲全集》第十一册，浙江古籍出版社 2005 年版，第 66 页。
④ 黄宗羲：《明夷待访录·原君》，第 2 页。

下之治乱，不在一姓之兴亡，而在万民之忧乐"。① 黄宗羲对君
主专制的揭露与批判，有着重要的思想价值，达到了中国古代
民本思想发展的高峰。顾炎武认为考察历史，应该探讨"圣贤
六经之旨，国家治乱之原，生民根本之计"，他对黄宗羲的
《明夷待访录》推崇备至，对书中的许多观点深表赞同，② 在
《日知录》等著作中，对君主专制制度展开猛烈批判。在顾炎
武看来，"君"在古代属于上下之通称，天子称君，人臣、诸
侯、卿大夫，以及府主、家主、父、舅等，都可以称君。他指
出，"亡国"与"亡天下"属于两个不同的概念，"易姓改号，
谓之亡国。仁义充塞，而至于率兽食人，人将相食，谓之亡天
下"。清廷取代明朝，属于亡天下，只有保天下，才能保其国。
"保国者，其君、其相、肉食者谋之；保天下者，匹夫之贱与
有责焉耳矣。"③ 顾炎武强调："人君之于天下，不能以独治也；
独治之而刑繁矣，众治之而刑措矣。"④ 天下应由天下人"众治
之"，而不能为君主所"独治"。王夫之认为，在君主专制之
下，臣民难以进言，君主猜忌臣下，臣僚尸位素餐，彼此推
诿，政事废弛，结果异族入主，社稷覆亡。他将历代弊端归结
于君主专制，指出："万方统于一人，利病定于一言，臣民之
上达难矣。"⑤ 王夫之批判说：君人者有独制二："用人也，听
言也。黜陟者一人之大权，从违者一心之独断也。"在君主专
制之下，"君崇正则正言御矣，君喜谀则谀言进矣"，甚至出现

① 黄宗羲：《明夷待访录·原君》，第 4 页。

② 顾炎武致黄宗羲书，载中华书局 1981 年版《明夷待访录》卷首。

③ 顾炎武著，黄汝成集释：《日知录集释》卷十三《正始》，岳麓书社 1994
年版，第 471 页。

④ 顾炎武著，黄汝成集释：《日知录集释》卷六《爱百姓故刑罚中》，第 222
页。

⑤ 王夫之：《尚书引义》卷五，中华书局 1962 年版，第 142 页。

"诡于正而实以谀者"。"迨天下之已定矣，人君蒙业而居安，大臣循资以渐进，始之以容保为心也。""君不能自振，大臣不能自坚。"① 他指出："君操宗社生民之大命，言出而天下震惊，行出而臣工披靡，一失而贻九州亿万百姓百年死亡之祸，待之宛转徐图，虽他日听之而悔无及矣。"② 他又批驳封建正统论说："天下之生，一治一乱。当其治，无不正者以相干，而何有于正？当其乱，既不正矣，而又孰为正？有离有绝，固无统也，而又何正不正邪？以天下论者，必循天下之公。"③ 天下既非为一姓私有，君主也没有什么正统不正统，人们应该根据"天下之公"原则，考察政权更替与历史变迁。唐甄反思从秦汉到明清的盛衰兴亡，认为治世少而乱世多的原因，就在于君主专制制度本身。他指出，"治天下者唯君，乱天下者唯君，治乱非他人所能为，君也"。"海内百亿万之生民，握于一人之手，抚之则安居，置之则死亡。""一代之中，十人数世，有二三贤君，不为不多矣。其余非暴即暗，非暗即辟，非辟即懦。""惟是懦君蓄乱，辟君生乱，暗君招乱，暴君激乱。"④ 唐甄认为，"自秦以来，凡为帝王者，皆贼也。"他指出："杀一人而取其匹布斗粟，犹谓之贼；杀天下之人而尽其布粟之富，而反不谓贼呼？"⑤ 唐甄将君主视为危害天下之贼，社会一切罪恶之源，这种认识是深刻的。这些思想家对君主专制的批判，剥去了笼罩在君主身上的神圣灵光，促进了思想的解放，有利于社会的进步。

明清之际的思想家不仅深刻揭露君主专制的腐朽与黑暗，而

---

① 王夫之：《尚书引义》卷六，第153、154、155页。
② 王夫之：《读通鉴论》卷十二《怀帝》八，第331页。
③ 王夫之：《读通鉴论》卷末《叙论》一，第950页。
④ 唐甄：《潜书》上篇下《鲜君》。
⑤ 唐甄：《潜书》下篇下《室语》。

且明确提出变革这种制度的要求。黄宗羲认为，设立君主是为了治理天下，而天下不能一人而治，故官吏不能仅为君主一人服务，更不能"私其一人一姓"。他指出："故我之出而仕也，为天下，非为君也，为万民，非为一姓也。""吾以天下万民起见，非其道，即君以形声强我，未之敢从也。""为臣者轻视斯民之水火，即能辅君而兴，从君而亡，其于臣道固未尝不背也。"① 黄宗羲理想的君臣关系，是共同担负人民公共"利害"的分工关系。因为天下不能由君主一人治理，"则设官以治之，是官者，分身之君也"。② 黄宗羲探讨文化教育、人才培养、官吏选拔等方面的问题，主张学校成为一种议政机构，主持公是公非，对于官府乃至天子行使某种监察之权，使至高无上的君主权力有着某种制约。他赞扬汉、宋太学生的政治活动，甚至认为学校士子对于地方官吏可以"哗而退之"。这种学校的职能类似于近代西方国家的议会。顾炎武提倡地方分权，不赞成由君主独揽天下大权，宣称："所谓天子者，执天下之大权者也。其执大权，奈何以天下之权寄之天下之人，而权乃归之天子？自公卿大夫，至于百里之宰，一命之官，莫不分天子之权以各治其事，而天子之权乃益尊。后世有不善治者出焉，尽天下一切之权，而收之在上。"③ 他根据明朝因为统治腐朽而终致灭亡的历史教训，提出"以天下之权寄之天下之人"的命题。他指出："小雅废而中国微，风俗衰而叛乱作矣。""天下风俗最坏之地，清议尚存，犹可维持一二，至于清议亡，而干戈至矣。"他主张："设乡校，存清议于州县，以佐刑罚之穷。"④ 顾炎武强调"清议"的实质，是

---

① 黄宗羲：《明夷待访录·原臣》，第4页。
② 黄宗羲：《明夷待访录·置相》，第7页。
③ 顾炎武著，黄汝成集释：《日知录集释》卷九《守令》，第327页。
④ 顾炎武著，黄汝成集释：《日知录集释》卷十三《清议》，第477、478页。

以士人的舆论监督制衡君主。他主张设立乡校，说："然则政教风俗苟非尽善，即许庶人之议矣。故盘庚之诰曰：'无或敢伏小人之攸箴？而国有大疑，卜诸庶民之从逆。'子产不毁乡校，汉文止辇受言，皆以此也。"① 这种乡校与黄宗羲提出的担负议政作用的学校，有异曲同工之妙，作用颇为相同。顾炎武重视社会风气与民情风俗的发展变化，批评周末那种"邦无定交，士无定主"的风气，赞赏东汉士大夫勇于议论政事的风气，指出宋代的兴亡与自由议论的存亡有着直接的关系。这些反映出他要求限制君主专制，分散君主权力，扩大统治基础，端正人心风俗的思想。王夫之指出，"一姓之兴亡，私也；而生民之生死，公也"。② 他主张"不以一人疑天下，不以天下私一人"。③ 君主治理天下，应该是为万民而不是为一人，必须严以治吏，宽以养民。唐甄揭露君主专制之下社会极不平等，"天地之道故平，平则万物各得其所。及其不平也，此厚则彼薄，此乐则彼忧"。这种社会地位的不平等是由于经济的不平等决定的，"王公之家，一宴之味，费上农一岁之获，犹食之而不甘"。"人之生也，无不同也，今若此，不平甚矣。"④ 这些言论表达了变革君主专制，实现社会平等的愿望与要求。

明清之际的思想家站在时代的高处，对于延续两千年的君主专制展开猛烈批判，这与他们继承自古以来的历史通变思想，以此考察历史盛衰直接相关。李贽认识到历史在变化，是非标准也应随之变化，"昨日是而今日非矣，今日非而后日又

---

① 顾炎武著，黄汝成集释：《日知录集释》卷十九《直言》，第678页。
② 王夫之：《读通鉴论》卷十七《敬帝》三，第515页。
③ 王夫之：《黄书·宰制第三》，中华书局1983年版，第17页。
④ 唐甄：《潜书》上篇下《大命》。

是矣。虽使孔夫子复生于今，又不知作如何是非也"。① 黄宗羲
认识到，天下万物不断变化，"消长得失，治乱存亡，生乎天
下之动，极乎天下之变"。② 因此，后代取代前代，不能袭亡国
之政。顾炎武强调疏通明变，主张从历史进化的角度来思考问
题，如对于周末、两汉至宋代社会风俗的考察即是如此。他指
出："哀、平之可以变而为东京，五代之可以变而为宋，则知
天下无不可变之风俗也。"③ 王夫之以历史进化思想考察社会的
发展，指出："唐虞以前，无得而详考也，然衣裳未正，五品
未清，婚姻未别，丧祭未修，犷犷獉獉，人之异于禽兽无几
也。""若夫三代之季，尤历历可征焉。当纣之世，朝歌之沉
酗，南国之淫奔，亦孔丑矣。""春秋之民，无以异于三代之
始。帝王经理之余，孔子垂训之后，民固不乏败类，而视唐、
虞、三代帝王初兴，政教未孚之日，其愈也多矣。"④ 王夫之认
为随着历史演进，典章制度不断变化，"以古之制，治古之天
下，而未可概之今日者，君子不以立事；以今之宜，治今之天
下，而非可必之后日者，君子不以垂法"。⑤ 他看到从分裂走向
统一是历史发展的趋势，"古之天下，人自为君，君自为国，
百里而外，若异域焉。治异政，教异尚，刑异法，赋敛惟其轻
重，人民惟其刑杀"，尧、舜、禹、汤也不能改变这种状况。
从周代以后，"则渐有合一之势，而后世郡县一王，亦缘此以
渐统一于大同，然后风教日趋于划一，而生民之困亦以少

---

① 李贽：《藏书世纪列传总目前论》，《藏书》，中华书局1959年版，第1页。

② 黄宗羲：《易学象数论》卷六《胡仲子翰衡运论》，《黄宗羲全集》第九册，
第269页。

③ 顾炎武著，黄汝成集释：《日知录集释》卷十三《宋世风俗》，第473页。

④ 王夫之：《读通鉴论》卷二十《太宗》八，第597—598页。

⑤ 王夫之：《读通鉴论》卷末《叙论》四，第954页。

衰"。① 明清之际的思想家根据历代盛衰与社会变迁，指出君主专制已成为腐朽的、不合时宜的制度，这是具有重要思想价值的。

总的来说，明清之际的思想家指出君主为天下大害，对君主专制展开批判，反映了时代的呼声，有着重要的进步意义。首先，这种批判从历史与现实的大量事例中，揭示出君主专制的黑暗，指出君主专制已经成为万恶之源，不仅将批判的矛头指向君主专制，而且提出了变革君主专制的要求，对君主专制的揭露与批判同"明道救世"、"引古筹今"的主张有机地联系在一起，这是明清之际的思想家的历史总结对于传统的历史盛衰思想的超越；其次，这种批判的理论依据是传统的民本思想，其本质是古老的、源远流长的民本思想在新的历史条件下的继承与发展，虽然没有达到彻底否定君主专制、追求民主和平等的思想高度，更不可能与近代西方的民主思想相提并论，但包含着对现实社会的深刻揭露，对封建末世的愤怒鞭挞，对促进近代的思想启蒙具有积极作用，因而有着重要的理论价值；最后，这种批判是君主专制统治已经腐朽的社会现实在思想领域的折光，预示着历史发展走向近代的新趋势，昭示着社会剧变即将到来。

三 "明体适用"，"匡时""救世"

明清之际的思想家面对深重的社会危机，以"明体适用"、"匡时""救世"作为治学宗旨。"明体适用"就是明治国之体，适社会之用；"匡时""救世"即匡正时代之风，挽救社会之

---

① 王夫之：《读通鉴论》卷二十《太宗》二，第589、590页。

弊。潘耒对顾炎武治学"明道"、"救世"的理念,有着深切的体会。在《日知录序》中,他称赞顾炎武的学术为"明体适用"之学,肯定顾氏治学"纵贯百家,上下千载,详考其得失之故,而断之于心,笔之于书,朝章国典,民风土俗,元元本本,无不洞悉,其术足以匡时,其言足以救世"。[1] 潘耒对顾炎武治学"明体适用"、"匡时""救世"的评价,不仅概括出顾炎武学术研究的个性特征,而且揭示出明清之际的思想家学术研究的时代特色。这一时期的思想家把读书作为明理的途径,而明理则是为着适用于社会,研究实实在在的学问,以实现服务于社会的目的。强调"明体适用",追求"匡时""救世",将学术研究与社会现实紧密结合起来,反映出明清之际的思想家总结历史、批判现实的精神。

明清之际的思想家胸怀强烈的经世致用的理念,密切关注天下兴亡与国家盛衰。他们传承了中国历代士人对天下道统的担当,密切关注天下的兴亡,把挺身而出、挽救时弊、报效国家、服务社会,作为义不容辞的责任;把总结历史尤其是研究明史,作为切切实实的"匡时""救世"的手段。黄宗羲认为,"古之君子,有死天下之心,而后能成天下之事;有成天下之心,而后能死天下之事"。"今之君子,以偷生之心,行尝试之事,亦安有不败乎?"[2] 在黄宗羲看来,古之君子以天下为己任,故能报效国家建功立业;而今之君子则因为苟且偷生,所以导致国家的败亡。他指出:"儒者之学,经纬天地。"[3] 又称:"学必原本于经术,而后不为蹈虚;证必明于史籍,而后足以

---

① 潘耒:《日知录序》,顾炎武著,黄汝成集释:《日知录集释》卷首。
② 黄宗羲:《明名臣言行录序》,《黄宗羲全集》第十册,第52页。
③ 黄宗羲:《赠编修弁玉吴君墓志铭》,《黄宗羲全集》第十册,第433页。

应物。"① 学者"必先穷经,经术所以经世;不为迂儒,必兼读史,读史不多,无以证理之变化;多而不求于心,则为俗学。"② 黄宗羲认识到,学问必以六经为根柢,治学必先读经书。儒者安身立命,应该博稽六艺,精研史籍,"斟酌当世",③旁及百家,建功立业。其《明夷待访录》纵论古今历史,尤其注意通过汉、唐、宋、明等时代的典型史例,阐发自己的政治见解,将政论与史论紧密结合起来。顾炎武宣称:"君子之为学,以明道也,以救世也。徒以诗文,所谓'雕虫篆刻',有何益哉?"④ 他一生追求的,就是"明学术,正人心,拨乱世,以兴太平之事"。⑤ 王夫之宣称史学即为经世之学,指出考察历史则是为了谋求"经世之大略",强调总结历史就是为了实现对天下国家的责任。他指出:"所贵乎史者,述往以为来者师也。为史者,记载徒繁,而经世之大略不著,后人欲得其得失之枢机以效法之无由也,则恶用史为?"⑥ 其考察历史超越了论评盛衰兴亡,探讨政治得失的传统模式,追求以史经世、"匡时""救世"的理想溢于言表。这些论述说明,明清之际的思想家以天下兴亡为己任。

明清之际的思想家有着崇高的民族气节,把维护民族大义置于至高无上的地位。他们从传统的夷夏之辨观念出发,对于取代明朝统治地位的"夷狄"、"异族",有着出自本能的蔑视与憎恨。在明朝灭亡以后,黄宗羲招募义兵,成立"世忠营",

① 全祖望:《鲒埼亭集外编》卷十六《甬上证人书院记》,四部丛刊初编本。
② 全祖望:《鲒埼亭集》卷十一《梨洲先生神道碑文》,四部丛刊初编本。
③ 黄宗羲:《谢时符先生墓志铭》,《黄宗羲全集》第十册,第422页。
④ 顾炎武:《亭林文集》卷四《与人书》二十五,《顾亭林诗文集》,第103页。
⑤ 顾炎武:《亭林文集》卷二《初刻日知录自序》,《顾亭林诗文集》,第29页。
⑥ 王夫之:《读通鉴论》卷六《光武》十,第135页。

进行武装抵抗，被鲁王任命为左副都御史。在抗清失败以后，他专心著述讲学，致力研究明史，对明末那些奇节异行之士，悯其名节行将泯灭而以残墨存留之；对那些慷慨殉国、大节可与日月争辉者，则汲汲加以表彰。黄宗羲认为："中国之与夷狄，内外之辨也。以中国治中国，以夷狄治夷狄，犹人不可杂之于兽，兽不可杂之于人也。"① 他总结历史上夷狄入主中原到明朝亡国的教训："历观夷狄之取中国也，其平时累人以挠之，重构以瘠之，相与守之数十年，中国未有不困绌。乘其内忧，不过一战，而天下之郡县皆望风降服矣。向使列国棋置，一国衰弱，一国富强，有暇者，又有坚者，房能以其法取彼，未必能以其法取此，岂有一战而得志于天下如此而易易乎？"因此，"后之有天下者"，必须吸取"为夷狄所寝覆"的深刻教训。② 顾炎武集国难与家仇于一身，在参加抗清失败以后，坚拒征召，遍游北方，广结志士，图谋恢复。他铭记其母"无为异国臣子，无负世世国恩"的遗训，③ 坚守华裔之大防，将夷狄视为四方之异气，若其杂居中国，则错乱天气，甚至污辱善人。他指出："君臣之分，所关者在一身；华裔之防，所系者在天下。故夫子之于管仲，略其不死子纠之罪，而取其一匡九合之功。盖权衡于大小之间，而以天下为心也。夫以君臣之分，而犹不乱华裔之防，而《春秋》之志可知矣。"④ 他又称："君子之为学也，非利己而已也，有明道淑人之心，有拨乱反正之事，知天下之势之何以流极而至于此，则思起而有以救之。"⑤

---

① 黄宗羲：《留书·史》，《黄宗羲全集》第十一册，第 12 页。
② 黄宗羲：《留书·封建》，《黄宗羲全集》第十一册，第 6 页。
③ 顾炎武：《亭林余集·先妣王硕人行状》，《顾亭林诗文集》，第 172 页。
④ 顾炎武著，黄汝成集释：《日知录集释》卷七《管仲不死子纠》，第 245 页。
⑤ 顾炎武：《亭林余集·与潘次耕札》，《顾亭林诗文集》，第 173 页。

这些言论反映出强烈的民族意识，包含着深沉的爱国情怀。王夫之在明清之际投身抗清失败以后，隐居瑶家山寨，坚守民族气节，以经史著述为务。他指出："夷狄者，歼之不为不仁，夺之不为不义，诱之不为不信。何也？信义者，人与人相与之道，非以施之非人者也。"① 王夫之所斥责的"夷狄"，指的是入主中原的清廷；而其所强调的"信义"，则是指纲纪伦常与文化传统。在王夫之看来，"信义"不能施之于"夷狄"身上，"天下之大防，人禽之大辨，五帝、三王之大统"，这是必须坚持的。"即令桓温功成而篡，犹贤于戴异类以为中国主。"② 他严厉指责中国古代历史上，投靠异族、做儿皇帝的石敬瑭之流，"称臣称男，责赂无厌，丑诟相仍，名为天子，贱同仆隶"。③ 其实质是斥责卖身投靠清廷的洪承畴、吴三桂等，显示出威武不屈、大义凛然的浩然正气，反映出伟大的爱国主义精神。

明清之际的思想家经历明朝的衰落与灭亡，对于社稷的沦亡有着切肤之痛的感受。他们既深深地怀念故国，痛感有义务为故国保存文献，为本朝留下信史，以维护其历史地位；又从强烈的史家责任感出发，意识到研究自己熟悉的、亲身经历过的明代的历史，一方面可以寄寓以史经世之志，另一方面也能为未来的华夏政权留下真实史鉴，不仅具有切实的必要性，而且有着现实的紧迫性。研究明史成为这一时期的思想家共同兴趣所在与精神寄托，形成一股重要的史学思潮。如谈迁、张岱、查继佐、黄宗羲、顾炎武、王夫之、万斯同、全祖望等，

---

① 王夫之：《读通鉴论》卷四《汉昭帝》三，第 75 页。
② 王夫之：《读通鉴论》卷十三（东晋）《成帝》十四，第 359 页。
③ 王夫之：《读通鉴论》卷三十《五代下》六，第 921 页。

都曾致力于明史或南明史研究，并作出了各自的贡献。谈迁生活于明末，"好观古今之治乱，其尤所注心者在明朝之典故"。他"汰十五朝之实录，正其是非；访崇祯十七年之邸报，补其阙文"，[①] 成编年体明朝史《国榷》。张岱经历明清国变，坚守民族气节，广泛搜集各种史料，经过数十年时间的努力，撰纪传体明史《石匮藏书》。查继佐在反清失败以后，潜心明代史事的搜集与研究，编纪传体明史《罪惟录》。黄宗羲认识到，"国可灭，史不可灭"。[②] 他对于明史研究的贡献尤多，以此作为明体适用、匡时救世的途径。他广搜博采明代诗文、掌故、野史、笔记、遗闻、逸事等史料，辑《明文海》四百八十二卷，纂《明史案》二百四十四卷，编《明儒学案》六十二卷，集南明《行朝录》九种。其《南雷文集》《南雷文约》《南雷文案》《南雷文定》所收叙事之文，多为墓志铭、神道碑铭、圹志、行述、事略、哀辞、传记、寿序等，涉及大量的明代史料。他不仅注意搜集明代史料，强调"拾其遗事，表其逸民"的必要性，切实保存故国文献；[③] 而且重视总结明亡的历史教训，期待为后人治国提供鉴戒。《明儒学案》将明代学术概括为十九个学案，创立了学案体这种新的史体，勾画出明代思想文化的源流与脉络。黄宗羲认为，卫所制度使得明代"国非其国"，[④] 而"朋党之争"则导致明朝"国统中绝"，[⑤] 这些认识是符合历史事实的。顾炎武年青时即属意明代文献，后来大量

---

① 黄宗羲：《谈孺木墓表》，《黄宗羲全集》第十册，第 268—269 页。

② 黄宗羲：《旌表节孝冯母郑太安人墓志铭》，《黄宗羲全集》第十册，第 339 页。

③ 黄宗羲：《万履安先生诗序》，《黄宗羲全集》第十册，第 50 页。

④ 黄宗羲：《留书·卫所》，《黄宗羲全集》第十一册，第 8 页。

⑤ 黄宗羲：《留书·朋党》，《黄宗羲全集》第十一册，第 9 页。

搜采各类史料，抄录邸报奏状，成《明季实录》《皇明修文备史》。其《熹庙谅阴记》《三朝纪事阙文》《圣朝纪事》《圣安纪事》等，皆为明史之作。王夫之既撰《永历实录》以记载南明桂王政权事迹；又著《黄书》《噩梦》等史论，论评明代有关史事。即使在《读通鉴论》《宋论》等论评前代历史的史论著作中，他也将古代史事与明末清初的社会现实结合起来。如论历史上的朋党之争说："朋党兴，而人心国是如乱丝之不可理，将孰从而正之哉！"① 这类议论显然是针对明末朋党之争而发，从明代历史的反思中谋求盛衰兴亡之道。万斯同传承黄宗羲明史研究，以布衣身份主修《明史》，为《明史》的修撰作出了重要贡献。全祖望致力于搜集明代"忠臣"、"义士"的事迹，大力加以表彰，"欲存君臣之义于天地之间"，② 保存了许多明代史料。这些明史研究的成果，具有重要的思想价值与学术价值。

　　总的来说，明清之际的思想家以"明体适用"、"匡时""救世"作为治学宗旨，强调"天下兴亡，匹夫有责"，既继承了中国士人以天下为己任的文化精神，又反映了特定社会环境的现实需要。从思想渊源考察，儒学作为内圣外王之道，从其诞生之日起就有着鲜明的经世价值取向，把学术研究与修身、齐家、治国、平天下紧密联系在一起。从社会环境来说，在满洲贵族入主中原建立清朝、取代汉族的明朝的情况下，经世意识与传统的夷夏之辨结合起来。我认为，夷夏之辨虽然属于封建传统意识，但是时代环境与社会历史的局限，决定这一时代的思想家没有也不可能超越这种封建传统意识。他们的历史总

---

① 王夫之：《读通鉴论》卷二十六《文宗》二，第787页。
② 全祖望：《鲒埼亭集外编》卷十《华氏忠烈合状》，四部丛刊初编本。

结寄托着深沉的故国情思，包含着强烈的爱国意识，蕴涵着对于现实的深刻批判，只能以传统的夷夏之辨的形式反映出来。在明清之际的历史条件下，这种夷夏之辨的意识对于捍卫中华文化传统，反抗民族压迫，有着重要的进步意义。

四 力诋空言，主张实学

明清之际的思想家生活于天崩地解的乱世环境，经历了从明朝的衰落与灭亡到清朝的专横与暴虐，痛"感四国之多虞，耻经生之寡术"。[①] 政权的更替与社会的动荡，使他们在思想上、精神上受到极大震撼与刺激，认识到无论是程朱理学还是陆王心学，其末流都有着空谈心性义理的特点，都不能解决天下的各种现实问题，更不能挽救时弊而服务社会。从生平经历、师承关系、思想理念、学术渊源等方面考察，明清之际的思想家虽然存在巨大差异，但大都出自程朱理学或陆王心学营垒，与理学存在着密切的关系。然而这些思想家立足于社会现实，将社稷的沦亡与学风的空疏联系起来，认为这是导致华夏政权衰落倾覆的重要原因，因而对理学末流空谈义理深恶痛绝，于是高扬经世致用的旗帜，提倡研究治国兴邦的实学，对空疏腐朽的学风拨乱反正。他们大声疾呼"空疏不学"，[②] 要求返本求实。其总结历史与力诋空言、研究实学结合在一起，与西学传入、中西文化的沟通交流联系在一起，直接否定理学的空疏学风，深刻批判现实的腐败黑暗。

---

① 顾炎武：《亭林文集》卷六《天下郡国利病书序》，《顾亭林诗文集》，第137页。

② 黄宗羲：《与陈介眉庶常书》，《黄宗羲全集》第十册，第167页。

明朝后期社会矛盾日益激化，使人们对空疏的理学失去兴趣，推崇实学、强调实用的学术思潮逐渐兴起。李时珍的《本草纲目》详述了一千五百多种药物的形状、性质、功效及制作方法，宋应星的《天工开物》总结了关于农业与手工业生产的各种技术，徐光启的《农政全书》介绍了天文、水利、历算、农桑、测量、物理等方面的知识，徐弘祖的《徐霞客游记》说明了各地的山川与地貌。这些著作一改明朝后期"束书不观，游谈无根"的习气，探讨有关国计民生的现实问题，表现出强烈的求真务实的精神。焦竑的《国史经籍志》以扎实的训诂考据，为版本目录学研究作出了贡献。陈第的《毛诗古音考》《屈宋古音义》等著作，开创了古音研究的先河。这些学者的研究虽然具体内容各不相同，但都是探讨实实在在的学术问题，反映出崇尚实际、返朴归真的学风。黄宗羲反对空谈心性义理，严厉斥责"明人讲学，袭语录之糟粕，不以六经为根柢，束书不读，但从事于游谈。学者必先穷经，经术所以经世，乃不为迂儒"。① 顾炎武认为，明代之所以为学者，"为利而已"，② 对晚明的空疏学风痛心疾首。他深深慨叹："呜呼！吾曹虽不如古人，向若不祖尚浮虚，戮力以匡天下，犹可不至今日。"③ 王夫之深刻认识到，治史是为了经世。他强调："史之为书，见诸行事之征也，则必推之而可行，战而克，守而固，行法而民以为便，进谏而君听以从，无取于似仁似义之浮

---

① 江藩：《国朝汉学师承记》卷八《黄宗羲》，中华书局1983年版，第126页。

② 顾炎武：《亭林余集·与潘次耕札》，《顾亭林诗文集》，第173页。

③ 顾炎武著，黄汝成集释：《日知录集释》卷七《夫子之言性与天道》，第240页。

谈。"① 这些明清之际的思想家以黜虚崇实、振衰起废，作为自己的神圣职责。如果说经世是他们的共同理想与价值取向，那么实学则是实现理想与追求价值的有效途径。因为经世目标涉及治国兴邦的各个领域，所以实学内容又是不断发展的。经世与实学通过致用紧密联系起来，构成一个有机整体。致力研究与广泛探讨实学，成为明清之际的思想家共同的精神寄托。

明清之际的思想家不是简单地议论天下盛衰兴亡，探讨政治得失；而是致力于改变腐朽空疏的风气，实现学术风气的拨乱反正，主张"务质之今日所可行，而不为泥古之空言"。② 他们不仅倡导博稽六艺，精通史籍；而且强调文须有益于天下，主张文章无关世道者、无益天下者不作。黄宗羲严斥那种吆喝叫骂的不良学风："昔之学者，学道者也；今之学者，学骂者也。矜气节者则骂为标榜，志经世者则骂为功利，读书作文者则骂为玩物丧志，留心政事者则骂为俗吏。"③ 他认为古人著书立说，"大者可以治天下，小者可以为民用，盖未有空言无事实者也"。④ 又说："古者儒墨诸家，其所著书，大者以治天下，小者以为民用，盖未有空言而无事实者也。""先王体国经野，凡封内之山川，其离合向背，延袤道里，莫不讲求。""后世流为词章之学，始修饰字句，流连光景，高文巨册，徒充污惑之声而已，由是而读古人之书，亦不究其原委，割裂以为词章之用，作者之意如彼，读者之意如是，其传者，非其所以传者也。"⑤ 顾炎武称："文之不可绝于天地间者，曰明道也，纪政

---

① 王夫之：《读通鉴论》卷末《叙论》三，第953页。
② 全祖望：《鲒埼亭集》卷十二《亭林先生神道表》，四部丛刊初编本。
③ 黄宗羲：《七怪》，《黄宗羲全集》第十册，第650页。
④ 黄宗羲：《今水经序》，《黄宗羲全集》第二册，第502页。
⑤ 同上。

事也，察民隐也，乐道人之善也。若此者有益于天下，有益于将来。多一篇，多一篇之益矣。若夫怪力乱神之事，无稽之言，剿袭之说，谀佞之文，若此者，有损于己，无益于人，多一篇，多一篇之损矣。"[①] 他反对因袭、依傍之文，指责穿凿附会之说，鄙视抄袭因循的恶劣学风，认为引述前人之言，"必用原文"，[②] "凡述古人之言，必当引其立言之人；古人又述古人之言，则两引之，不可袭以为己说也"。[③] 他严斥"有明一代之人，其所著书，无非窃盗而已"，[④] 声称"凡作书者，莫病乎其以前人之书改窜而为自作也"。[⑤] 其历史总结充满经世的精神。王夫之把司马光的《资治通鉴》，视为以史经世之作。他指出："'资治'者非知治知乱而已也，所以为力行求治之资也。"在他看来，所谓"资治"，不仅要有广泛的历史知识，而且须有力行求治的能力。所谓"鉴"，则是指推究历史上的政治得失，"于其得也，而必推其所以得；于其失也，必究其所以失"。[⑥] 他主张尽废古今虚幻荒谬之说，关注历代治国兴邦的实际问题。摒弃虚浮，反对空疏，立足现实，崇尚实学，这是明清之际的思想家学术研究的共同特征。

明清之际随着大批西方传教士来中国进行传教活动，[⑦] 中

---

① 顾炎武著，黄汝成集释：《日知录集释》卷十九《文须有益于天下》，第674页。

② 顾炎武著，黄汝成集释：《日知录集释》卷二十《引古必用原文》，第725页。

③ 顾炎武著，黄汝成集释：《日知录集释》卷二十《述古》，第725页。

④ 顾炎武著，黄汝成集释：《日知录集释》卷十八《窃书》，第670页。

⑤ 顾炎武：《亭林文集》卷二《抄书自序》，《顾亭林诗文集》，第32页。

⑥ 王夫之：《读通鉴论》卷末《叙论》四，第955、956页。

⑦ 据梁启超著录，从明中后期到清中期，西方传教士来华者达六十余人。参见《中国近三百年学术史》四《清代学术变迁与政治的影响》附表，上海三联书店2006年版，第28—35页。

西文化之间开始了早期的沟通与交流。西方传教士在从事宗教活动的过程中，带来了大量的西方科学知识。如 1620 年金尼阁等来华，携来教皇保禄第五赠送的图书七千余部；1687 年白晋、张诚等人来华，带来图书仪器三十余箱。这些图书资料涉及欧洲的天文、历法、水利、数学、地理、物理、几何、医学、音乐、美术、语言、宗教、哲学等，将西方科学（主要是自然科学），如天文、地理、数学、物理、化学、医学、机械、测绘等传入中国。许多传教士即为学识渊博的学者，如德国传教士邓玉函是灵采研究院院士，著名天文学家、物理学家伽利略的挚友，不仅通晓天文、数学、物理和医学，而且精通德、英、法、葡以及拉丁、希腊、希伯来等文字；意大利传教士艾儒略除精通天文、物理、算术、化学以外，复精研形而上学，又能披读中国古代的经史著作。这些西方传教士介绍与传播的西方科学知识，"对于中国人来说，都是新鲜的理论和科学信息，在性质上都是与中国传统文化迥然不同的高势能的异质文化"。[1] 西方科学的传入与中西文化的沟通及交流，为明清之际的思想家开辟了新的思想天地，使他们抛弃古代帝王、圣贤的虚玄幻妄之说，给明末清初"中国的知识和文化带来了一场前所未有的新刺激"。[2] 如"西方历法与炮术的显而易见的长处，冲击了国人的守旧自大之风。哥白尼的地动日心说，也开始动摇中国人关于天地的观念。西方舆地学的传入大大扩展了中国人的空间观念"。[3] 西方科学的传入使明清之际思想领域逐渐走

<hr>

① 葛荣晋主编：《中国实学思想史》中卷，第 247 页。

② 何哲：《清代西方的传教士与中国文化》，《故宫博物院院刊》1983 年第 2期。

③ 徐泰来主编：《中国近代史记》（上），湖南人民出版社 1989 年版，第 33—34 页。

向多元化，思想家们得以突破封闭僵化的思维模式，偏离数千年以来的封建正统观念，以开放的心态看待广阔的世界。

明清之际西学的传入及中西文化的交流，与国计民生有着直接的关系，裨益于当时社会与世务，适应了这一时期思想家返本求实的需要。因此，西学被作为经世实学而受到推崇，研习西方科学成为明清之际的学术风气，崛起了一批会通中西卓有成就的学者。如徐光启既"从西洋人利玛窦学天文、历算、火器，尽其术。遂遍习兵机、屯田、盐策、水利诸书"；[①] 又把中国古代数学与西方数学结合起来研究，与西方传教士合作翻译《几何原本》，其《测量异同》与《勾股义》对西方数学作了初步研究，"使中西数学从源流的探讨上趋于一致，可称是中西合璧的数学名著"。[②] 其《农政全书》水利部分全采《泰西水法》，成为明后期研习与传播西学的先驱者。方以智向传教士毕方剂、汤若望等了解历算奇器，和他们探讨西方医学与天文学。其《物理小识》，"每卷都采纳西方科学理论，而根据大多出于《天学初函》及各种传教士著作"。[③] 他主张"借远西以为郯子，申禹周之矩积"，[④] 即通过借鉴西学知识来整理中国古代学术。李之藻认为西学"精及性命，博及象纬舆地，旁及勾股算术，有中国儒先累世发明未晰者"。[⑤] 其《浑盖通宪图说》是中国人撰著的第一部介绍西方天文学的科学著作。黄宗羲的《授时历故》《大统历推法》《勾股图说》等二十余部科学著作，

---

① 张廷玉等：《明史》卷二百五十一《徐光启传》，中华书局1974年版，第6493页。

② 沈福伟：《中西文化交流史》，上海人民出版社1985年版，第409页。

③ 同上书，第398页。

④ 方以智：《物理小识·总论》，万有文库第二集，商务印书馆1937年版。

⑤ 李之藻：《畴人十篇序》，载《天学初函》第一册，明刊本。

将介绍传播西方科学与阐释中国古代科学结合起来。清朝前期研习西学的风气更加盛行，甚至连康熙皇帝也热心西学，他与莱布尼茨通信，向南怀仁学习《几何原本》、天文、哲学，向徐日升学习代数、音乐等。梅文鼎以求是的态度研究西方天文学和数学，"重新解释"中国古代的科技著作。王锡阐会通中西历算之学，对于"中西两家异说，皆能条其原委，考镜其得失"。① 明清之际的思想家从挽救危机与重构理想出发，赞赏与肯定西方科学的务实精神，将其作为明体适用、匡时救世的学问。西学对矫正理学末流空疏之弊，突破思想禁锢，激扬求真务实的实学精神，发挥了重要作用。

总的来说，明清之际的思想家的历史反思与盛衰总结的基本特点，是以经学为纲，以史学为主，兼综各家，不主一说，辅以西学，期于致用。其具体途径则是重视书本知识，关注社会现实，继承传统的经世理念，融会西方的科学精神，将书本与社会、历史与现实、中学与西学结合起来，在传统文化范围内探讨各种现实问题，尤其重视那些与国计民生直接相关的问题。顾炎武宣称："引古筹今，亦吾儒经世之用。"② 他又说："凡文之不关六经之指、当世之务者，一切不为。"③ 又说："鉴往所以训今"，"人苟遍读五经，略通史鉴，天下之事，自可洞然"，④ 说明了其历史总结立足于经世致用。江藩指出顾炎武治学，"酌古通今，旁推互证，不为空谈，期于致用"。⑤ 这一论断概括出明

---

① 梁启超：《中国近三百年学术史》十一《科学之曙光》，上海三联书店2006年版，第130页。

② 顾炎武：《亭林文集》卷四《与人书》八，《顾亭林诗文集》，第97页。

③ 顾炎武：《亭林文集》卷四《与人书》三，《顾亭林诗文集》，第95页。

④ 顾炎武：《亭林文集》卷六《与徐甥公肃书》，《顾亭林诗文集》，第144页。

⑤ 江藩：《国朝汉学师承记》卷八《顾炎武》，第131—132页。

清之际的思想家的理想与追求。

五 "博赡""通贯",严密实证

《四库全书总目》评论《日知录》云:"炎武学有本原,博赡而能通贯,每一事必详其始末,参以证佐而后笔之于书,故引据浩繁而牴牾者少。"① 这些论述不仅说明了《日知录》"博赡""通贯","引据浩繁"的学术特色,而且概括出明清之际的思想家总结历史的方法。这一时期的思想家不是拘泥一家、固守一说的陋儒,不是寻章摘句、抱残守缺的世士;而是兼综博采、博大精深的学问家,是站在时代高处、引领思想潮流的大师和巨人。他们既继承中国古老的科学传统,又受到西方科学的深刻影响,其总结历史的方法可称为"博赡""通贯",严密实证。"博赡""通贯"指融会各学科知识,大量搜集各种材料,尤其注意搜集第一手材料,根据材料进行综合整理研究,侧重于材料的广泛性;严密实证则指无证不信,主张列举各类材料,分析考证这些材料,参互错综,推论总结,从中引出结论,侧重于旁征博引推导归纳。"博赡""通贯",严密实证,强调探讨每一问题都必须搜集大量的证据,说明明清之际的思想家的总结历史的方法具有近代科学精神,对传统的历史考察的道德判断与价值判断的方法,对当时盛行的穿凿附会与因循抄袭的恶劣学风,有着深刻的批判意义。

明清之际的思想家不作为学术而学术的纯学术研究,而是以学术研究为手段服务社会、报效国家。陆世仪称:"今人所

---

① 纪昀等:《四库全书总目》卷一百一十九《子部·杂家类三》,《日知录》条,第1029页。

当学者，正不止六艺，如天文、地理、河渠、兵法之类，皆切于用世，不可不讲。俗儒不知内圣外王之学，徒高性命，无补于世，此当世所以来迂拙之诮也。"① 在其看来，徒高性命之论，无补于世，今人所当学者，应当是切于用世之学。黄宗羲称："夫二十一史所载，凡经世之业，亦无不备矣。"② 他对于十三经、二十一史、明十三朝实录、诸子百家、天文历法、金石术数、地理沿革、农田水利、道藏佛藏、艺术杂学等，无不涉猎，靡不究心。人们称其"以濂洛之统，综合诸家，横渠之礼教，康节之数学，东莱之文献，艮斋、止斋之经制，水心之文章，莫不旁推交通，连珠合璧，自来儒林所未有也"。③ 顾炎武遵循祖父"凡天文、地理、兵农、水土及一代典章之故，不可不熟究"的训诫，④"事关民生国命者必穷源溯本，讨论其所以然"。⑤ 他"历览二十一史及天下郡国志书，一代名公文集及章奏文册之类"，⑥ 有得即录，成《天下郡国利病书》；又"先取《一统志》，后取各省府州县志，后取二十一史参互校之，凡阅志书一千余部"，⑦ 编《肇域志》。顾炎武总结历史，研究学术，涉及群经诸史、地理沿革、语言文字、金石器物、学术源流等，包括国家典制、郡邑掌故、天文仪象、民情风俗等。其《天下郡国利病书》《肇域志》《音学五书》《日知录》等著作，皆为经世致用之作。《肇域志》《天下郡国利病书》不仅介绍与

---

① 陆世仪：《思辨录辑要》卷一《大学类》，尊道堂刻本。
② 黄宗羲：《补历代史表序》，《黄宗羲全集》第十册，第81页。
③ 全祖望：《鲒埼亭集》卷十一《梨洲先生神道碑文》，四部丛刊初编本。
④ 顾炎武：《亭林余集·三朝纪事阙文》，《顾亭林诗文集》，第162页。
⑤ 潘耒：《日知录序》，顾炎武著，黄汝成集释：《日知录集释》卷首。
⑥ 顾炎武：《亭林文集》卷六《天下郡国利病书序》，《顾亭林诗文集》，第137页。
⑦ 顾炎武：《亭林文集》卷六《肇域志序》，《顾亭林诗文集》，第137页。

考辨地理，而且探讨有关民生的疆域形胜、关塞兵制、农田水利、各地物产、边防关隘、设官屯田、赋役征收等；而《日知录》论及学术、政治、文物、制度、风俗等不同领域，关乎哲学、历史、语言、天文、地理、历法等众多学科，涉及经义、政制、人才、称谓、伦常、财赋、吏治、科举、古迹等方面的问题。顾炎武强调学术研究应该"广师"，宣称自己"不足以当过情之誉"，① 必须向学有专长的人学习，多方面探求利国益民途径与方法，以期对于国家与社会有所作为。王夫之则"自少喜从人间问四方事，至于江山险要、士马食货、典制沿革，皆极意讲求。读史，读注疏，于书志年表，考驳同异；人之所忽，必详慎阅之，而更以见闻证之"。② 他博涉多通，对经学、小学、史学、天文、历法、典制、文学、佛教等均有深入研究；其论史重点在政治、伦理、风俗、财赋、学术，尤其属意于探讨"礼乐刑政之发"与"荒隅盗贼之缘起"，以期实现经世致用。明清之际的思想家探讨的经世实学，主要是与国计民生密切相关的、能够直接运用于现实社会，为治理国家提供服务的学问。他们不局限于儒家经传、历代诸子、各种史籍、佛道文献，而扩大到河漕、兵工、山岳、风俗、吏治、财赋、典礼、制度、文物等。

明清之际的思想家总结历史，一方面重视史料的多样性与广泛性，另一方面也强调史料的原始性与可靠性。他们既注意搜集第一手的原始史料，也重视鉴别各类史料的价值。朱明镐注意原始材料的搜集，"每读一书，手自勘雠，朱黄钩贯。上自年经月纬、政因事革，下至方言物考、音义章句，无不通以

---

① 顾炎武：《亭林文集》卷六《广师》，《顾亭林诗文集》，第 140 页。
② 王敔：《姜斋公行状》，载《船山遗书》卷首，同治四年曾氏刊本。

训诂，参以稗家，穿窒疑，定纰谬，丝分缕析而后止"。① 谈迁、张岱等研究明史，注意搜集邸报等原始材料。黄宗羲以严谨的态度审视史料，认为"郡县之志"、"氏族之谱""最不可信"，② 即使对正史记载，也应该纠其谬，辨其伪。他在手抄道藏时，欲遍游天下名山，写四明山志，则走密崖，宿雪窦，登芙蓉峰，历鞠侯崖，进行实地考察。顾炎武不仅极为重视原始的文献材料，如二十一史、十三朝实录、天下图经、前辈文编说部，以至郡国地志、公移邸抄之类等，"流心当世之故，实录奏报，手自抄节；经世要务，一一讲求"。③ 而且注意实地调查考察史迹，搜集有关金石文字材料。他称自己年少之时，"即好访求古人金石之文"，在明亡以后的二十年里，"周游天下，所至名山、巨镇、祠庙、伽蓝之迹，无不寻求，登危峰，探窈窒，扪落石，履荒榛，伐颓垣，畚朽壤，其可读者，必手自抄录，得一文为前人所未见者，辄喜而不寐"，"旁搜博讨，夜以继日"，④ 为搜集金石文字耗费了巨大精力。王夫之重视史事的真实性，其论史旁征博引，彼此联系，融会贯通，分析推断，凡夸诞、附会、溢美、溢恶、掩饰之处，一一揭示，使历史真相得以呈露。

明清之际理学的衰落与西学的传入，使社会的科学水平得到了提高，因而人们认识自然与社会的能力有了提高。这一时期的思想家在历史总结中，摈弃荒诞虚妄的道德说教，突破空疏僵化的理学禁锢，大量搜集、整理各种材料，根据这些材料

---

① 王昶纂修：嘉庆《直隶太仓州志》卷三十五《朱明镐传》，元亨利贞书屋影印清刻本。

② 黄宗羲：《淮安戴氏家谱序》，《黄宗羲全集》第十册，第71页。

③ 顾炎武：《亭林文集》卷六《与杨雪臣》，《顾亭林诗文集》，第145页。

④ 顾炎武：《亭林文集》卷二《金石文字记序》，《顾亭林诗文集》，第31页。

深入探讨问题。他们的学术研究既立足本证，也广列旁证，运用归纳实证的方法，从可靠的材料中得出结论。黄宗羲遍读十三经，字比句栉，三礼之升降拜跪，宫室器限之微细，三传之同异义例，氏族时日之杂乱，注意钩稽考索，堪称不遗余力。顾炎武综贯百家，上下千载，详考其得失之故。有一疑义，反复参考，必归于至当；有一独见，援古证今，必畅其说而后止，其每一结论都根据对于大量证据的归纳。他常以二马二骡载书自随，"所至阨塞，即呼老兵逸卒询其曲折，或与平生所闻不合，则即坊肆中发书对勘之"，① 将原始的文献材料与实地考察的材料结合起来，通过对照及比较以探讨与研究有关的历史问题。如《音学五书》对古代音韵的考证，不仅大量地依据本证，而且广泛地搜取旁证。《唐韵正》卷四于"牙"字下注"古音吾"，列举了三十九条证据；于"家"字下注"古音姑"，列举了六十二条证据。《日知录》卷二十五对西周共和问题的考证，引用《史记》《汉书》《汲冢纪年》《吕氏春秋》《庄子》《荀子》《唐书》《左传》等多种文献材料，通过彼此互参，归纳概括，辨明共和是厉王奔彘，天子旷绝，天下朝乎诸侯共伯名和若霸主然，非共伯至周摄行天子事，更非召公、周公共同行政。② 谢国桢将顾炎武的治学方法，归纳为四个方面：一是疏通学术源流而考证其谬误；二是由具体事实而作调查研究；三是分别不同情况而进行研究；四是古书有疑义的地方，则依据本证与旁证深入而分析之。③ 概括顾炎武的方法，就是广搜史料，分类爬梳，对照比较，排比归纳，参互错综，辨明问

① 全祖望：《鲒埼亭集》卷十二《亭林先生神道表》，四部丛刊初编本。

② 顾炎武著，黄汝成集释：《日知录集释》卷二十五《共和》，第879—880页。

③ 谢国桢：《明末清初的学风》，上海人民出版社1982年版，第41页。

题，引出结论。王夫之论述历史问题，"尽废古今虚妙之说而反之实"，① 通过归纳有关史实，揭示历史现象。如《读通鉴论》称："唐自安史以后，称乱者相继而起，至于德宗之世，而人亦厌之矣。故田悦、李惟岳、朱滔、李怀光之叛，将吏士卒皆有不愿从逆之情，抗凶竖而思受王命；然而卒为所驱使者，以利啖之而众暂食其饵也。田绪杀田悦，虑将士之不容，乃登城大呼，许缙钱千万，而三军屏息以听。李怀光欲奔据河东，众皆不顺。而许以东方诸县听其俘掠，于是席卷渡河。嗣是以后，凡据军府、结众心以擅命者，皆用此术而蛊众以逞志。"② 王夫之根据有关史实，总结唐朝"安史之乱"以后的叛乱，得出了令人信服的结论。他还运用推理考据的方法，揭示史书的某些记载不可信。《读通鉴论》云："更始不足以有为，史极言之，抑有溢恶之辞，欲矜光武之盛，而掩其自立之非，故不穷更始之恶，则疑光武之有惭德也。"③ 王夫之的论述推断，正确地揭示出史书极言更始无能的原因，目的在于向人们说明，光武为帝是顺天应人，以便掩饰其自立为帝的过失。明清之际的思想家的学术研究，注意广泛搜集证据，通过逻辑推理引出结论，这种方法有着明显的科学特征。

明清之际的思想家的历史总结，涉及各类经国济世的实际问题，其"博赡""通贯"不仅继承了中华传统文化有容乃大的精神，而且反映出前所未有的大家气象：一是不拘一家，不宗一说，展现出宽广的视野与开阔的胸襟，表现出广泛的兴趣与博大的精神；二是不仅推崇"博赡""通贯"，而且身体力

---

① 王敔：《姜斋公行状》，《船山遗书》卷首，同治四年曾氏刊本。

② 王夫之：《读通鉴论》卷二十四《德宗》十五，第 727 页。

③ 王夫之：《读通鉴论》卷六《后汉更始》五，第 125—126 页。

行，不局限于某一狭小的范围，凡有益天下者无不溯其源，凡有关民生者无不探其奥，广博的治学范围与研究领域，彰显出非凡的风度；三是在研究某一问题、探讨某一领域的时候，总是广搜博采各类材料，进行全面的、系统的、综合的研究。我认为，明清之际的思想家追求"博赡""通贯"，强调严密实证，这种治学方法上的变化虽然有着学术发展与思维演变的内在逻辑，但与明末清初西学的传入也有密切关系。梁启超言："自明之末叶，利玛窦等输入当时西学者于中国，而学问研究方法上，生一种外来的变化。其初惟治天算者宗之，后则渐应用于他学。"① 胡适在谈到西学对清代学术的影响时指出：中国三百年来朴学的方法，受到了西方科学的深刻影响。"顾炎武、阎若璩的方法，同葛利略、牛敦的方法，是一样的：他们都能把他们的学说建筑在证据之上。"② 法国学者戴密微指出："我们可以在利玛窦一五九五——一五九八年间的文章和谈话中发现影响晚期汉学界的那些原则。""中国清代的古典文献考据运动实际上也是通过耶稣会士们而在欧洲文艺复兴和改革的影响下进行的"，"朴学运动的倡导者确实受到过耶稣会士们的启发和诱导"。③ "博赡""通贯"，严密实证，强调以证据说明问题，通过归纳比较得出结论，批判了明代迂腐空疏的学风，冲击了传统的道德判断与价值评价的方法。

总的来说，明清之际的思想家总结历史，批判理学，倡导经世，主张实学。他们强调"博赡""通贯"，注意各个学科之

---

① 梁启超：《清代学术概论》九，第157页。

② 胡适：《治学的方法与材料》，《胡适文集》第3卷，人民文学出版社1998年版，第450页。

③ ［法］戴密微：《中国和欧洲最早在哲学方面的交流》，《中国史研究动态》1982年第3期。

间的贯通与联系，重视各种材料之间的参互错综，经过反复归纳推导，从中引出结论，这种方法具有近代科学的精神。中国古代天人合一的宇宙观决定了思维的整体形态，"注重从相互联结和相互作用的层面理解对象，把宇宙看做是由某种机制统一起来的有机统一，思维主体力求从宏观的角度去把握这一系统"。① 这种整体思维方法虽然对创造中国古代文明发挥过巨大作用，对人类未来的发展也具有积极意义，但其直观把握与心理体悟等经验主义、神秘主义方法，与道德判断及价值评价结合在一起，使逻辑思维方法在中国长期得不到发展。明清之际的思想家"博赡""通贯"，严密实证的方法，冲击了中国传统的思维方式与治学方法，说明学术研究方法逐渐开始了近代化的转折。

六 "明著法戒"，"垂训方来"

明清之际的社会经历了由喧嚣动荡到逐渐稳定的历史过程。这一时期的思想家反思与总结历史盛衰，既重视考察兴亡成败、总结天下治乱，对于现实社会进行揭露与批判；又主张总结历史经验，揭示治国教训，为治理国家提供历史借鉴，为未来的华夏政权确立"法戒"，提供资政"垂训"。顾炎武强调，君子"将立言以垂于后"，② 不能局限于一时一地，而应立足于长远，着眼于未来。潘耒认识到编撰史著，应该"是是非非，明著法戒，尤不宜有所回枉"。③ 又说："凡为史者，将以

---

① 任遂虎：《中国古代思维方式的特征及评价》，《甘肃社会科学》1992 年第 4 期。

② 顾炎武：《亭林文集》卷四《与人书》五，《顾亭林诗文集》，第 96 页。

③ 潘耒：《遂初堂文集》卷九《赠吴子班序》，清康熙刻本。

明著一代兴亡治乱之故，垂训方来。"① 在潘耒看来，史官著史有如法官断狱，对是非曲直的评判只能以事实为依据，不得有丝毫失正；如果虚美溢恶，则将损害史书的功能，以致破坏国史的信誉。史书只有明确记载一代兴亡治乱，才能为未来治国兴邦提供鉴戒。潘耒之语不仅表达了其本人对于史学目的的深刻认识，而且反映了明清之际的思想家总结历史的共同追求。这些思想家立足现实，展望未来，突破传统，寄希望于后世。他们不为一人一时立言，而是为了后世之用而著书立说，表现出宽广的视野与远大的眼光，满怀着对于后人治国兴邦的殷切期待，显示出对于前人经世致用思想的超越。

明清之际的思想家总结历史盛衰，探讨经世实学，不是为明清统治者服务，而是为天下治理服务，为"后世"、"异世"服务。黄宗羲言："吾之言非一人之私言也，后之人苟有因言而行之者，又何异乎吾之自行其言乎？是故其书不可不留也。"② 顾炎武称：虽然"天下之事，有言在一时，而其效见于数十百年之后者"；但是"立言之用"，仍必不可少，君子"立言不为一时"。③ 他总结历史，"意在拨乱涤污，法古用夏，启多闻于来学，待一治于后王"；④ 期待未来"有王者起，将以见诸行事，以跻斯世于治古之隆，而未敢为今人道也"。⑤ 潘耒指出，顾炎武以数十年精力撰著的《日知录》，实为垂训方来之作。他慨叹："呜呼！先生非一世之人，此书非一世之书也。

①　潘耒：《遂初堂文集》卷六《寇事编年序》，清康熙刻本。
②　黄宗羲：《留书·自序》，《黄宗羲全集》第十一册，第1页。
③　顾炎武著，黄汝成集释：《日知录集释》卷十九《立言不为一时》，第679页。
④　顾炎武：《亭林文集》卷六《与杨雪臣书》，《顾亭林诗文集》，第146页。
⑤　顾炎武：《亭林文集》卷四《与人书》二十五，《顾亭林诗文集》，第103页。

魏司马朗井田之议，至易代而后行；元虞集京东水利之策，至异世而见用。立言不为一时，录中固已言之矣。异日有整顿民物之责者，读是书而憬然觉悟，采用其说，见诸施行，于世道人心实非小补。"① 我认为，潘耒对于顾炎武的《日知录》的评价，不仅指出了《日知录》对于后世的垂训作用，而且揭示出明清之际的思想家为后世立言的治学理念。王夫之自称著《读通鉴论》，"求安于心，求顺于理，求适于用"；② "立一成之侀，而终古不易"，实现"鉴之者明，通之也广，资之也深，人自取之，而治身治世、肆应而不穷"之功效，③ 表达了为后人为后代立言的理念。万斯同主张总结历史要为后世立言，"使古今之典章法制灿然于胸中，而经纬条贯实可健万世之长策，他日用为帝王师，不用则著书名山，为后世法"，这就是"儒者之实学"。④

明清之际的思想家治学，博采众长，融会贯通，推崇独断，追求创新。他们的研究继承前人，自成一家，开宗立派，启导未来，在历史长河中留下了光辉的足迹。黄宗羲赞赏"绝无倚傍，无所瞻顾"的独断之学；主张"学无所倚傍，无所瞻顾，凡不合于心者，虽先儒已有成说，亦不肯随声附和"，提倡发出"惊世骇俗之论"。⑤ 在黄宗羲看来，治学不可以盲从前人，而应该敢于超越，发前人之所未发。他的学术虽然远宗王阳明，近承刘宗周，但学术思想与研究旨趣"实已廓而大之，非复明人讲心性理

① 潘耒：《日知录序》，顾炎武著，黄汝成集释：《日知录集释》卷首。
② 王夫之：《读通鉴论》卷末，《叙论》三，第953页。
③ 王夫之：《读通鉴论》卷末《叙论》四，第956页。
④ 万斯同：《石园文集》卷七《与从子贞一书》，张氏约园四明丛书本。
⑤ 黄宗羲：《陈乾初先生墓志铭》（初稿），《黄宗羲全集》第十册，第360页。

气、将诚意慎独之旧规矣"。① 黄宗羲以"慎独为宗,实践为主,不恣言心性","说经则宗汉儒,立身则宗宋学",② 有着广泛的影响,万斯同、全祖望、邵晋涵、章学诚等相继而起,浙东史学乃臻极盛。顾炎武虽然学宗程朱理学,但敢于超越前人,勇于开拓创新。梁启超将顾炎武对清代学术的贡献概括为三个方面:一是开学风,排斥理学清谈,专从客观研察事物条理;二是开治学方法,如勤蒐资料综合研究,如参验耳闻目见以求实证,如力戒雷同抄袭,如虚心考订等;三是开学术门类,如参验经训史籍,如讲求音韵,如述说地理,如研精金石等。③ 顾炎武论述问题,广搜博采,参互错综,辨其源流,详其始末,其学术思想与研究方法影响到清代学术的发展,成为乾嘉学派的开创者。王夫之的学术虽然远承宋代的张载,但研究领域与学术方法独树一帜。其阐述义理,"皆自抒心得,确有发明,不蹈宋明诸儒旧论";④ 而论述历史,既强调"通识",又主张"独断",观点与史料相结合,政论与史论为一体,历史评论、政治主张、哲学见解密不可分。他指出:"经国之远图,存乎通识。通识者,通乎事之所由始、弊之所由生、害之所由去、利之所由成,可以广恩,可以制宜,可以止奸,可以裕国,而咸无不允。于是乎而有独断。"王夫之所言"通识",指对于历代盛衰的全面认识;而其所言"独断",则指突破前人的局限,对于历史盛衰提出自己的独到见解。"有通识而成其独断","独断"必须建立在"通识"的基础之

---

① 张舜徽:《清人文集别录》卷一,中华书局 1980 年版,第 10 页。
② 江藩:《国朝汉学师承记》卷八《黄宗羲》,第 127 页。
③ 梁启超:《中国近三百年学术史》六《清代经学之建设》,上海三联书店 2006 年版,第 59 页。
④ 张舜徽:《清人文集别录》卷一,第 31 页。

上。① 人们全面认识历代盛衰治乱，虽能得到治国兴邦的"远图"，但无论考察历史，还是以史为鉴，都要注意"因其时，度其势，察其心，穷其效"。② 王夫之认为，古今时势不同，事物千差万别，不可泥古不化，不能盲目效仿，必须从具体环境出发，"设身于古之时势，为己之所躬逢。研虑于古之谋为，为己之所身任。取古人宗社之安危，代为之忧患，而己之去危以即安者在矣；取古昔民情之利病，代为之斟酌，而今之兴利以除害者在矣"。这样"得可资，失亦可资也；同可资，异亦可资也"。③ 王夫之经世致用的史学思想与治史方法，产生了深远的影响，启导了中国近代的湖湘学派。

明清之际的思想家继承中国古代史家直书、实录的传统，强调唯有真实可靠的信史，才能惩恶劝善，发挥道德垂范作用。以求真务实的态度与经世致用的精神对待史书的修撰，主张将史书修成信史、实录，以实现"明著法戒"，"垂训未来"，成为明清之际的思想家治史的普遍理念。黄宗羲认为，如果"不能通知一代盛衰之始终，徒据残书数本"，④ 就不能留下信史。顾炎武引述前人之语强调："惟在据事直书，是非互见"，"其万世作史之准绳乎？"⑤ 王夫之认识到："君子之以敦实行、传信史、正人心、厚风俗者，诚而已矣。""人恶其饰言饰行以乱德"，"言恶其溢美溢恶以乱道"。如果"傲诡之行，矜夸之说，荧惑天下，饰大美以鬻名利，天性受诬而人纪以亡，读史

---

① 王夫之：《读通鉴论》卷二十二《玄宗》七，第 657 页。

② 王夫之：《读通鉴论》卷末，《叙论》二，第 952 页。

③ 王夫之：《读通鉴论》卷末，《叙论》四，第 956 页。

④ 黄宗羲：《谈孺木墓表》，《黄宗羲全集》第十册，第 269—270 页。

⑤ 顾炎武著，黄汝成集释：《日知录集释》卷十八《三朝会典》，第 646 页。

者又何艳焉！"① 修撰《明史》是清朝前期的一件大事，既然总结明代的历史经验，能为后世治国兴邦提供借鉴；那就应该如实记载明代忠臣义士的事迹，尤其是对于抗清志士的业绩加以表彰。这一方面符合历代秉笔直书的撰史原则，一方面又能发挥史书表彰忠义的作用。潘耒总结历代编修史书，注意表彰前朝忠义的传统。他指出："齐高帝敕史臣为袁粲立传，欧阳永叔修《五代史》以不传韩通取讥，元修《宋史》，文天祥、陆秀夫、谢枋得之属皆大书特书，列之忠义。此往事之章章著明者。而或者以为疑，其亦不详于前史之例矣。"因此，"明有天下三百年，其亡也，食其禄者死其事，其身可杀，其名不可灭矣"。② 潘耒认为，修撰《明史》，"若忠臣烈士，抗节致命者，宜如文天祥、谢枋得之例，大书特写，以劝忠义"。③ 在明清之际的思想家看来，如实记载明代忠臣义士的业绩，真实反映明末抗清志士的事迹，深刻反思明亡的惨痛教训，有助于深入认识现实社会，能为未来的华夏政权提供历史鉴戒，有着"明著法戒"、"垂训方来"的作用。

总的来说，明清之际既是传统社会受到强烈震撼与猛烈批判，经历着深刻裂变的时期；又是忧患意识空前觉醒，新的思想逐渐产生，腐朽的意识形态与上层建筑受到严重冲击的时期。这一时期的思想家高扬经世致用的旗帜，考察历史盛衰，总结明亡教训，批判君主专制，抨击理学末流空疏之弊。他们关注时弊，总结历史，倡导实学，着意世务，期于致用，表现出鲜明的时代特色。我认为，追求"明著法戒"，"垂训方来"，

---

① 王夫之：《宋论》卷二《太宗》七，中华书局 1964 年版，第 38—40 页。
② 潘耒：《遂初堂文集》卷九《赠吴子班序》，清康熙刻本。
③ 潘耒：《遂初堂文集》卷五《修明史议》，清康熙刻本。

强调总结历史以为后世服务，为未来社会治国兴邦提供鉴戒，这既是对传统的经世致用学术思想的继承，又是在新的历史条件对于经世致用学术思想的超越。明清之际的思想家对历史的总结，将学术研究与社会现实结合起来，包含着批判现实的精神，显示出思想启蒙的某些因素，展现出未来社会的新曙光。虽然还没有改变封建文化的本质，但大大增强了中国文化的科学成分，对封建上层建筑与社会意识形态形成巨大的冲击，对促进思想进步与社会发展有着重要的积极意义。

论君主行为、道德与社会风俗及国家盛衰

在中国古代社会里，君主专断国家的最高权力，被视为政权的象征，成为天下臣民顶礼膜拜的对象，使臣民形成奴才心理与权力崇拜现象。君主的一言一行，一举一动，以至举手投足之间，不仅对当朝当代的国家治理，对政治发展与国计民生，发挥直接的决定与导向作用；而且对后来的社会发展，对一代风气的化育，产生广泛的示范效应，形成深远的影响。如果说前者主要表现为君主通过施政举措，治理国家，支配社会；那么后者则主要是因为君主的个人行为被臣下效仿，产生巨大的辐射作用，以潜移默化的方式，改变一个时代的风俗，促使社会发生变化。如果说前者是君主运用政治权力，在社会治理中强制推行自己的意志，对天下兴亡发挥直接影响；那么后者则表现为君主个人的兴趣爱好、日常行为，为人们自觉尊奉，极力推崇，纷起效仿，对国家盛衰产生间接的作用。如果说前者以外显的方式，通过政治权势发挥作用，人们在较短的时间里即能体会与觉察；那么后者则是以隐微的方式，通过社会心理的方式发挥作用，人们在较长的时间里才能了解与认识。因为君主行为及其道德与社会风俗变化有着直接的关系，

所以顾炎武强调:"论世不考其风俗,无以明人主之功。"① 在这里,我对中国古代君主的行为与社会风俗的关系,以及君主道德对国家盛衰的影响,作一点探讨与分析。

一　君主行为影响社会风俗

我们这里所说的君主行为,主要是指君主因为个人的兴趣、爱好等,在日常生活中喜欢的活动与行为。在中国古代专制君主支配一切的情况下,其行为必然产生广泛的影响,引起社会风俗的变化。春秋时期,管仲深深懂得"百姓顺上而成俗"的道理。② 他指出:"一国之存亡在其主。天下得失,道一人出。主好本,则民好垦草莱;主好货,则人贾市;主好宫室,则工匠巧;主好文采,则女工靡。""夫楚王好小腰,而美人省食;吴王好剑,而国士轻死。死与不食者,天下之所共恶也,然而为之者何也?从主之所欲也。"③ 管仲所言,揭示出臣民唯上唯君的从众心理。他辅助齐桓公施政,将这一道理运用于实践中。据《韩非子》记载,齐桓公"好服紫,一国尽服紫。当是时也,五素不得一紫。桓公患之,谓管仲曰:'寡人好服紫,紫贵甚。一国百姓好服紫不已,寡人奈何?'管仲曰:'君欲止之,何不试勿衣紫也。'"齐桓公接受管仲勿衣紫的建议,使齐国上下衣紫之风迅速消退,达到了"境内莫衣紫"的社会效果。④ 管仲巧妙地利用人们崇拜君主,从君所欲而争相效仿的心理,通过君主行为的导向作用,影响社会风俗的变

---

①　顾炎武著,黄汝成集释:《日知录集释》卷十三《周末风俗》,第468页。
②　戴望:《管子校正》卷十《君臣上第三十》,第165页。
③　戴望:《管子校正》卷十七《七臣七主第五十二》,第286页。
④　王先慎:《韩非子集解》卷十一《外储说左上第三十二》,第210—211页。

化，为齐桓公争霸奠定了基础。齐景公喜欢宫女扮男装，全国上下为之仿效；齐景公闻讯大为吃惊，于是下令禁止。韩非考察君主行为对天下风俗的深刻影响，他指出："故人主好贤，则群臣饰行以要君欲，则是群臣之情不效。""故越王好勇，而民多轻死；楚灵王好细腰，而国中多饿人；齐桓公妒外而好内，故竖刁自宫以治内；桓公好味，易牙蒸其子首而进之；燕王哙好贤，故子之明不受国。"这是因为君主处于社会权力中心，其地位至高无上，群臣为了自己的利益，必然百般献媚，迎合君主心意，"故君见恶则群臣匿端，君见好则群臣诬能"。① 韩非运用历史事例，从群臣迎合君主、取悦君主的角度，说明君主行为对社会风俗的影响。我认为，《管子》《韩非子》称述的君主行为引起社会风俗变化的具体事例，从史料学的角度来说虽然并不一定真实可信，但其所揭示的君主行为对社会风俗的巨大影响，则是符合历史事实的，君主行为引导着社会风俗的变化。故董仲舒指出："人主以好恶喜怒变习俗。"② 在董仲舒看来，君主通过自己的日常行为，直接影响与改变社会的风俗。班固则言："凡民函五常之性，而其刚柔缓急，音声不同，系水土之风气，故谓之风；好恶取舍，动静无常，随君上之情欲，故谓之俗。"③ 在班固看来，风俗的形成既有居住于各地的人们长期积淀的历史因素，也与君主的好恶取舍甚至情欲直接相关。因为君主是专制社会的最高权威，而崇拜权威则是专制社会的群体心理，民众愚昧并缺乏独立思考能力，上行下效成为专制社会的普遍现象；所以上不明则下不正，君主的行为必

---

① 王先慎：《韩非子集解》卷二《二柄第七》，第 28—29 页。

② 董仲舒著，钟肇鹏校释：《春秋繁露校释》卷十一《王道通三第四十四》，第 741 页。

③ 班固：《汉书》卷二十八《地理志下》，第 1640 页。

然影响社会风俗，导致其发生这样或者那样的变化，而风俗的
变化又与国家的盛衰有着密切的关系。

魏晋南北朝时期，奢侈享乐之风盛行，这种风气的盛行源
自朝廷与君主的奢靡腐化。君主极尽奢侈豪华，追求荒淫享
乐，与社会上奢靡之风的泛滥，存在着直接的因果联系，成为
导致社会腐败及政权频繁更替的重要原因。晋武帝司马炎追求
奢侈豪华，达到登峰造极的地步，史称其"怠于政术，耽于游
宴，宠爱后党，亲贵当权"。① 在君主荒淫奢华的影响下，贵戚
公卿竞相淫奢。西晋何曾"食日万钱，犹曰无下箸处"。② 傅咸
称："奢侈之费，甚于天灾。"③《南齐书》载萧道成上表称：
"大明泰始以来，相承奢侈，百姓成俗。太祖辅政，罢御府，
省二尚方诸饰玩。至是又上表禁民间华伪杂物：不得以金银为
箔，马乘具不得金银度，不得织成绣裙，道路不得著锦履，不
得用红色为幡盖衣服，不得剪彩帛为杂花，不得以绫作杂服
饰，不得作鹿行锦及局脚柽柏床、牙箱笼杂物、彩帛作屏鄣、
锦缘荐席，不得私作器仗，不得以七宝饰乐器又诸杂漆物，不
得以金银为花兽，不得辄铸金铜为象。"④ 我们考察萧道成上表
的内容，可从一个侧面看到南朝社会的奢侈之风。《南齐书》
称东昏侯的后宫，"麝香涂壁，锦幔珠帘，穷极绮丽"。其贵妃
潘氏服御，"极选珍宝，主衣库旧物，不复周用，贵市民间金
银宝物，价皆数倍"。⑤

中国古代社会风俗的变化，总是与君主的行为直接或间接

① 房玄龄：《晋书》卷三《武帝纪》，第80页。
② 房玄龄：《晋书》卷三十三《何曾传》，第998页。
③ 房玄龄：《晋书》卷四十七《傅玄传》附《傅咸传》，第1324页。
④ 萧子显：《南齐书》卷一《高帝纪上》，第14页。
⑤ 《南齐书》卷七《东昏侯纪》，第104页。

地联系在一起。君主处于至高无上的地位，为天下臣民崇拜景仰，被当做人们的表率与楷模，其行为自然成为关注与模仿的对象。黄宗羲深刻揭示君主行为与社会风俗变化的关系，指出因为"天下之是非一出于朝廷"，所以"天子荣之，则群趋以为是；天子辱之，则群摘以为非"。[①] 因此，君主的行为能够对社会风俗产生巨大的影响。在中国古代社会中，贵族、官僚、文人、贵妇等社会上层的行为，也能对于社会下层产生巨大影响，从而引起风俗的变化。董仲舒指出："天子大夫者，下民之所视效，远方之所四面而内望也。近者视而放之，远者望而效之。"[②]《后汉书》载东汉时期的民谣说："城中好高髻，四方高一尺；城中好广眉，四方且半额；城中好大袖，四方全匹帛。"[③] 这首民谣反映出当时天下妇女的衣着打扮，纷纷效仿京城的贵族妇女的打扮装束，逐渐成为一种风气。故范晔认为："夫上好则下必甚。"[④] 上行下效，官习民染，众心安之，渐成风俗，这是专制社会的普遍现象。

在中国古代历史上，不同时代的社会风俗存在着各种差别，风俗的变化成为国家兴亡的一面镜子。风俗的正邪与国家的治理联系在一起，反映出政治的好坏与国运的盛衰。从社会风俗的考察中，不仅可以把握民情冷暖，而且可以窥见国势盛衰。每当政治清明、国势强盛之时，必然风俗淳朴，民气强悍，社会欣欣向荣，道德情操高尚；而在政治黑暗、国势衰微之时，总是风气败坏，道德沦丧，伤风败俗之事层出不穷。《毛诗序》云："风之始也，所以风天下而正夫妇也。""风以动

---

① 黄宗羲：《明夷待访录·学校》，中华书局 1981 年版，第 10 页。
② 班固：《汉书》卷五十六《董仲舒传》，第 2521 页。
③ 范晔：《后汉书》卷二十四《马廖传》，第 853 页。
④ 范晔：《后汉书》卷六十七《党锢列传序》，第 2185 页。

之，教以化之。"又说："治世之音安以乐，其政和；乱世之音
怨以怒，其政乖；亡国之音哀以思，其民困。"① 因为积极健康
的风俗既是政治清明、社会进步的表现，又能鼓舞信心并催人
奋进，推动国家向着更加繁荣昌盛的方向发展；消极丑恶的风
俗不仅反映出政治的腐败、精神颓废没落的现实，而且使人彷
徨迷茫并丧失前进的方向，起着阻碍社会进步，致使国势衰微
的作用，甚至引发社会道德体系的崩溃，导致国家走向瓦解与
灭亡。所以历代有作为的统治者总是运用各种方式，"厚人伦，
美教化，移风俗"，② 促进社会繁荣，实现国运长久。先秦时
期，统治者通过设置官员采集风谣，从中观察风俗变化，了解
社会现实，考察民情冷暖。管子把"观国政，料事务，察民
俗"，视为"本治乱之所生，知得失之所在"的途径。③ 荀子强
调：入其境，要"观其风俗"。④ 那些高瞻远瞩的圣明之君治理
国家，根据"国无正论，不可以立"的道理，⑤ 一方面注意从
风俗的变化中，及时了解社会的情况与百姓的要求；另一方面
又懂得调整自己的行为，推行合乎时代要求的、有利社会进步
的生活方式与行为准则，推动良风美俗的逐渐形成，促进天下
稳定与国家繁荣。《吕氏春秋》称："先圣成其身而天下成，治
其身而天下治。"⑥ 西汉贾山总结历史盛衰，指出："风行俗成，
万世之基定。"⑦ 这就是说君主治国兴邦，施政安民，必须通过

---

① 毛亨传，郑玄笺，孔颖达正义：《毛诗正义》卷一《毛诗序》，《十三经注
疏》上册，第 269—270 页。

② 同上书，第 270 页。

③ 戴望：《管子校正》卷十五《正世第四十七》，第 260 页。

④ 王先谦：《荀子集解》卷十一《强国篇第十六》，第 202 页。

⑤ 王夫之：《读通鉴论》卷二十二《睿宗》一，第 646 页。

⑥ 高诱注：《吕氏春秋》卷三《季春纪第三·论人》，第 27 页。

⑦ 班固：《汉书》卷五十一《贾山传》，第 2336 页。

自己良好的行为，引导社会形成良风美俗，奠定国家长治久安的万世之基。汉文帝即位以后，"躬修俭节，思安百姓"，"始开籍田，躬耕以劝百姓"。① 汉景帝即位，遵文帝之业，轻徭薄赋，"移风易俗，黎民醇厚"，② 出现了前所未有的盛世局面。汉光武帝刘秀即位之初，注意"广求民瘼，观纳风谣"，③ 从中总结政治的得失，作为施政治民的依据。其在位期间，"躬行俭约，以化臣下"，④ 对东汉前期的社会稳定与经济繁荣发挥了重要作用。应劭认为，"为政之要，辨风正俗，最其上也"。⑤ 在应劭看来，君主通过辨别风俗，了解民情冷暖，决定施政举措，这是最为重要的事情。顾炎武认识到，社会风俗的好坏，关系到国家的盛衰。他称："目击世趋，方知治乱之关必在人心风俗，而所以转移人心，整顿风俗，则教化纪纲为不可阙矣。"⑥ 王夫之深刻地指出："故圣人所以化成天下者，习而已矣。"⑦ 他又说："圣王之治，以正风俗为先。"⑧ 这些从历史经验总结中得出的结论，说明端正风俗对于治国兴邦的极端重要性。

概括起来，社会风俗大体可以分为官风、士风、民风三个层面。这三个层面彼此联系，相互影响，其中官风发挥着支配与关键性的作用。官风指的是官场的风气，既包括官员彼此交往的风气，也包括官员施政治民的风气，这是影响与决定社会

---

① 班固：《汉书》卷二十四《食货志上》，第1127、1130页。

② 班固：《汉书》卷五《景帝纪》，第153页。

③ 范晔：《后汉书》卷七十六《循吏传序》，第2457页。

④ 顾炎武著，黄汝成集释：《日知录集释》卷十三《两汉风俗》，第470页。

⑤ 应劭著，王利器校注：《风俗通义校注·序》，中华书局1981年版。

⑥ 顾炎武：《亭林文集》卷四《与人书》九，《顾亭林诗文集》，第93页。

⑦ 王夫之：《俟解》，中华书局1956年版，第20页。

⑧ 王夫之：《读通鉴论》卷五《哀帝》三，第109页。

风俗的主要因素。在一个官员到处弄虚作假、欺上压下、相互倾轧、贪赃枉法的社会中，是绝不可能有良好的社会风俗的，必然引起士风的沦丧与民风的堕落。晏子云："廉者，政之本也；让者，德之主也。"① 因此治国要先治官，严厉惩治官员贪腐之风。士风指的是士人的风气，涉及士人的思想与行为两个方面，既包括士人的心理状态与精神追求，也包括士人平常生活中的行为，及其探讨学术的方法与风气。士风与官风密切联系在一起，在官风腐败遍地的环境中，必然致使士人群体的精神空虚、学术荒疏与灵魂失落、剽窃造假之类的现象丛生，甚至导致斯文扫地、买官卖官之类的丑恶现象的大量出现。民风指的是民间的风气，既包括民间百姓的社会心理，也包括民间社会的道德风尚。民风既有积淀传承的历史因素，又与君主行为的导向有关，也受到官风、士风的深刻影响。官风的贪腐与士风的沦丧，必定引起民风的败坏，导致社会道德体系的崩溃，甚至致使社会的羞耻之感完全丧失。如果说官风是社会风俗的"源"，那么君主就是这个"源"的"源头"，而士风与民风则是社会风俗的主要表现。《吕氏春秋》总结上古时代的盛衰兴亡，指出：君主"行德爱人，则民亲其上；民亲其上，则皆乐为其君死矣"。② 故君主"为天下及国，莫如以德，莫如行义。以德以义，不赏而民劝，不罚而邪止，此神农、黄帝之政也。以德以义，则四海之大，江河之水，不能亢矣；太华之高，会稽之险，不能障矣；阖庐之教，孙、吴之兵，不能当矣"。③ 唐太宗有言："君，源也；臣，流也。浊其源而求其流

① 张纯一：《晏子春秋校注》卷六《内篇杂下第六》，中华书局1954年版，第164页。
② 高诱注：《吕氏春秋》卷八《仲秋纪第八·爱士》，第82、83页。
③ 高诱注：《吕氏春秋》卷十九《离俗览第七·上德》，第241页。

之清，不可得矣。"①

在中国古代历史上，那些站在时代高处、具有远见卓识的君主，重视社会风俗的作用。他们总是通过严格地约束自己的行为，抑制享乐欲望的过度膨胀，以良好的道德与模范的行为，为生民树立榜样，为天下确立典范，引导国家发展的方向，实现"端本清源"，②力求政治清明，追求百姓和谐，谋求国泰平安，促进社会稳定；那些荒淫之君、暴虐之主，沉溺于奢靡、腐败、荒淫、嬉戏而难以自拔，他们行为不端（如违背礼制等），乃至倒行逆施，甚至胡作非为，必然上梁不正下梁歪，导致纲纪伦常的破坏，对社会风俗造成严重的消极影响，使国家堕入灾难的深渊。中国历代盛衰兴亡，表现为周期性的循环更替：一个王朝取代腐朽的前朝之后，新的统治者轻徭薄赋，与民更始，社会风俗淳朴，国家欣欣向荣，而到每个王朝中后期，因为君主昏聩，纲纪废弛，官吏贪腐成风，国家走向灭亡。《三国演义》载诸葛亮语称东汉末年，"庙堂之上，朽木为官；殿陛之间，禽兽食禄。狼心狗行之辈，滚滚当道；奴颜婢膝之徒，纷纷秉政。以致社稷丘墟，苍生涂炭。"③《三国演义》虽然是一部历史小说，所载诸葛亮语不能作为确切的史料，但其所说东汉末年君主荒淫、朝政黑暗，导致国家崩溃是符合事实的。东晋干宝认为，西晋的灭亡，就是因为朝风、政风、世风"淫僻"，导致人们"耻尚失所"。④晚明君主荒淫，

---

① 司马光：《资治通鉴》卷一百九十二《唐纪》八，太宗贞观元年，第6035页。

② 王夫之：《读通鉴论》卷二十《太宗》十八，第607页。

③ 罗贯中：《三国演义》第九十三回，《姜伯约归降孔明，武乡侯骂死王朗》，人民文学出版社1981年版，第805页。

④ 干宝：《晋纪总论》，萧统编，李善注：《文选》卷第四十九，第2186页。

官风腐败，士风沦丧，民风堕落；社会风气的衰败，加速了国家的灭亡。顾炎武反思明朝灭亡的原因，对于"俗流失，世败坏"的现象，①痛心疾首。他强调指出："刘、石乱华，本于清谈之流祸，人人知之，孰知今日之清谈有甚于前代者。昔之清谈谈老、庄，今之清谈谈孔、孟，未得其精而已遗其粗，未究其本而先辞其末。不习六艺之文，不考百王之典，不综当代之务，举夫子论学、论政之大端一切不问"，"以明心见性之空言，代修己治人之实学。股肱惰而万事荒，爪牙亡而四国乱，神州荡覆，宗社丘墟"。②顾炎武虽然没有指出与说明君主荒淫、官风腐败是导致晚明学风空疏、士风沦丧的根源，但已经意识到明末的清谈之风给国家与社会带来了严重的危害，其思想是极为深刻的。

　　大量历史事例说明，君明则臣直，官正则风清。君主的行为影响世风民俗的变化，而世风民俗的变化又关系国家盛衰。故管子曾言："道德出于君"，"是故有道之君，正其德以莅民"。"身立而民化，德正而官治。治官化民，其要在上。"③贾谊引述《管子》之语，将"礼义廉耻"称为国之"四维"。他从盛衰兴亡考察中，认识到"四维"对于天下治理，有着极为重要的意义。秦因为灭"礼义廉耻"，使得"四维不张"；所以"君臣乖乱，六亲殃戮，奸人并起，万民离叛，凡十三岁，而社稷为虚"。④贾谊强调，"明君在位可畏，施舍可爱，进退可度，周旋可则，容貌可观，作事可法，德行可象，声气可乐，

　　①　顾炎武：《亭林余集·与潘次耕札》，《顾亭林诗文集》，第173页。
　　②　顾炎武著，黄汝成集释：《日知录集释》卷七《夫子之言性与天道》，第240页。
　　③　戴望：《管子校正》卷十《君臣上第三十》，第164、165页。
　　④　班固：《汉书》卷四十八《贾谊传》，第2246页。

动作有文,言语有章,以承其上,以接其等,以临其下,以畜其民。故为之上者敬而信之,等者亲而重之,下者畏而爱之,民者肃而乐之,是以上下和协,而士庶顺一"。① 贾谊称赞的明君,指的是以良好的行为风范端正社会风俗,实现天下和谐、促进国家兴盛的君主。司马光从历史总结中认识到,"风俗,天下之大事也。"② 他主张君主应该率先垂范,以自己良好的行为影响风俗的化育。

二 君主道德攸关国家盛衰

我们这里所说的君主道德,指的是从君主的行为中反映出来的道德素质。因为君主的道德素质总是通过其行为反映出来,而君主的行为必然导致世风民俗的变化,所以君主道德素质影响国家盛衰,关乎天下兴亡。有德才能王,这是历史的结论。中国古代思想家、史学家从历史总结中深刻地认识到,君主道德不仅仅是其个人的问题,而是关系国家存亡的重大问题,对国家盛衰有着至关重要的意义。他们密切关注君主道德与其行为之间的联系,尤其重视探讨君主道德素质的社会影响及其与天下盛衰兴亡的因果关系。《六韬》宣称:"君不肖,则国危而民乱;君贤圣,则国安而民治。祸福在君,不在天时。"③ 这就是说,君主的贤与不肖,决定国家安危与民的治理。孔子言:"上好礼,则民莫敢不敬;上好义,则民莫敢不

---

① 贾谊:《新书·容经》,王洲明、徐超:《贾谊集校注》,第237页。

② 司马光:《资治通鉴》卷六十八《汉纪》六十,献帝建安二十四年,第2173页。

③ 《六韬》卷一《盈虚第二》,百子全书本,浙江人民出版社1984年版。

服；上好信，则民莫敢不情。"① 在孔子看来，君主道德影响天下道德风尚的化育。荀子将君主视为民的本原，强调："君者，民之原也。原清则流清，原浊则流浊。"② 这些论述说明，君主道德垂范具有极为重要的意义，对天下的道德风尚与道德水平有着广泛的影响。在西周初年，周公虽然不是周朝的君主，但他在武王去世、成王年幼的情况下，摄政当国，主持大政。他制礼作乐，平息叛乱，凝聚人心，扶持社稷，然后还政成王，就群臣之位。周公吐哺，天下归心，其公正无私、一心谋国的崇高品德，形成了巨大的人格魅力与良好的道德风范，树立了一代正气，对于周代的政治与社会发展，产生了极为深远的影响。西周的成康之治与周公崇高的治国风范，有着深刻的内在联系。陆贾通过历史事例，从上行下效的角度，说明君主道德有着巨大的社会影响力，进而影响与关系国家的盛衰兴亡。他指出："周襄王不能事后母，出居于郑，而下多叛其亲；秦始王骄奢靡丽，好作高台榭，广宫室，则天下豪富制屋宅者，莫不仿之，设房闼，备厩库，缮雕琢刻画之好，傅玄黄琦玮之色，以乱制度；齐桓公好妇人之色，妻姑姊妹，而国中多淫于骨肉；楚平王奢侈纵恣，不能制下，检民以德，增驾百马而行，欲令天下人馁，财富利明不可及，于是楚国逾奢，君臣无别。""王者尚武于朝，农夫缮甲于田。"陆贾从历史盛衰总结中，得出"上之化下，犹风之靡草"的结论，"未有上仁而下残，上义而下争者也。"③ 揭示出君主道德的巨大社会感召作用。董仲舒指出："上之化下，下之从上，犹泥之在钧，唯甄

---

① 何晏集解，邢昺疏：《论语注疏》卷十三《子路第十三》，《十三经注疏》下册，第 2506 页。

② 王先谦：《荀子集解》卷八《君道第十二》，第 154 页。

③ 陆贾：《新语·无为第四》，第 7 页。

者之所为；犹金之在镕，唯冶者之所铸。"① 魏徵则从隋炀帝横征暴敛，骄奢淫逸，导致天怒人怨、社稷沦丧的历史教训中，得出君主一人失道，亿兆罹毒，"一人失德，四海土崩"的结论。② 在魏徵看来，如果君主自坏纲纪而丧失其德，百姓必将遭殃，国家必然崩溃，社稷必定灭亡。司马光运用历史事例，说明君主行为对群臣的直接影响。他指出："君恶闻其过，则忠为化佞；君乐闻直言，则佞化为忠。是知君者表也，臣者景也，表动则景随矣。"③

为什么君主道德攸关天下盛衰？这是因为社会风俗反映一个时代的道德水准，代表一个时代的精神风貌；而一个时代的道德水准及这个时代的精神风貌，又总是与君主的道德水准及其行为规范联系在一起。《诗》云："下民之孽，匪降自天。噂沓背憎，职竞由人。"④ 这就是说，百姓的苦难，并非降自上天；社会风俗的好坏，与人的行为尤其是君主的行为密切相关。故孟子称："君仁莫不仁，君义莫不义，君正莫不正，一正君而国定矣。"⑤ 在孟子看来，君主应该为天下人做出榜样，"正人心，息邪说，距诐行，放淫辞，以承三圣"。⑥ 如果君主能端正自己的行为，重用忠义贤能之士，就能端正天下的一切，为国家与社会树立典范，把天下臣民凝聚在其下。如果君

① 班固：《汉书》卷五十六《董仲舒传》，第 2501 页。

② 魏徵：《隋书》卷五《恭帝纪》，第 102 页。

③ 司马光：《资治通鉴》卷一百九十二《唐纪》八，高祖武德九年，第 6029 页。

④ 毛亨传，郑玄笺，孔颖达正义：《毛诗正义》卷十二《小雅·十月之交》，《十三经注疏》上册，第 447 页。

⑤ 赵岐注，孙奭疏：《孟子注疏》卷七下《离娄章句上》，《十三经注疏》下册，第 2723 页。

⑥ 赵岐注，孙奭疏：《孟子注疏》卷六下《滕文公章句下》，《十三经注疏》下册，第 2715 页。

主破坏纲常伦理，践踏忠义礼制，违背等级规范，宠信奸佞之徒，就会潜移默化，致使臣民离心离德，对社会风俗产生严重的消极影响，给国家治理带来巨大的危害。荀子称："君者，仪也；民者，景也。仪正而景正。"① 在荀子看来，因为君主是国家的象征与社会的旗帜，君与民的关系如同仪与影的关系，所以君主的道德必然影响民的行为，形成巨大的社会感召力。王夫之阐发荀子关于君主为"民之原"的观点，指出："天子者，化之原也。"② 他认定："天子者，天下之望也。"③ "天之下，民所仰望者君也。"④ 这些论述强调，君主之德不仅是对天下人施行道德教化的本原，而且是影响社会风俗的核心因素。

魏晋南北朝时期，社会动荡，南北对立，政权更替频繁，忠义荡然无存，伦理道德遭到极大破坏。这种现象与许多君主利用权谋诡诈手段，窃夺前朝政权有着直接的关系。这些君主施展阴谋诡计而得到政权，他们行为荒淫，毫无礼义廉耻，在其统治下，纲纪沦丧，风气败坏，引发篡弑成风的现象，致使社会道德体系崩溃。晋代傅玄反思东汉以来的历史演变，指出："魏武好法术而天下贵刑名，魏文慕通达而天下贱守节，其后纲维不摄而虚无放诞之论盈于朝野，使天下无复清议，而亡秦之病复发于今。"⑤ 在傅玄看来，因为魏武帝、魏文帝的行为违背礼制，纲纪伦常遭到践踏，社会风气随之堕落，忠君之心荡然无存，导致篡逆成风而祸乱不已，影响到后来政治的发展。我们考察东晋南朝的政权更替，晋之王谧，宋之褚渊，齐

---

① 王先谦：《荀子集解》卷八《君道篇第十二》，第 154 页。
② 王夫之：《读通鉴论》卷十二《愍帝》二，第 334 页。
③ 王夫之：《读通鉴论》卷二十二《玄宗》二十二，第 675 页。
④ 王夫之：《读通鉴论》卷三十《五代下》九，第 926 页。
⑤ 房玄龄：《晋书》卷四十七《傅玄传》，第 1317—1318 页。

之王晏、徐孝嗣皆世臣而受国者，然反取故主之天下与他人。梁之开国功臣如沈约、王茂、曹景宗、夏侯祥、江淹、韦睿、任昉等，皆历仕宋、齐、梁三代，全无忠节。王夫之指出："魏晋以降，臣节隳，士行丧，拥新君以戕旧君，且比肩而夕北面，居之不疑，而天下亦相与安之也久矣。"[1] 这种纲纪败坏、忠义全无的现象，与君主道德沦丧的社会影响密切相关。

唐代是汉代之后的又一盛世，唐太宗被史家称为"除隋之乱，比迹汤、武；致治之美，庶几成、康。自古功德兼隆，由汉以来未之有也"。[2] 然他对唐代政治的发展与社会风俗的变化，有着两重性的影响：一方面倡导忠义，用贤纳谏，节省民力，安定民生，对贞观时期盛世局面的形成，建树良多，功不可没；另一方面策划玄武门之变，杀太子建成及巢王元吉，逼迫高祖退位，将元吉妃杨氏纳于宫中，甚至要将其立为皇后，导致了唐朝纲纪伦常的沦丧。唐太宗对纲纪伦常的践踏，导致道德的崩溃与朝政的腐败，唐王朝走上了由盛而衰的发展道路！其后唐高宗将唐太宗的武才人纳于宫中，拜昭仪，封皇后，引发武氏之乱。唐玄宗则把儿媳杨氏纳于宫中，封为贵妃，纵情声色，而将朝政委任于高力士、李林甫、杨国忠等奸佞之徒，终于酿成了安史之祸！宋代学者评价唐太宗之德，论其对唐代盛衰的影响，颇多愤疾之语。程颐认为："唐之纲纪，自太宗乱之，终唐之世无三纲者，自太宗始也。""唐有天下，如贞观、开元间，虽号治平，然亦有夷狄之风。三纲不正，无父子、君臣、夫妇，其原始于太宗也。"[3] 唐太宗"杀兄篡位"，

---

① 王夫之：《读通鉴论》卷十六《齐高帝》三，第458页。
② 欧阳修、宋祁：《新唐书》卷二《太宗纪》，第48页。
③ 程颢、程颐：《河南程氏遗书》卷十八，《二程集》，第236页。

"启僭夺之端","又取元吉之妻",① 直接破坏了纲纪伦常。范祖禹撰《唐鉴》,对唐太宗发动玄武门之变谴责不已,宣称:"建成虽无功,太子也;父之统也,而杀之,是无君父也。"这是"为子不孝,为弟不悌,悖天理,灭人伦而有天下"。② 在范祖禹看来,君臣之义与父子之道,这是不能破坏的。唐代治日少而乱日多,其原因就在于君主不能修身齐家以正天下,父子兄弟之间丧失纲常道德。司马光认为,唐太宗发动玄武门之变,"贻讥千古。"他称:"创业垂统之君,子孙之所仪刑也,彼中、明、肃、代之传继,得非有所指拟以为口实乎!"③ 朱熹虽然肯定唐太宗的历史贡献,但对于其以晋阳宫女私侍父亲,后又杀兄逼位,纳巢王元吉妃等秽乱纲常伦理的行为,则持贬斥与批判的态度,甚至指责唐太宗"一切假仁借义以行其私"。④ 在宋代学者看来,唐太宗逆乱大伦,践踏纲纪,破坏名分,伤害风化,导致悖乱,埋下了唐朝衰败灭亡的祸根!宋代理学诸子论述唐代历史,关注唐太宗的行为与唐代治乱兴亡的关系,虽然存在过于强调纲常伦理决定国家盛衰的偏颇,但也正确指出了唐太宗的道德缺失对于中晚唐社会的恶劣影响,毫无疑问是具有重要的思想价值的。

五代时期,君主荒淫无道,无所不为;大臣称孤道寡,篡权弑君。人性空前沦丧,政权旋起旋灭。史称:"自唐之衰,干戈饥馑,父不得育其子,子不得养其亲。其始也,骨肉不能

---

① 程颢、程颐:《河南程氏外书》卷十《大全集拾遗》,《二程集》,第405页。

② 范祖禹:《唐鉴》卷二《高祖纪下》,四库全书本。

③ 司马光:《资治通鉴》卷一百九十一《唐纪》七,高祖武德九年,第6013页。

④ 黎靖德编:《朱子语类》卷一百三十五,第3219页。

相保，盖出于不幸；因之礼义日以废，恩爱日以薄，其习久而遂以大坏，至于父子之间，自相贼害。五代之际，其祸害不可胜道也。"①这种政治乱象与君主道德缺失，纲纪伦常遭到践踏，有着深刻的内在联系。因为在君主专制的人治社会里，道德仁义是调节社会关系，实现社会稳定的重要手段；国家的法律制度与道德仁义规范，总是密切地结合在一起。道德仁义原则的践踏，纲纪伦常关系的破坏，必然导致国家法制的破坏，引起天下的崩溃与政权的灭亡。后梁太祖朱温叛唐自立；后晋高祖石敬瑭叛后唐，投靠契丹而当上皇帝；后汉高祖刘知远篡后晋自立等，这些说明五代时期的君主本身就是纲常伦理的破坏者。他们的行为致使社会道德沦丧，引起人们灵魂的失落，甚至全无忠君意识，出现像冯道那样事四朝、相六帝、三入中书，居相位二十余年，毫无忠义观念的"长乐老"，②"臣弑其君，子弑其父，而搢绅之士安其禄而立其朝，充然无复廉耻之色"，形成"君不君，臣不臣，父不父，子不子，至于兄弟夫妇人伦之际，无不大坏"的乱象。③《宋史》指出："士大夫忠义之气，至于五季，变化殆尽。"④又说："五季为国，不四、三传辄易姓，其臣子视事君犹佣者焉，主易则他役，习以为常，故唐方灭即北面于晋，汉甫称禅已相率下拜于周矣。"⑤君主不能以身作则，不能垂范于天下，群臣耳濡目染，必然纷起效尤，导致纲常伦理的崩溃，这就是五代各朝国祚短促的原因

①　欧阳修：《新五代史》卷五十一《杂传》，第581页。
②　薛居正：《旧五代史》卷一百二十六《冯道传》，中华书局1976年版，第1661页。
③　欧阳修：《新五代史》卷三十四《一行传》，第369、370页。
④　脱脱：《宋史》卷四百四十六《忠义传序》，第13149页。
⑤　脱脱：《宋史》卷二百六十二"论曰"，第9038页。

所在。顾炎武总结历史盛衰，援引孟子论述天下兴亡之语，强调道德的社会影响："上无礼，下无学，贼民兴，丧无日矣。"① 诚哉是言！

在中国古代社会中，君主不仅拥有专断天下的绝对权力，处于支配一切的地位；而且对天下人的道德风尚，有着极大表率作用。君主的行为无论是正面的还是负面的，是必须肯定的还是应该批判的，都会引起人们的极大关注，因而产生无形的示范效应。孔子言："政者正也。君为正，则百姓从政矣。君之所为，百姓之所从也。君所不为，百姓何从？"② 君主为着取得最佳的施政效果，必须以身作则，率先垂范，首先要"正"自己，才能"正"天下。如果"为政以德，譬如北辰，居其所，而众星共之"。"道之以政，齐之以刑，民免而无耻。道之以德，齐之以礼，有耻且格。"③ 如果君主能够"帅以正"，那么天下"孰敢不正"？④ 君主以自己的行为为天下人树立榜样，就能对治国施政产生良好的影响。因为君臣一体，君主道德直接影响大臣的行为；所以有什么样的君主，就必然有什么样的大臣。陆贾指出，君主之德影响臣下之德。他称："上明而下清，君圣而臣忠。"⑤ 君主本人的圣明，决定了大臣的忠义。唐太宗从历代盛衰兴亡中认识到，"天子者，有道则人推而为主，

---

① 顾炎武著，黄汝成集释：《日知录集释》卷六《桀纣帅天下以暴》。此语出自《孟子》，参见《孟子注疏》卷七上《离娄章句上》，《十三经注疏》下册，第 2717 页。

② 郑玄注，孔颖达正义：《礼记正义》卷五十《经解第二十六》，《十三经注疏》下册，第 1611 页。

③ 何晏集解，邢昺疏：《论语注疏》卷二《为政第二》，《十三经注疏》下册，第 2461 页

④ 何晏集解，邢昺疏：《论语注疏》卷十二《颜渊第十二》，《十三经注疏》下册，第 2504 页。

⑤ 陆贾：《新语·术事第二》，第 5 页。

无道则人弃而不用"。① 这种意识使以隋为鉴，励精图治，居安思危，锐意进取，成为贞观君臣共同意志。二程宣称：人君应该"上观天道，下观民俗"，"修德行政，为民瞻仰"，"奢则约之以俭，俭则示之以礼"。② 这就是根据民俗设为政教。司马光强调，"为人君者，动静举措不可不慎，发于中必形于外，天下无不知之"。③ 他指出，唐玄宗前期推崇节俭，励精图治，形成开元时期的盛世局面；而其后期追逐奢华，荒淫享乐，导致"安史之乱"的发生，国家走上衰微破败的道路！在司马光看来，唐玄宗"恃其承平，不思后患，殚耳目之玩，穷声技之好"，④ 这是"安史之乱"的原因。王夫之认识到：君主与天下的治理直接相关，"天下之治，统于天子者也"。⑤ 他又说："上有乱君，下有乱臣，"⑥ 乱君的存在，决定了乱臣的出现！君主治理国家，必须"道以导之，德以得之"。⑦ 这些论述揭示出君主行为的榜样作用，说明君主之德关乎夫妇之道，涉及生民之本，攸关王政之端，决定大臣的行为，影响天下的风俗，不仅与国家的治理联系在一起，而且与国家的盛衰密切相关。

在君主专制制度之下，道德与政治密不可分，彼此结合在一起。君主之德被视为天下之德，影响其治国施政的效果。君主端正自己的行为，可以产生巨大的政治作用，通过凝聚天下的人

---

① 吴兢：《贞观政要》卷一《论政体第二》。

② 程颢、程颐：《周易程氏传》卷二《周易上·经下》，《二程集》，第798、799页。

③ 司马光：《资治通鉴》卷二十二《汉纪》十四，武帝太始二年，第723页。

④ 司马光：《资治通鉴》卷二百一十八《唐纪》三十四，肃宗至德元载，第6994页。

⑤ 王夫之：《读通鉴论》卷十六《齐高帝》一，第456页。

⑥ 王夫之：《读通鉴论》卷十六《东昏侯》一，第473页。

⑦ 王夫之：《读通鉴论》卷十八《临海王》，第525页。

心，形成良好的社会风俗，发挥以德治国的效应。《礼记》强调君主之德对于治国施政的意义，君主应该"与天地参，故德配天地，兼利万物，与日月并明"。① 《大戴礼记》则称："天子正而天下定矣。"② 君主道德越高尚，德泽越深厚，国家越稳固，天下越兴旺，国祚越能长久地延续下去。杜佑言：君主"德厚则感深，感深则难摇，人心所系"。③ 欧阳修反思五代盛衰兴亡的深刻教训，强调："君父，人伦之大本；忠孝，臣子之大节。"④ 在欧阳修看来，纲常伦理遭到破坏，"君君、臣臣、父父、子子之道乖，而宗庙、朝廷人鬼皆失其序，斯可谓乱世者欤，自古未之有也"。⑤ 苏轼考察君主道德、社会风俗与天下兴亡的关系，他强调指出："国家之所以存亡者，在道德之浅深，不在乎强与弱；历数之所以长短者，在风俗之薄厚，不在乎富与贵。"苏轼认为，君主"爱惜风俗，如护元气"，应该"务崇道德而厚风俗"，不应"急于有功而贪富强"。⑥ 在苏轼看来，社会风俗关系到国家存亡，而君主行为直接攸关天下风俗。二程主张，"为君尽君道，为臣尽臣道，过此则无理"。⑦ 王夫之将道德与施政效果联系起来，指出："夫德者，自得也；政者，自正也。"他感叹："以德化民至矣哉！"⑧ 如果"君非君，则天不能息其乱"。⑨ 中国古代历史盛衰反复说明，君主之德影响天下人心，带来社会风俗的变

---

① 郑玄注，孔颖达正义：《礼记正义》卷五十《经解第二十六》，《十三经注疏》下册，第 1610 页。

② 王聘珍：《大戴礼记解诂》卷三《保傅》，中华书局 1983 年版，第 56 页。

③ 杜佑：《通典》卷十二《食货十二》后论，第 71 页。

④ 欧阳修：《新五代史》卷十五《唐明宗家人传》，第 162 页。

⑤ 欧阳修：《新五代史》卷十六《唐废帝家人传》，第 173 页。

⑥ 脱脱：《宋史》卷三百三十八《苏轼传》，第 10806—10807 页。

⑦ 程颢、程颐：《河南程氏遗书》卷五，《二程集》，第 77 页。

⑧ 王夫之：《读通鉴论》卷十九《隋文帝》十，第 549、550 页。

⑨ 王夫之：《读通鉴论》卷三十《五代下》九，第 926 页。

化，关系天下兴亡。

总之，道德与国家治乱兴衰密切相关。君主治国兴邦，应该"明善恶之归，辨忠邪之分"。[①] 如果以德配天，敬德化民，倡导忠义，推崇礼制，谨守伦常，维护纲纪，引导社会形成正气，推进良风美俗的化育，促进国家与社会的稳定，就能实现国祚长期延续，为万世开太平；如果践踏纲纪，背弃忠义，损毁伦常，破坏礼制，骄奢淫逸，必然对社会风俗产生严重的消极影响，危害国家的稳定，加速社稷的衰亡。王夫之指出，"女主宣淫，奸邪窥伺，嗣君幽暗，刑杀横流"，必定导致"宗社之沦亡"，[②] 这是君主失德、道德崩溃导致的必然后果。

三　君主树德有利国运长久

我们这里所探讨的君主树德，不仅指君主以本人良好的行为，给天下人树立道德榜样；而且指君主运用各种方式，褒扬忠义，贬斥奸佞，提倡礼制，树立美德，立长久之本，建宏远之基。在中国古代社会里，因为国家之盛衰，天下之治乱，全在人心之正邪，系于风俗之好坏；所以具有高度的社会责任感的君主，必然从国家的长远大计出发，扶持社会正气，抑制不良邪气，引导人心风尚，实现拨乱反正。概括地说，君主树德大体包括三个层次：第一是端正纲纪，纲纪是维系君臣、父子、夫妇、长幼的根本道德原则，是维系国家政权及天下人心的命脉所在；第二是倡导忠义，忠义是规范君臣关系的主要准则，以忠义作为维护君臣上下等级秩序的具体要求；第三是维

---

① 程颢、程颐：《河南程氏粹言》卷二，《二程集》，第1251页。
② 王夫之：《读通鉴论》卷二十一《中宗》十一，第638页。

护礼制，礼制是稳定天下秩序的基本要求，是树立良好社会风
尚的基本规范。端正纲纪指君主通过各种措施，运用各种方式
与手段，树立君臣父子的道德意识，端正稳定天下的道德原
则，纲纪不正怎能正天下？倡导忠义则指君主通过各种方式，
强化群臣对君主的责任与义务，强化百官臣僚对君主的服从与
忠诚，"君臣之义，不可不明也"。① 维护礼制则指君主运用各
种手段，巩固上下的尊卑等级秩序，培育良好的社会风尚。司
马迁称："礼者，天地之序也。"② 在司马迁看来，礼是人们必
须恪守的道德规范，实现天下有序的关键。司马光认为："夫
礼，辨贵贱，序亲疏，裁群物，制庶事，非名不著，非器不
形；名以命之，器以别之，然后上下粲然有伦，此礼之大经
也。"③ 农业宗法社会强调以德治国，以德治国的实质是以礼治
国。如果说端正纲纪是君主树德的核心与关键，那么倡导忠义
则是君主树德的基本手段，而维护礼制则是君主树德的主要途
径。这三个层次的侧重点虽然有所不同，但都强调规范专制社
会中"君臣、父子"关系，要求恪守人的行为的"大伦"，④ 因
而既彼此联系而相互贯通，又与君主的行为有着密切的关系，
构成影响社会风俗的道德系统，对实现天下的长治久安，有着
极为重要的意义。

　　君主端正纲纪，倡导忠义，推崇礼制，以儒术教化臣民，
淳厚天下风俗，使臣民各安其分，各守其责，形成良好的道德
风尚，实现社会的太平与国家的昌盛。《左传》说："夫礼，天

① 高诱注：《吕氏春秋》卷二十《恃君览第八》，第 255 页。
② 司马迁：《史记》卷二十四《乐书》，第 1191 页。司马迁此语出自《礼
记·乐记》，见《十三经注疏》下册，第 1530 页。
③ 司马光：《资治通鉴》卷一《周纪》一，威烈王二十三年，第 4 页。
④ 王夫之：《读通鉴论》卷二十八《五代上》二十，第 889 页。

之经也，地之义也，民之行也。"礼是"上下之纪，天地之经纬也"。① 在《左传》的作者看来，礼制是调节人伦关系，树立良好社会风尚的行为规范。荀子言："天地者，生之始也；礼义者，治之始也；君子者，礼义之始也。"② 在荀子看来，人无礼义不立，国无礼义不治，礼义是君主治国施政的基础。《礼记》将礼制与国家治理结合起来，强调："礼之于正国也，犹衡之于轻重也，绳墨之于曲直也，规矩之于方圆也。"③ 端正社会的伦理道德，形成良好的礼义风尚，这就是治理天下之始。司马迁认为，春秋时期齐国的霸业，就是太公以后历代君主积累德行，长期努力的结果。他指出："以太公之圣，建国本，桓公之盛，修善政，以为诸侯会盟，称伯，不亦宜乎？"④ 欧阳修称："礼义，治人之大法；廉耻，立人之大节。盖不廉，则无所不取；不耻，则无所不为。人而如此，则祸乱败亡，亦无所不至，况为大臣而无所不取不为，则天下其有不乱，国家其有不亡者乎！"⑤ 又说："义在与在，义亡与亡，故王者常推而襃之，所以砥砺生民而窒不轨也。"⑥ 司马光对礼的作用大加赞赏。他指出："礼者，圣人之所履也。"⑦ 又说："礼之为物大矣！用之于身，则动静有法而百行备焉；用之于家，则内外有别而九族睦焉；用之于乡，则长幼有伦而俗化美焉；用之于

① 杜预注，孔颖达正义：《春秋左传正义》卷五十一，昭公二十五年，《十三经注疏》下册，第2107、2108页。

② 王先谦：《荀子集解》卷五《王制篇第九》，第103—104页。

③ 郑玄注，孔颖达正义：《礼记正义》卷五十《经解第二十六》，《十三经注疏》下册，第1610页

④ 司马迁：《史记》卷三十二《齐太公世家》，第1513页。

⑤ 欧阳修：《新五代史》卷五十四《杂传》，第611页。

⑥ 欧阳修、宋祁：《新唐书》卷一百九十一《忠义列传序》，第5496页。

⑦ 司马光：《资治通鉴》卷一百九十二《唐纪》八，太宗贞观二年，第6052页。

国，则君臣有叙而政治成焉；用之于天下，则诸侯顺服而纪纲正焉。"[①] 在司马光看来，礼制是君臣、父子、夫妇、长幼形成和谐关系的行为规范。这些论述说明，巩固专制社会，强化道德体系，要求君臣有礼，做到上下有序，形成忠义之气，构建文明礼义之邦。因为君主的行为影响人心之正邪及风俗之好坏，对形成良好的社会风尚有着至关重要的作用；所以那些有远见卓识的创业之君，为了天下的长治久安，必然运用各种方式，提倡与维护礼义，"立纲修己，拨乱反正"，[②] 弘扬正气，抑制邪气，端正官风，引导民风。君主树德对国家治理施加积极影响，谋求国家的稳定与天下的太平，使国运长久地延续下去。汉、唐、宋、明等朝代国运长久，与其创业之君注意树德密不可分。

两汉国势强盛，国运长久。这与其创业之君推崇志节，褒扬忠义，促进良好道德风尚的形成，有着直接的关系。刘邦虽然文化素质不高，但他从楚汉战争过程中，认识到忠义之气对于君主治国兴邦的意义。季布与丁公这对同母异父兄弟，在楚汉相争中同为楚霸王项羽手下的将领，季布在战争中虽然数次以兵窘迫刘邦，丁公却在彭城之战时私下放走刘邦，但前者的行为恪守了忠义的原则，而后者的行为却有悖于忠义的要求。刘邦战胜项羽建立汉朝以后，却赦季布而斩丁公。他宣称："丁公为项王臣不忠，使项王失天下者，乃丁公也"，"使后世为人臣者，无效丁公"。[③] 刘邦的目的是褒扬忠义，倡导气节，影响世风，教化后代。故王夫之指出：刘邦"当诛丁公之日，

① 司马光：《资治通鉴》卷十一《汉纪》三，高帝七年，第375—376页。
② 王夫之：《读通鉴论》卷二《惠帝》一，第21页。
③ 司马迁：《史记》卷一百《季布栾布列传》，第2733页。

又岂果能忘丁公之免己而不以为德哉？欲惩人臣之叛其主，而先叛其生我之恩，且嚣然曰是天下之公义也"。① 这一论断揭示出刘邦"赦季布斩丁公"的原因，是着眼于为汉朝天下树立良好的道德风尚的大局。汉光武帝刘秀有感于新莽窃国之时，天下竟无一仗节死义之士，故极力提倡忠君志节，培育忠义之气。他曾下令有能杀彭宠者封侯，彭宠之苍头子密杀彭宠来降，光武认为其行为不忠不义，然而又不能不对其作出封赏，于是封子密为不义侯。② 两汉创业之君倡导忠义，深刻地影响到社会风气的发展。汉光武帝"尊崇节义，敦厉名实，所举用者莫非经明行修之人，而风俗为之一变"。③ 东汉外戚专权，宦官乱政，社会黑暗，朝政昏浊，国事日非。"然犹绵绵不至于亡者，上则有公卿大夫袁安、杨震、李固、杜乔、陈蕃、李膺之徒，面引廷争，用公义以扶其危；下则有布衣之士符融、郭泰、范滂、许邵之流，立私论以救其败。是以政治虽浊而风俗不衰，至有触冒斧钺，僵仆于前，而忠义奋发，继起于后，随踵就戮，视死如归，夫岂特数子之贤哉！亦光武、明、章之遗化也。"④ 东汉国运仍然延续近两百年时间，汉光武帝推崇志节，使士大夫形成激扬名节、崇尚忠义的风气，对于维护东汉统治发挥了重要作用。

　　唐代是隋朝被推翻之后建立起来的盛世，其国祚长期延续与创业之君大力提倡忠义，树立崇高志节，影响道德风尚，密切联系在一起。唐太宗虽然"失爱于昆弟，失教于诸子"，但

---

①　王夫之：《读通鉴论》卷二《汉高帝》九，第 15 页。
②　范晔：《后汉书》卷十二《彭宠传》，第 505 页。
③　顾炎武著，黄汝成集释：《日知录集释》卷十三《两汉风俗》，第 469 页。
④　司马光：《资治通鉴》卷六十八《汉纪》六十，献帝建安二十四年，第 2173—2174 页。

也极为重视培育国家的忠义之气。他一方面下诏禁锢宇文化及、宇文智及、司马德戡、裴虔通等，盖"大业季年，咸居列职，或恩结一代，任重一时，乃包藏凶慝，罔思忠义，爰在江都，遂行弑逆，罪百阎、赵，衅深枭獍，虽事是前代，岁月已久，而天下之恶，古今同弃。宜置重典，以励臣节，其子孙并宜禁锢，勿令齿叙"。① 另一方面则又嘉奖赞赏姚思廉、屈突通等人的忠义行为。② 他强调说：君主"行一事，则为天下所观；出一言，则为天下所听。用得正人，为善者皆劝；误用恶人，不善者竞进。赏当其劳，无功者自退；罚当其罪，为恶者戒惧。"③ 贞观时期朝廷开设史馆修撰五代史，对于前代的忠、孝、节、义之士大加表彰，称赞他们"临难忘身，见危授命"，"杀身以成仁"，"捐生以取义"；④ 赞扬那些列女坚守志节，"或抱信以含贞，或蹈忠而践义，不以存亡易心，不以盛衰改节"。⑤ 在唐统治者看来，这些忠义之士"笃于天性，勤其四体，竭股肱之力，尽爱敬之心，自足膝下之欢，忘怀轩冕之贵，不言之化，人神通感"。⑥ 这些惩治奸凶、褒扬忠义的举措，影响到唐代社会风气的发展，对国祚延续发挥了重要作用。

宋太祖从受后周之禅立国开始，鉴于五代纲纪荡然、乱象纷呈的深刻教训，注意激励名节，表彰忠义行为，重建社会道德。在策划陈桥兵变以后，将返回京城时，副都指挥使韩通因

---

① 刘昫：《旧唐书》卷三《太宗纪下》，第 42 页。
② 吴兢：《贞观政要》卷五《论忠义第十四》，第 162—165 页。
③ 吴兢：《贞观政要》卷三《论择官第七》，第 103—104 页。
④ 魏徵：《隋书》卷七十一《诚节传》，第 1639 页。
⑤ 魏徵：《隋书》卷八十《列女传》，第 1797 页。
⑥ 魏徵：《隋书》卷七十二《孝义传》，第 1661 页。

为忠于后周，谋御宋太祖而为王彦升所杀。宋太祖即"赠韩通中书令，命以礼收葬"，① 以褒扬韩通的忠义行为；而"王彦升擅杀韩通，虽预佐命，终身不与节钺"。② 在宋太祖受周禅而未有禅文时，陶穀出诸怀中而献之曰："已成矣。"宋太祖对于陶穀的行为甚为鄙薄，终身不予重用。③ 他通过褒扬忠义，使五代社会那种忠义之气"变化殆尽"的现象逐渐得以改变，"厥后西北疆场之臣，勇于死敌，往往无惧。真、仁之世，田锡、王禹偁、范仲淹、欧阳修、唐介诸贤，以直言谠论倡于朝，于是中外搢绅知以名节相高，廉耻相尚，尽去五季之陋矣。故靖康之变，志士投袂，起而勤王，临难不屈，所在有之。及宋之亡，忠节相望，班班可书，匡直辅翼之功，盖非一日之积也"。④ 宋代道德重建对其国运延续产生了深远影响，虽然内忧外患交织，社会矛盾错综复杂，遭遇许多重大变故，但因忠臣义士层出不穷，挽狂澜于既倒，骨鲠之臣全力匡扶，奋起捍卫社稷，⑤ 故天下乱而不亡。

明太祖在削平分裂割据势力之后，取代元朝而实现了天下统一。明朝国运延续了两百多年时间，这与作为开国之君的明太祖朱元璋以各种方式，促进社会树立良好的风俗直接相关。一方面，朱元璋在创业江左之时，即大力推崇与倡导忠义，"首褒余阙、福寿，以作忠义之气。至从龙将士，或功未就而身亡，若豫章、康郎山两庙及鸡笼山功臣庙所祀诸人，爵赠公

---

① 脱脱：《宋史》卷一《太祖纪》一，第 4 页。
② 脱脱：《宋史》卷三《太祖纪》三，第 49 页。
③ 脱脱：《宋史》卷二百六十九《陶穀传》，第 9238 页。
④ 脱脱：《宋史》卷四百四十六《忠义列传序》，第 13149 页。
⑤ 在脱脱的《宋史》中，《忠义传》占十卷，记载了约两百位以上忠义人物的事迹。

侯，血食俎豆，侑享太庙，恤录子孙，所以褒励精忠，激扬义烈，意至远也"。其后"建文之变，群臣不惮膏鼎镬，赤姻族，以抗成祖之威稜"；"仁、宣以降，重熙累洽，垂二百余载，中间如交阯之征，土木之变，宸濠之叛，以暨神、熹两朝，边陲多故"，然而沉身殉难的"死义死事之臣"，[①] 前仆后继，不计其数。另一方面，在明朝建立以后，朱元璋以铁腕手段严惩贪腐，注意端正官风。他强调，"不禁贪暴，则民无以遂其生"，[②]"此弊不革，欲成善治，终不可得"。[③] 洪武九年，"官吏有罪者，笞以上悉谪屯凤阳，至万数"。[④] 洪武十八年，"诏尽逮天下积岁官吏为民害者，赴京师筑城"。[⑤] 朱元璋褒扬忠义，端正官风，劝课农桑，轻徭薄赋，天下吏治清明，人民安居乐业，形成了崇尚志节、重视生产的良好风尚。明朝中后期，虽然政治黑暗，宦官乱政，官风腐败，学风空疏，内忧外患交织，遭遇许多重大事变，但忠君义士誓死报国，使大明王朝的国运仍然持续了两百多年时间。

总之，在中国古代历史发展过程中，君主行为导致社会风俗发生变化，而风俗变化又影响与决定国家盛衰，故司马光称王者以"道德为威"。[⑥] 又说："教化，国家之急务也。"[⑦] 君主应该宽和以树德，坦荡以容物，具乾坤之德，持大中之道，表

---

① 张廷玉：《明史》卷二百八十九《忠义传序》，中华书局 1974 年版，第7407—7408 页。

② 《明太祖实录》卷二十九，台北："中研院"历史语言研究所 1962 年影印本。

③ 《明太祖实录》卷六十九。

④ 张廷玉：《明史》卷一百三十九《韩宜可传》，第 3983 页。

⑤ 张廷玉：《明史》卷二百九十六《朱熙传》，第 7591 页。

⑥ 司马光：《资治通鉴》卷十一《汉纪》三，高帝七年，第 380 页。

⑦ 司马光：《资治通鉴》卷六十八《汉纪》六十，献帝建安二十四年，第2173 页。

彰嘉言懿行，提倡社会正气，绝荒淫奢侈之俗，遏贪腐骄惰之风，引导国家走向繁荣昌盛。如果君主践踏纲纪，背弃忠义，破坏礼制，宠信奸佞，骄奢淫逸，必使人心靡乱，导致邪气郁积；如果君主维护纲纪，倡导忠义，树立礼制，任人以贤，关爱百姓，必能端正人心，形成社会正气。王夫之言："王者正天下之大经。"① 又说："上有明君，下有贤士大夫。"② 君主失德，必定人伦大伤，带来人性迷失，引发社会动荡，导致国家衰亡；君主树德，立忠节之气，倡礼义之行，必将敦化纲纪伦常，纯正社会风俗，泽及天下百姓，有利国运长久。顾炎武把朝廷的教化、士人的廉耻、天下的风俗结合起来，宣称："朝廷有教化，则士人有廉耻；士人有廉耻，则天下有风俗。""教化者，朝廷之先务；廉耻者，士人之美节；风俗者，天下之大事。"③ 这些从数千年历史盛衰中得到的结论，仍然有着重要的启示与借鉴意义。

① 王夫之：《读通鉴论》卷二十《太宗》十九，第 609 页。
② 王夫之：《读通鉴论》卷二《汉高帝》十七，第 21 页。
③ 顾炎武著，黄汝成集释：《日知录集释》卷十三《廉耻》，第 482 页。

论因时通变与历史盛衰

　　中国古代通变思想的最初渊源，可以追溯到远古时代。在长期生产与生活实践中，华夏先民认识到，宇宙自然，变动不居，天下万物，生生不已，萌发了初始的通变意识。在进入文明时代以后，华夏先民意识到，社会现象，日新月异，国家盛衰，不断变化，形成了通变的思想观念。因为中国古代史学承担着独特的政治功能，特别重视人的行为与活动，尤其关注君主的行为与天下盛衰的关系，蕴涵着鲜明的人文主义特色与浓厚的现实主义精神；所以注意考察盛衰成败，总结治乱兴亡的经验教训，为统治者治国兴邦服务，成为中国古代史学的优良传统与重要特点。华夏哲人从强烈的社会责任感与自觉的政治参与意识出发，根据不同时期社会的现实需要，将历史盛衰总结与治国兴邦实际紧密结合起来，主张"读古人之书，以揣当今之务"。①　他们强调考察历史要有通变思维，不仅将历史作为伦理教科书与维护统治秩序的工具，而且通过历史总结表达因时通变的施政理念，寄托治国兴邦的政治理想，为未来发展开辟道路。在中国古代历史上，通变既是华夏哲人对于宇宙万物存在形式的看法与认识，又是人们因应环境变化的方法与原则；既是有作为的政治家治国兴邦的施

---

① 王夫之：《读通鉴论》卷二十一《高宗》八，第 626 页。

政理念，又是思想家、史学家反思历史、考察盛衰的史学思想。
这种历史盛衰总结的传统，使华夏民族积淀了因应时势、随时通
变的意识，培育了勇敢坚毅、不屈不挠的性格，形成了以史为
鉴、瞩目未来的精神。

一 "通其所穷,疏其所壅"

"通其所穷，疏其所壅"，这两句话虽然出自王夫之的《宋
论》，但反映出华夏哲人对于通变普遍性的深刻认识，揭示出
宇宙自然与人类社会通变的永恒性。《周易》经传反映出先民
对于宇宙自然与人类社会的考察中，包含着极为深刻的通变趋
时的思想理念。人们面对无限发展的客观世界，必须不断破除
迷信，冲破传统观念束缚，牢固树立通变思想。所谓通变思
想，蕴涵以下四层含义：一是从客观世界到主观世界，从宇宙
自然到人类社会，从思想认识到思维方式，一切都在变化，时
时都在变化，永远不会停止。二是在国家与社会发展中，新的
情况时时产生，新的问题不断出现，必须经常关注新情况，应
该及时解决新问题。人的认识要与时俱进，做到苟日新，日日
新，又日新，"因世而权行"，① 一切施政举措随着具体情况而
定，各种制度适应时代的变化而变化。三是穷则思变，锐意进
取，突破陈规，冲破禁锢。每当国家陷入困境，社会积弊深重
之际，必须"遗其小利，惩其大害，通其所穷，疏其所壅"，②
变被动为主动，化危机为转机，于困境中求发展。四是人的社
会实践必须随机应变，灵活处置，敢为人先，不断创新，在继

---

① 陆贾：《新语·术事第二》，第5页。
② 王夫之：《宋论》卷一《太祖》六，中华书局1964年版，第10页。

承前人基础上敢于超越。通变不仅是宇宙万物的存在形式，而且是华夏先民永恒的思想主题。华夏哲人强调宇宙万物，从自然界到人类社会，时时在变，不断在变；人的认识都是一定历史条件下形成的，随着社会实践不断接受检验而走向完善，必须抛弃那些不适应时代要求的陈腐观念；任何制度只是一定环境下的产物，没有固定不变的、永远适应的制度，应该在治国兴邦的实践中实现对前人的继承与超越。人们考察历史的发展，必须看到盛衰转化的必然性。一切现象既是历史的产物，也将随着历史的延续而改变。因此面对不断变化、无限发展的世界，只有破除迷信，解放思想，随时通变，顺应潮流，才能把握变革先机，因应时代趋势，掌握发展主动权，推动社会的进步，实现国家的繁荣。我认为，通变既是先民的宇宙观与自然观，又是他们的社会历史观与思维方式。通变思想建立在对过去、现在、未来永无止境向前延续的认识的基础上，指出在历史发展过程中应该不断突破陈规，勇于弃旧图新，务实应对变局，顺时开创新局；从而将总结历史盛衰，考察社会现实，因应未来发展紧密结合起来。通变思想将一切事物置于永恒运动、无限延续的长河中进行考察，反对陈腐的意识与过时的观念，否定永恒的教条与僵化的模式，反映出一种深刻的批判性思维。

华夏哲人指出宇宙万物随时随地在变，没有不变的人与不变的事。他们思考"天地之经，治乱之理"，①总结历史盛衰，强调因时通变的必要性。欧阳修将通变说成天理，他指出："凡物极而不变，则弊；变则通，故曰'吉'也。物无不变，

----

① 王夫之：《读通鉴论》卷五《哀帝》四，第110页。

变无不通，此天理之自然也。"① 在欧阳修看来，通变代表天理，天理就是通变，既贯穿于宇宙万物之中，又是永远存在而不可改变的。二程强调变革的永恒性，宣称："凡天地所生之物，虽山岳之坚厚，未有能不变者也。""随时变易"，"乃常道也。""明理之如是，惧人之泥于常也。""往来变化，生成万物"，这就是"天地常久之道，天下常久之理"。② 二程阐发《易传》关于因时通变的思想，指出："推革之道，极乎天地变易，时运终始也。天地阴阳推迁改易而成四时，万物于是生长成终，各得其宜，革而后四时成也。时运既终，必有革而新之者。王者之新，受命于天，故易世谓之革命。""天道变改，世故迁易，革之至大也，故赞之曰：革之时大矣哉！"又说："夫变易之道，事之至大，理之至明，迹之至著，莫如四时，观四时而顺变革，则与天地合其序也。"③ 在二程看来，事物运动体现宇宙万物之理，"时极道穷，理当必变"。④ 人们应该"随时变易以从道"。⑤ "随时之宜，顺理而行。"⑥ 二程所强调的"随时变易"，"随时之宜"，就是顺应时代变化而变化。顾炎武则将变易视为宇宙万物的根本属性，有如白天黑夜、寒来暑往一样，因时而变是遵循《周易》的原则。⑦ 人类社会无限延续与

———————————

① 欧阳修：《居士集》卷十八《明用》，《欧阳修全集》上册，第131页。

② 程颢、程颐：《周易程氏传》卷三《周易下·经上》，《二程集》，第862页。

③ 程颢、程颐：《周易程氏传》卷四《周易下·经下》，《二程集》，第952页。

④ 同上书，第1018页。

⑤ 程颢、程颐：《周易程氏传·易传序》，《二程集》，第689页。

⑥ 程颢、程颐：《周易程氏传》卷三《周易下·经上》，《二程集》，第929页。

⑦ 顾炎武著，黄汝成集释：《日知录集释》卷一《通乎昼夜之道而知》，第22页。

不断发展的过程，一方面是后代因袭并继承前代的过程，另一方面又是后代对前代通变的过程，因袭与通变构成社会历史发展过程中相辅相成的两个方面。他强调后代对前代的继承："'殷因于夏礼，周因于殷礼，虽百世可知。'百王之治至殊也"；① 概括出"穷则变，变则通，通则久，天下之理固不出乎此也"。② 顾炎武提出，"天下之变无穷"，因此"举而措之天下之民者亦无穷"，③ 必须做到"过中而变"，在"将变之时"适时而变，④ 顺乎时代潮流，因应历史趋势，为未来发展开辟道路。王夫之强调，一代之制，各因其时，事随势迁，因时制法。君主治理国家，把握"时之所兴，势之所凑"，⑤ 遵循"因时制宜"的原则施政。⑥ 这些论述充斥于中国古代典籍中，说明华夏哲人运用通变宇宙观与通变自然观，以及通变的社会历史观，看待自然界与人类社会的一切事物。

在中国古代历史上，锐意进取的政治家总是以通变思想作为施政理念，与时俱进，革故鼎新，变法图强，协调社会关系，完善各种制度，勇敢地抛弃过时的、不适应社会发展的思想观念，提倡与推行有利于社会发展的制度；而许多思想家与史学家则以通变思想为理论依据，深入考察历代的盛衰兴亡，认真总结治国安民的经验教训，为人们顺应时代要求，推动社会发展，承担历史责任，提供启示与借鉴。在我看来，政治家的通变与思想家及史学家的通变，既有相同点也有不同点：从相同点来说，两者都

---

① 顾炎武著，黄汝成集释：《日知录集释》卷七《予一以贯之》，第246页。

② 顾炎武著，黄汝成集释：《日知录集释》卷十九《立言不为一时》，第680页。

③ 顾炎武：《与友人论易书》，《顾亭林诗文集》，第46页。

④ 顾炎武著，黄汝成集释：《日知录集释》卷一《己日》，第16页。

⑤ 王夫之：《读通鉴论》卷六《光武》八，第134页。

⑥ 王夫之：《读通鉴论》卷二十二《睿宗》四，第650页。

建立在通变的社会历史观的基础之上，都把社会看成是不断发展变化的，都要求人的行为随着时代与环境的变化而变化，都主张通过考察历史上的通变为现实的实践活动提供借鉴。从不同点来说，前者主要是追求摆脱现实困境的功利目的，对现实的关注使之考察历史的经验教训，侧重探讨那些与现实相关的具体问题，从历史盛衰思考中寻求解决问题的途径，在施政实践中表现为突破传统进行变法；后者主要是"考论得失，究尽变通"，① 注意探讨与实现长治久安有关的理论问题，对长远目标的关注使之总结历代的盛衰，侧重概括与治国兴邦相关的一般原则，为现实社会的实践活动提供理论依据。前者的通变主要是在前人的基础上，在施政实践与社会活动中因时制变，适应社会发展要求而进行创新改革活动；后者的通变则是在前人的政治实践与社会实践的基础上，根据历代盛衰兴亡对创新改革作出思想总结与理论概括。前者的通变为后者的通变奠定了基础，提供了源源不断的思想材料；后者的通变则是在前者通变的基础上，进行的更高层次的理论创造活动。华夏民族不仅注意从盛世中总结经验，而且重视从灾难中得出教训。通变思想对于中国古代的治国施政与历史总结，有着极为深刻的影响。

总之，华夏民族进入文明时代以后，形成了通变的思想观念。人们考察盛衰兴替，必须巨眼深识，把握古今沿革，"洞察在历史演变的持续过程中，过去如何影响现在，现在又如何导引未来，并导绎出其演变的脉络，了解其始终不歇的究极的意义和价值"。②

---

① 刘昫：《旧唐书》卷七十三《令狐德棻传》，第 2597 页。

② 方东美：《新儒家哲学绪论》，《生命理想与文化类型——方东美新儒学论著辑要》，中国广播电视出版社 1992 年版，第 473 页。

二 "与时迁徙,与世偃仰"

中国古代思想家、史学家总结历史盛衰,考察古今沿革,目的是认识现实,顺乎时势,适时通变,治国兴邦。管子认为,君主治理国家,应该"随时而变,因俗而动"。① 在管子看来,治国施政没有一成不变的方法,必须根据情况变化而变化。荀子曾言:"与时迁徙,与世偃仰,千举万变,其道一也。"② 荀子认识到,把握时机,顺应社会,随时而变,灵活处置,一切施政行为与治国措施,应该以时间、地点、条件为转移,其所体现的就是因时通变的道理。《吕氏春秋》考察历史盛衰,提出"因时而化"的主张,宣称:"先王之法,经乎上世而来者也。人或益之,人或损之。"为什么"古今之法,言异而典殊","今之法多不合乎古之法者"? 因为人类社会不断地变化,施政举措必须与时俱进,适应社会的变化而变化,不应固守先王之法而不能变通。这种情况如同"病万变,药亦万变"。在《吕氏春秋》的作者看来,"变法者,因时而化","因时变法者,贤主也"。"治国无法则乱,守法而弗变则悖,悖乱不可以持国,世易时移,变法宜矣。"③ 君主不能墨守成规,应该随时而变。二程强调:"虽二帝、三王不无随时因革。"④ 又说:"君子之道,随时而动,从宜适变","君子观象,以随时而动。"人的行为不能脱离时空环境,必然随着环境变化而变

---

① 戴望:《管子校正》卷十五《正世第四十七》,第 260 页。
② 王先谦:《荀子集解》卷四《儒效篇第八》,第 87 页。
③ 高诱注:《吕氏春秋》卷十五《慎大览·察今》,第 177 页。
④ 程颢、程颐:《河南程氏文集》卷一《论十事劄子》,《二程集》,第 452 页。

化，这就是"随时之义"。① 如果"人能识时知变，则可以言
《易》矣"。② 朱熹指出："易，变易也，随时变易以从道也。易
也，时也，道也，皆一也。自其流行不息而言之，则谓之易；
自其推迁无常而言之，则谓之时；而其所以然之理，则谓之
道。时之古今乃道之古今，时之盛衰乃道之盛衰。人徒见其变
动之无穷，而不知其时之运也；徒见其时之运也，而不知其道
之为也。"③ 在朱熹看来，易、时、运、道四者是一致的。因时
通变应该紧紧把握时机，把握时机必须顺应盛衰之运，而顺应
盛衰之运就是遵循天道。

中国古代历史的盛衰兴亡，说明了因时通变、顺乎潮流的
极端重要性。君主因时通变，必须认识时势，才能与时俯仰，
作出正确的施政决策。时势体现复杂的因果联系，反映社会的
发展方向，显示历史趋势与时代潮流。君主洞察与分析时势，
判断并顺应时势，才能觉察机遇，进而把握机遇，实现创业守
成的目标。贾谊总结秦的盛衰兴亡，指出秦的君主因为顺应时
势，把握了统一天下的机遇，建立了前所未有的大帝国。然秦
实现统一以后却违背时势，秦皇"遂过而不变"，秦二世"因
而不改"，不知适时通变，逆历史潮流而动，失去创建盛世的
机遇，导致秦朝二世而亡。秦皇"不信功臣，不亲士民，废王
道而立私爱，焚文书而酷刑法，先诈力而后仁义以暴虐为天下
始"。④ 在贾谊看来，统一天下与治理国家，应该采用不同方

---

① 程颢、程颐：《周易程氏传》卷三《周易下·经上》，《二程集》，第784
页。

② 程颢、程颐：《周易程氏传》卷四《周易下·经下》，《二程集》，第1019
页。

③ 朱熹：《晦庵集》卷三十九《答范伯崇》，四库全书本。

④ 贾谊：《新书·过秦中》，王洲明、徐超：《贾谊集校注》，第11页。

法。君主治国安邦，必须"去就有序，变化因时"，① 顺势而
为，适时通变。唐太宗考察晋代盛衰，强调"顺理而举易为
力，背时而动难为功"。② 所谓"顺理而举"，指因应盛衰兴亡
之运；所谓"背时而动"，则指逆时代潮流而动。二程认为，
"天下之事，当随时各适其宜"，③ "上顺天理，下应人心。"④
顾炎武将因时通变与顺应民心结合起来，提出"通变宜民"，
"唯变所适"的观点。⑤ 通变必须符合民心，不可悖逆民意。王
夫之从中国古代盛衰考察中认识到，因时通变不是一意孤行，
不能随意乱变，不可胡作非为，而是根据"得天之时则不逆，
应人以其时则志定"，遵循"圣人之所不能违也"的客观必然
性，⑥ 顺应时势而革故鼎新。隋炀帝横征暴敛，穷奢极欲，"虐
民已亟"，引起"怨深盗起"，最后"天下鼎沸而以亡国"。⑦ 这
是其悖逆民心、恣意妄为所致。

　　中国古代思想家、史学家关注着民族的命运，谋求国家的
富强，以天下兴亡为己任。他们从历史盛衰总结中，引出革除
弊政，通变创新的结论。司马迁指出："王者功成作乐，治定
制礼。""五帝殊时，不相沿乐；三王异世，不相袭礼。"⑧ 在司
马迁看来，王者治国兴邦，其礼乐制度总是随着时代变化而变
化。杜佑审视典章制度的变迁，反思天下盛衰成败，阐发顺应

---

① 贾谊：《新书·过秦下》，王洲明、徐超：《贾谊集校注》，第 21 页。
② 房玄龄：《晋书》卷一《宣帝纪论》，《宣帝纪》的史论为唐太宗所撰。
③ 程颢、程颐：《周易程氏传》卷四《周易下·经下》，《二程集》，第 989
页。
④ 同上书，第 998 页。
⑤ 顾炎武：《与友人论易书二》，《顾亭林诗文集》，第 47 页。
⑥ 王夫之：《读通鉴论》卷二十《唐高祖》一，第 571 页。
⑦ 王夫之：《读通鉴论》卷十九《炀帝》四，第 560 页。
⑧ 司马迁：《史记》卷二十四《乐书》，第 1193 页。

时势、通变创新的治国理念。他强调治理国家要"随时立制，遇弊则变，何必因循惮改作耶？"① 君主应该做到"便俗适时"，不能"非今是古"。② 《通典》记载从上古到唐代典章制度的沿革，揭示数千年来典制的发展变化，寓含因时立制、适时变通的深刻意蕴。顾炎武认识到有关的制度，如果"居不得不变之势，而犹讳其变之实，而姑守其不变之名，必至于大弊"。③ 这就是说只有因时而变，才能兴利除弊。他以历史的眼光审视封建制与郡县制，指出："知封建之所以变而为郡县，则知郡县之敝而将复变。"④ 王夫之指出："政之善者，一再传而弊生，其不善者，亦可知矣。政之善者，期以利民，而其弊也，必至于厉民。立法之始，上昭明之，下敬守之，国受其益，人受其赐。已而奉行者非人，假其所宽以便其弛，假其所严以售其苛，则弊生于其间，而民且困矣。"⑤ 他以通变的眼光看待历史上的制度，指出这些制度都是特定时代环境下的产物，即使是最好的典章制度与施政措施，在实行过程中也会出现各种弊端，"传之数世而弊且生矣"。⑥ 典章制度与施政举措存在弊端的必然性，决定了损益变通、改革创新的必要性。在王夫之看来，"所患者，法弊以极，习相沿而难革，虽与更张，害犹相袭"。⑦ 国家的各种弊端相沿积累、不断加深之际，正是因时通变、革故鼎新之时。如果不能兴利除弊，绝处求生，就会贻害无穷，在困境中越陷越深，甚至走向灭亡。通变是清除各种积

① 欧阳修、宋祁：《新唐书》卷一百六十六《杜佑传》，第5087页。
② 杜佑：《通典》卷七十四《礼三十四》，宾礼序，第403页。
③ 顾炎武：《亭林文集》卷六《军制论》，《顾亭林诗文集》，第128页。
④ 顾炎武：《亭林文集》卷一《郡县论一》，《顾亭林诗文集》，第12页。
⑤ 王夫之：《宋论》卷八《徽宗》二，第147页。
⑥ 王夫之：《宋论》卷四《仁宗》二，第77页。
⑦ 王夫之：《读通鉴论》卷二十二《玄宗》十一，第662页。

弊，推动经济发展，促进社会稳定，实现国家长治久安的唯一途径。从某种意义上说，一部中国古代史就是一部因时通变史、改革创新史。那些创业守成的统治者建树的业绩，就是顺应潮流、通变图强的结果。

总之，通变思想强调人们的一切活动，因时制宜，适时而变，根据时间推移与环境改变而变化。如果拘泥陈规，思想僵化，盲目守旧，不知变通，必然为历史发展的洪流所淘汰。君主治理国家，必须革故鼎新，兴利除弊。

三　审时度势，建功立业

在中国古代历史上，锐意进取、奋发图强的君主，高瞻远瞩，把握机遇，适时通变，建功立业。他们的通变不是主观臆断、蛮干胡来，不是恣意妄为、倒行逆施，而是审时度势，顺势而行。审时度势指对客观时势作出正确判断，根据情况的变化而调整自己的行为，这是因时通变的前提。其关键是抓住"天时"，把握机遇，"上瞻天文，下察人心"，[①] 因势利导，实现目标。孟子将"天时"作为人的活动能否成功的条件，寓含着顺应时势、把握机遇的思想。我认为，"天时"与机遇都强调机不可失、时不再来；都指出时机的极端重要性，要求切实把握有利时机；都重视发挥主观能动作用，实现主观与客观的统一；都主张因天因人，顺势而行，通变创新，弃旧图新，这些方面两者具有共性。然从内涵上考察两者又存在某些差别："天时"虽然指从事社会活动的最佳时机，但侧重指人的某些具体的行为或活动恰逢时机，这类行为与活动涉及的时间比较

---

① 陆贾：《新语·慎微第六》，第11页。

短暂；机遇则指成就事业的最好时期，侧重利用有利的时期建树历史性的重大业绩，涉及的时间通常比较长。因为"天时"指从事某一具体活动的时间，抓住"天时"只需短暂的决策，通常是战术性的，只在一念之间当机立断；机遇则指较长时间之内创建历史性的业绩，通常是战略性的，把握机遇要正确判断时势，应该冷静观察，需要深思熟虑，做到趋利避害。"天时"强调天赐良机，即从事各种具体活动的最佳时机，或者说是决定人的活动取得成功的各种主客观条件已经具备的时刻。王夫之指出："难得而易失者，时也"，因此要"知时以审势，因势而求合于理"，① 才能成就事业。时机未到，条件未备，盲目行动，必遭失败而不能成功；时机已到，条件具备，不能抓住时机，必失良机而贻误大事。"天时"与机遇，彼此交织、相互联系："天时"体现机遇，机遇包含"天时"；众多具体活动的"天时"，汇聚为建树历史业绩的机遇。那些不能够抓住具体的"天时"的人，更不可能把握建树历史业绩的机遇。如隋末生灵涂炭，群盗蜂起，天下大乱，国家崩溃。如果抓住天时，顺势而起，或能创建新朝，甚至取而代之；如果拘泥臣节，丧失机遇，就会在乱世洪流中被淹没，还有可能招来杀身之祸。李世民敏锐地意识到，隋朝天下大乱是难得的历史机遇，把握这一机遇具有重要意义。他审时度势，果断决策，使裴寂言于其父李渊曰："今天下大乱，城门之外，皆是盗贼，若守小节，旦夕死亡；若举义兵，必得天位。"② 裴寂之言说明，李世民站在时代的高处，有着超越常人的战略眼光和政治远见，这是其建功立业的主观条件。王夫之认为，根据具体情

---

① 王夫之：《宋论》卷四《仁宗》十三，第106页。
② 刘昫：《旧唐书》卷五十七《裴寂传》，第2286页。

况，把握有利时机，才能"以通天下之志而成其务"。^① 他说："唐之为余民争生死以规取天下者，夺之于群盗，非夺之于隋也。隋已亡于群盗，唐自关中而外，皆取隋已失之宇也。"^② 李渊父子起兵兴唐，是从群盗手中夺取天下。如果不能当机立断，顺势而兴，因时通变，错失机遇，就不能削平群雄，创建一代盛世。

中国古代那些胸怀大志的君主创业守成的过程，与顺应时势并把握机遇有着直接的关系。时势代表社会潮流与历史方向，顺应时势与把握机遇是一致的。在奔腾向前的历史潮流中，尤其是在新旧转折的关头，必然出现建功立业的机遇。人们虽然生活于具体的时代环境中，人的社会实践总是受到时代环境的制约，但是在客观条件具备的情况下，如果把握历史提供的机遇，有效地发挥主观能动作用，就可以进行各种创造活动，建树辉煌的历史业绩。朱熹总结历史盛衰，强调"酌今之宜而损益之"，^③ "审微于未形，御变于将来"，^④ 把握机遇而建功立业。王夫之言："禹乘治水之功，因天下之动而劳之，以是声教暨四海，此圣人善因人以成天也。"^⑤ 禹之所以能传位于子而建立夏朝，是因为把握治水有功而形成极大声望的机遇。历史盛衰反复说明，把握机遇必须顺应时势，违背时势不可能有任何机遇，倒行逆施则必然被时势所抛弃。机遇蕴涵在时势之中，具有稍纵即逝的特点，往往与人擦肩而过。因为时势是向前发展、不可逆转的，所以错过了的机遇永远不可能重新出

---

① 王夫之：《读通鉴论》卷二十《唐高祖》八，第581页。
② 王夫之：《读通鉴论》卷二十《唐高祖》一，第572页。
③ 黎靖德编：《朱子语类》卷八十四，第2188页。
④ 黎靖德编：《朱子语类》卷一百八，第2644页。
⑤ 王夫之：《读通鉴论》卷三《武帝》十五，第60页。

现。从这个意义上说，机不可失而时不再来，一旦失去必然铸成无法挽救的损失，故把握机遇对君主建功立业关系极大。殷商后期，君主荒淫残暴。商纣王帝辛，"以酒为池，县肉为林，使男女倮，相逐其间，为长夜之饮"；"诸侯多畔纣而往归西伯，西伯滋大，纣由是稍失权重"。① 周文王在位的四十年时间里，利用殷商后期政治腐败、渐趋衰落的有利时机，把握难得的历史机遇，不断增强自己的国力，做好灭商准备工作。北魏张衮对太祖拓跋珪言："盖命世难可期，千载不易遇。""夫遭风云之会，不建腾跃之功者，非人豪也。"② 鲜卑族的拓跋珪紧紧把握苻坚败于淝水之后，前秦政权崩溃、北方陷入分裂的历史机遇，建立北魏并逐渐统一了北方。令狐德棻言："因时制宜者，为政之上务也；观民立教者，经国之长策也。"③ 如果说时势体现历史的必然性，机遇代表历史的偶然性；那么时势总是蕴涵机遇，机遇则必然反映时势。因为历史必然性通过历史偶然性表现出来，所以机遇的出现与时势的发展是一致的。

审时度势才能顺应时势，通变创新，根据具体情况，决定进退取舍。《吕氏春秋》将桀、纣的倒行逆施与汤、武的顺势而王结合起来考察，指出："治乱存亡，安危强弱，必有其遇，然后可成。""故桀、纣虽不肖，其亡，遇汤、武也。""汤、武虽贤，其王，遇桀、纣也。""若桀、纣不遇汤、武，未必亡也"；"若使汤、武不遇桀、纣，未必王也"。④ 桀、纣的荒淫昏暴，大大加速了夏、商的没落，为汤、武取而代之提供了机遇。如果汤、武不是生当桀、纣之时，不逢于衰乱之世，就未

---

① 司马迁：《史记》卷三《殷本纪》，第 105、107 页。
② 魏收：《魏书》卷二十四《张衮传》，第 613 页。
③ 令狐德棻：《周书》卷十三《文闵明武宣诸子列传》，第 209 页。
④ 高诱注：《吕氏春秋》卷十四《孝行览·义赏》，第 148 页。

必能王而创建一代盛世。新莽末年，天下大乱，分崩离析，寇盗趁乱而起，称雄问鼎者不计其数，为刘汉王朝的重建提供了难得的机遇。这一机遇虽然首先降临到更始身上，但更始因为主观条件差，不能把握这一难得的历史机遇，成为昙花一现的政治小丑。王夫之将更始与光武进行比较，"更始所任为大臣者，类皆群盗之长，贪长安之富盛，而藉口于复高帝之旧业以为廓清"；"光武得士于崛起之中而任之，既无盗贼之习气，及天下甫定，复不以任三公，而别用深识之士。虚建西都，而定宅洛阳，以靖东方之寇"。光武的行为"皆惩更始之失而反其道"，"更始之失，光武之资也"。① 光武因为有效地利用更始之失，所以把握其所丧失的机遇，顺势重建了汉朝。在王夫之看来，汉高祖刘邦利用"群天下而起亡秦"以兴，汉光武帝则"乘思汉之民心以兴"，② 这是顺应时势、把握机遇的结果。清军入关以前，明朝已经腐朽不堪，危机四伏，濒临崩溃。熹宗时期，"妇寺窃柄，滥赏淫刑，忠良惨祸，亿兆离心"。③ 崇祯在位，"群盗满山，四方鼎沸，而委政柄者非庸即佞，剿抚两端，茫无成算，内外大臣，救过不给，人怀规利自全之心，言语戆直，切中事弊者，率皆摧折以去"，"败一方即戮一将，隳一城即杀一吏"。④ 在"人怨已极，天怒已甚，灾害并至，民不聊生"⑤ 的情况下，李自成虽然攻占北京推翻了明朝，但无法把握建立新王朝的机遇，却为满洲贵族入主中原提供了机遇。满洲贵族紧紧抓住机遇挥师入关，取而代之建立了清王朝。王

---

① 王夫之：《读通鉴论》卷六《后汉更始》五，第126页。
② 王夫之：《读通鉴论》卷六《光武》八，第134页。
③ 张廷玉：《明史》卷二十三《熹宗纪》，第307页。
④ 张廷玉：《明史》卷三百九《流寇传序》，第7948页。
⑤ 《明史》卷二百六十四《宋师襄传》，第6827页。

夫之指出："得失者，人也；存亡者，天也。"① 其所言"天"，不是指天神的意志，而是指社会发展的时势。人只能决定得失，时势却可以决定存亡。

把握机遇需要抢占先机，因时而变。抢占先机可以引导社会潮流，占据时代的制高点，成为号令天下的旗帜。机遇对于同一时代的人虽然是公平的，但能否把握机遇却因人而异。这是因为人的政治理念、品德素质、知识水平、智慧韬略、性格气质等主观条件千差万别。那些识见非凡、能力超群者，对时势发展有正确的判断，对事态演变有充分的估计，不断积聚逐渐壮大力量，才能在机遇到来之际，洞察并把握它，实现建功立业的目标；那些胸无大志、鼠目寸光、能力平庸、见识短浅的人，即使机遇降临身上，也必然被错失，最终事业无成，甚至贻笑千古。战国后期，齐国、楚国虽然都是大国，但因君主昏庸无能，缺乏政治远见，国势日渐衰落，失去统一天下的机遇；秦国的孝公、惠王、武王、昭王等君主，奋发有为，积极进取，国势渐趋强大，赢得了实现统一的大好机遇；最后秦王嬴政紧紧把握这一机遇，灭六国而实现了天下的统一，创建了中央集权的封建专制王朝。中国古代每当旧的王朝腐朽黑暗、摇摇欲坠、众叛亲离、走向崩溃之际，虽然群雄并起，天下纷争，称孤道寡，战乱不已；但只有那些站在历史高处，胸怀韬略与能力卓越的人，能够抓住天时，把握历史机遇，成就创建新朝的大业。秦朝末年，陈涉、吴广首举义旗，对唤起民众推翻暴秦作出了重要贡献；六国之后纷纷称王自立，对秦朝政权的崩溃发挥了重要作用。然而这些人都因个人的智慧谋略与主观能力等方面的局限，

① 王夫之：《读通鉴论》卷六《光武》一，第127页。

先后失去了创建新朝的历史机遇。楚汉战争开始之际，项羽虽然号称数十万军队，声势浩大，称雄天下，摧枯拉朽，气壮山河，但只是逞匹夫之勇，并没有深谋远虑，不可能把握机遇。刘邦虽然军队远远少于项羽，但勇敢坚毅，富于谋略，把握项羽丧失的机遇。这些事例说明，把握机遇是主观顺应客观，主体与客体有机结合的结果。人们能否把握建功立业的机遇，总是与其主体素质直接相关。

总之，历史运动有着内在的逻辑，历史延续存在客观的时势。人们顺乎时势发展、因应盛衰之运，必然有着施展才能、实现自我、成就理想、建功立业的机遇。那些既能审时度势，又能把握机遇的君主，有可能建功立业，开创辉煌的未来，在历史上留下自己的地位。

四 因时通变，开创未来

中国古代的通变思想，立足于现实，着眼于未来，成为中华民族自强不息、生生不已的精神支柱，不断奋起、开创未来的强大动力。在中国近代这一社会转型时期，民族危机空前严重，各种矛盾不断加深，许多先进的中国人从世界大势与中国现实出发，继承与发展传统的通变思想，提出改革变法的主张与建议，探索救亡图存，振兴中华的道路。因时顺势，变法创新，成为中国近代思想的主旋律。

19世纪40年代，鸦片战争使中国纳入到资本主义世界体系，这是千古未有的奇变。龚自珍阐发《春秋》公羊学的变易思想，说明古今历史不断变迁之势。他指出："一祖之法无不敝，千夫之议无不靡，与其赠来者以劲改革，孰若自改革？抑思我祖所以兴，岂非革前代之败耶？前代所以兴，又非革前代之败耶?"① 在龚自珍看来,历史在后代不断革除前代之弊的过程中前进。魏源在鸦片战争失败与《南京条约》签订以后,认识到时代的巨大变化,强调必须随着社会的变化而变化。他指出:"三代以上,天皆不同今日之天,地皆不同今日之地,人皆不同今日之人,物皆不同今日之物。""古乃有古,执古以绳今,是为诬今;执今以律古,是为诬古;诬今不可以为治,诬古不可以语学。"在魏源看来,社会是不断变化的,历史是走向进步的,"租、庸、调变而两税,两税变而条编"。他主张,"变古愈尽,便民愈甚"。"履不必同,期于适足;治不必同,期于利民。"② 龚自珍、魏源的历史通变思想,虽然还没有突破循环论的桎梏,但已经隐含某些新的思想因素,显示新的时代即将到来的信息。

19 世纪 60 年代,随着外国资本主义对中国侵略不断加深,制造兵器,开办工厂,学习洋文,操练军队,求强求富的洋务运动逐渐兴起,中国民族资产阶级开始产生。冯桂芬认为英法联军对北京的侵略,是"有天地开辟以来未有之奇愤"。③ 他认为"驭夷为今天下第一要政",提出学习西方变法自强的主张。④ 在冯桂芬看来,中国如果不学习西方,不谋求自强之道,不惟无法雪耻,且不能自立于天下,终将"为天下万国所鱼肉"。⑤ 王韬称冯桂芬:"上下数千年,深明

---

① 龚自珍:《乙丙之际箸议第七》,《龚自珍全集》上,中华书局 1959 年版,第 6 页。

② 魏源:《默觚下·治篇五》,《魏源集》上,中华书局 1976 年版,第 47、48 页。

③ 冯桂芬:《校邠庐抗议·制洋器议》,上海书店出版社 2002 年版,第 48 页。

④ 冯桂芬:《校邠庐抗议·采西学议》,第 57 页。

⑤ 冯桂芬:《校邠庐抗议·制洋器议》,第 51 页。

世故，洞烛物情，补偏救弊，能痛抉其症结所在。不泥于先
法，不胶于成见，准古酌今，舍短取长。知西学之可行，不
惜仿效；知中法之已敝，不惮变更。"① 王韬的论述，说明了
冯桂芬的通变思想中，蕴涵新的思想因素。郑观应阐发中国
传统的通变思想，指出："夫天道数百年小变，数千年大变。
参诸上古，历数千年以降，积群圣人之经营缔造，而文明以
启，封建以成。自唐、虞迄夏、商、周，阅二千年莫之或易。
洎秦始并六国，废诸侯，改井田，不因先王之法，遂一变而
为郡县之天下矣。秦以后虽盛衰屡变，分合不常，然所谓外
患者，不过匈奴、契丹西北之塞外耳。至于今，则欧洲各国
兵日强，技日巧，鲸吞蚕食，虎踞狼贪，环地球九万里之中，
无不周游贩运。中国亦广开海禁，与之立约通商，又一变而
为华夷联属之天下矣。是知物极则变，变久则通。"② 郑观应
主张顺应时代的要求，根据社会的发展变化，学习西方建立
议院，建立君主立宪制度。

19 世纪末，中华民族面临空前严重的危机。康有为、梁启
超等维新志士继承传统的通变思想，将其与西方传入的社会政
治理论结合起来，发动维新变法运动。康有为指出："夫治国
之有法，犹治病之有方也，病变则方亦变。若病既变而仍用旧
方，可以增疾；时既变而仍用旧法，可以危国。"③ 在康有为看
来，医生给病人治病，应根据病人的具体情况开出处方，病变
方亦变；君主治理国家，应根据天下的具体情况，及时灵活地

---

① 王韬：《跋校邠庐抗议》，《校邠庐抗议》卷末附。

② 郑观应：《论公法》，《郑观应集》上册，上海人民出版社 1982 年版，第
66 页。

③ 康有为：《上清帝第一书》，谢遐龄选编：《康有为文选》，上海远东出版社
1997 年版，第 260 页。

变通。他指出："若谓祖宗之法不可变，则我世祖章皇帝何尝不变太宗文皇帝之法哉？若使仍以八贝勒旧法为治，则我圣清岂能久安长治乎？"①他又说："能变则全，不变则亡，全变则强，小变则亡。""夫方今之病，在笃守旧法而不知变，处列国竞争之世，而行一统垂裳之法。""夫物新则壮，旧则老；新则鲜，旧则腐；新则活，旧则板；新则通，旧则滞：物之理也。法既积久，弊必丛生，故无百年不变之法。况今兹之法，皆汉、唐、元、明之敝政，何尝为祖宗之法度哉？"②康有为意识到，"若泥守不变，非独久而生弊，亦且滞而难行"。"故能变则秦用商鞅而亦强，不能变则建文用方孝孺而亦败。当变不变，鲜不为害。法《易》之变通，观《春秋》之改制，百王之变法，日日为新，治道其在是矣。"③维新变法是挽救民族危亡的唯一途径，笃守弊端丛生的祖宗旧法必然灭亡。梁启超认为，古法本身就是历史的产物，因为社会发展已经不适合时代的要求，必须顺时变法。他指出："故夫变者，古今之公理也。""上下千岁，无时不变，公理有固然，非夫人之为也。""为不变之说者，动曰守古守古，庸讵知自太古、上古、中古、近古以至今日，固已不知万百千变。今日所目为古法而守之者，其于古人之意，相去岂可以道里计哉！"④康有为、梁启超等维新思想家立足于新的时代环境，看到西方的君主立宪制度比中国的君主专制制度先进，为了挽救中华民族严重的危机，大力宣传维新变法的必要性与重大意义。在郑观应等早期改良

---

① 康有为：《上清帝第三书》，《康有为文选》，第 292 页。
② 康有为：《上清帝第六书》，《康有为文选》，第 342—343 页。
③ 康有为：《变则通通则久论》，《康有为文选》，第 313 页。
④ 梁启超：《变法通议》，龚书铎主编：《中国通史参考资料》（近代部分）下册，中华书局 1980 年版，第 98 页。

主义者维新主张的基础上，他们的通变思想已经发展到了新的思想高度。汪荣祖指出："晚清变法家为求中国之富强，倡论新型国家体制，对军人与商人之尊重，以及对立宪政府之向往，皆可谓已突破传统思想模式。他们虽未抛弃固有文化，但对固有文化已作重新之评鉴，并作若干取舍。毋庸置疑者，西方之影响于传统文化之重估有决定性之效果。"[①]

总之，在人类历史奔腾向前的长河中，新的情况随着社会发展不断出现，新的问题随着时代进步不断产生，历史演变的无限性决定了因时通变的永恒性，国家有盛必有衰，通变与国家的盛衰联系在一起。我们生活于全球化时代，科学的发展，经济的繁荣，社会的进步，广泛的交往，使全人类逐渐成为一个整体。在全球化环境下，各个国家与各个民族之间，相互联系，相互依存，经济与社会发展的速度空前加快。我们考察历史盛衰，必须有广阔的视野，树立全局的观念，从全球整体意识出发，看到"一个国家的盛衰，与整个世界变动有着密切的关系；一个国家的兴亡，是和其他国家的变动联系在一起的。资本主义的兴盛是与殖民地国家的苦难联系在一起的。一个资本主义国家的兴盛与另外的资本主义国家的盛衰变动又是相互关联的"。[②] 我们既要深刻思考中国古代的盛衰兴亡，深入总结数千年来治国施政的经验教训；又要认真探讨全球化背景下各国盛衰兴亡的新变化，考察其内在联系与演变规律，将历史的总结与现实的探讨结合起来，不断研究新的情况，解决新的问题，顺应历史的潮流，推动时代的进步，实现中华民族的伟大复兴。

---

① 汪荣祖：《晚清变法思想论丛》，新星出版社 2008 年版，第 39—40 页。

② 吴怀祺：《史学理论与史学史研究》，福建人民出版社 2006 年版，第 203 页。

主要参考文献

王弼、韩康伯注，孔颖达正义：《周易正义》，十三经注疏本，中华书局 1980 年影印本。

孔安国传，孔颖达正义：《尚书正义》，十三经注疏本，中华书局 1980 年影印本。

毛亨传，郑玄笺，孔颖达正义：《毛诗正义》，十三经注疏本，中华书局 1980 年影印本。

郑玄注，贾公彦疏：《仪礼注疏》，十三经注疏本，中华书局 1980 年影印本。

郑玄注，孔颖达正义：《礼记正义》，十三经注疏本，中华书局 1980 年影印本。

杜预注，孔颖达正义：《春秋左传正义》，十三经注疏本，中华书局 1980 年影印本。

何休注，徐彦疏：《春秋公羊传注疏》，十三经注疏本，中华书局 1980 年影印本。

何晏集解，邢昺疏：《论语注疏》，十三经注疏本，中华书局 1980 年影印本。

赵岐注，孙奭疏：《孟子注疏》，十三经注疏本，中华书局 1980 年影印本。

王聘珍撰：《大戴礼记解诂》，中华书局 1983 年版。

王弼注：《老子》，中华书局 1954 年版《诸子集成》本。

孙武撰，曹操等注：《十一家注孙子》，上海古籍出版社 1978 年版。

严万里校：《商君书》，中华书局 1954 年版《诸子集成》本。

王先谦著：《庄子集解》，中华书局 1954 年版《诸子集成》本。

王先谦著：《荀子集解》，中华书局 1954 年版《诸子集成》本。

戴望：《管子校正》，中华书局 1954 年版《诸子集成》本。

张纯一：《墨子集解》，成都古籍书店 1988 年版。

张纯一：《晏子春秋校注》，中华书局 1954 年版《诸子集成》本。

高诱注：《吕氏春秋》，中华书局 1954 年版《诸子集成》本。

王先慎著：《韩非子集解》，中华书局 1954 年版《诸子集成》本。

陆贾：《新语》，中华书局 1954 年版《诸子集成》本。

王洲明、徐超：《贾谊集校注》，人民文学出版社 1996 年版。

董仲舒著，钟肇鹏校释：《春秋繁露校释》，河北人民出版社 2005 年版。

班固：《白虎通》，浙江人民出版社 1984 年《百子全书》影印本。

王充：《论衡》，中华书局 1954 年版《诸子集成》本。

左丘明著，韦昭注：《国语》，上海古籍出版社 1978 年版。

袁宏：《后汉纪》，中华书局 2002 年版。

常璩著、刘琳校注：《华阳国志校注》，巴蜀出版社 1984年版。

司马迁：《史记》，中华书局 1982 年版。

班固：《汉书》，中华书局 1962 年版。

陈寿：《三国志》，中华书局 1959 年版。

范晔：《后汉书》，中华书局 1965 年版。

沈约：《宋书》，中华书局 1974 年版。

萧子显：《南齐书》，中华书局 1972 年版。

姚思廉：《梁书》，中华书局 1973 年版。

姚思廉：《陈书》，中华书局 1973 年版。

魏收：《魏书》，中华书局 1974 年版。

李百药：《北齐书》，中华书局 1972 年版。

令狐德棻：《周书》，中华书局 1971 年版。

魏徵：《隋书》，中华书局 1973 年版。

房玄龄等：《晋书》，中华书局 1974 年版。

刘昫等：《旧唐书》，中华书局 1975 年版。

欧阳修、宋祁：《新唐书》，中华书局 1975 年版。

欧阳修：《新五代史》，中华书局 1974 年版。

薛居正：《旧五代史》，中华书局 1976 年版。

脱脱等：《宋史》，中华书局 1977 年版。

脱脱等：《辽史》，中华书局 1974 年版。

宋濂等：《元史》，中华书局 1976 年版。

张廷玉：《明史》，中华书局 1974 年版。

萧统：《文选》，中华书局 1977 年版。

刘知幾著，张振珮笺注：《史通笺注》，贵州人民出版社 1985 年版。

吴兢：《贞观政要》，岳麓书社 2000 年版。

司马光：《资治通鉴》，中华书局 1956 年版。

邵雍：《皇极经世书》，九州出版社 2003 年版。

杜佑：《通典》，中华书局 1984 年版。

郑樵：《通志》，浙江古籍出版社 1988 年版。

马端临：《文献通考》，中华书局 1986 年版。

柳宗元：《柳宗元集》，中华书局 1979 年版。

石介：《徂徕石先生文集》，中华书局 1984 年版。

程颐、程颢：《二程集》，中华书局 1981 年版。

朱熹编：《二程遗书》，上海古籍出版社 2000 年版。

黎靖德编：《朱子语类》，中华书局 1986 年版。

朱熹：《资治通鉴纲目》，四库全书本。

朱熹：《晦庵集》，四库全书本。

张载：《张载集》，中华书局 1978 年版。

欧阳修：《欧阳修全集》，中国书店 1986 年版。

洪迈：《容斋随笔》，江苏广陵古籍刻印社 1984 年版。

王阳明著，吴光、钱明、董平、姚延福编校：《王阳明全集》，上海古籍出版社 1992 年版。

顾炎武著，黄汝成集释，秦克诚点校：《日知录集释》，岳麓书社 1994 年版。

黄宗羲：《黄宗羲全集》（增订本），浙江古籍出版社 2005 年版。

顾炎武：《顾亭林诗文集》，中华书局 1959 年版。

王夫之：《读通鉴论》，中华书局 1975 年版。

王夫之：《宋论》，中华书局 1964 年版。

唐甄：《潜书》，中华书局 1963 年增订第二版。

章学诚著，叶瑛校注：《文史通义校注》，中华书局 1985 年版。

赵翼著，王树民校证：《廿二史劄记校证》，中华书局1984年版。

王栻主编：《严复集》，中华书局1986年版。

陈寅恪：《金明馆丛稿》初编、二编，上海古籍出版社1980年版。

白寿彝：《中国史学史论集》，中华书局1999年版。

周一良：《魏晋南北朝史论集》，北京大学出版社1991年版。

吴怀祺：《中国史学思想史》，安徽人民出版社1996年版。

李泽厚：《中国古代思想史论》，人民出版社1985年版。